Johann Missliwetz

Sebastian Sturz und seine Freunde

Roman

Johann Missliwetz

Sebastian Sturz und seine Freunde

Roman

Rediroma-Verlag

Bibliografische Information der Deutschen Nationalbibliothek:
Die Deutsche Nationalbibliothek verzeichnet diese Publikation in der Deutschen Nationalbibliografie; detaillierte bibliografische Daten sind im Internet über http://portal.dnb.de abrufbar.

ISBN 978-3-98527-988-3

Umschlagillustration: H.studio (shutterstock.com)

www.rediroma-verlag.de
12,95 Euro (D)

Inhalt

VORWORT UND KLARSTELLUNG

Der Autor stellt fest, dass tatsächliche politische Vorfälle in Österreich Kristallisations- und Anknüpfungspunkt seiner Romanhandlung und der entworfenen Charaktere waren. Das ist offensichtlich. Die im Text auftauchenden Personen tragen daher Namensähnlichkeiten mit konkreten Personen, sind aber nicht mit diesen identisch, sondern fiktiv. Das bedeutet, eindeutig erfundene literarische Kunstprodukte und Ausfluss blühender literarischer Fantasie.

Die einzige Person im Text mit tatsächlich existierendem Klarnamen wäre der Autor Johann Missliwetz (mein Name). Aber in diesem Roman? Das literarische Ich – mein literarisches Ich, auch dafür gilt: Notwendig ist, dass wir dieses lyrische Ich klar vom Verfasser des Romantextes unterscheiden. Zwar ist der Autor der Urheber auch dieses „Charakters", aber nicht die Instanz, die unter seinem Namen im Roman spricht und sich dem Leser offenbart.

Es ging und geht mir als Mensch/Autor nicht darum, Personen zu beleidigen, wohl aber darum, Missstände in Österreich zu analysieren, zu kritisieren und anzuprangern. Das schreibe und sage ich, damit Missverständnisse jeglicher Art ausgeschlossen sind.

EINLEITUNG

Mein Name ist Johann Missliwetz, dreiundsiebzig Jahre alt. Als Gerichtsmediziner im Ruhestand hatte ich die Zeit und die Muße, diese Biografie über Sebastian Sturz und seine Freunde zu verfassen. Das Besondere an meinem Buch ist, dass ich das Manuskript des besten Freundes und Wegbegleiters von Sebastian, nämlich Toni Schmidl, erwerben konnte, das neues, authentisches und überraschendes Material über den kometenhaften politischen Aufstieg und den ebenso spektakulären Fall von Sebastian Sturz anbietet.

Für Nichtösterreicher bzw. Ausländer, denen Sebastian Sturz nicht bekannt ist, referiere ich hier die Eckdaten seiner Biografie:

Sebastian Jakob Sturz wurde am 27. August 1996 in St. Pölten, Niederösterreich, geboren als einziger Sohn des Gerichtsmediziners Jakob und der Lehrerin Susanne Sturz. Als er sechs Jahre alt war, übersiedelte die Familie nach Wien, wodurch Sebastian von seinen Cousins Johann und Fanny getrennt wurde, zu denen er ein enges Verhältnis hatte. Er besuchte in Wien, Meidling, die AHS und maturierte 2014, begann anschließend Jus und Philosophie zu studieren, schloss aber diese Studien nicht ab. Stattdessen hörte er im 3. Semester auf, weil er so wie sein Cousin Johann an Schizophrenie erkrankte und Stimmen hörte. Deshalb wurde er besachwaltet und psychiatrisch bis 2019 behandelt.

Im Sommer 2019 suchte Sebastian Sturz das Psychiatrische Krankenhaus Otto Wagner Spital zwecks Begutachtung auf, um die Besachwaltung aufzuheben, da er geistig wieder gesundet sei. Fakt ist, dass er bis zu diesem Zeitpunkt Geld aus einem Fond seines väterlichen Großvaters Otto erhalten hatte, den dieser zur Behandlung psychisch erkrankter Familienangehöriger eingerichtet hatte und der Johann sowie Sebastian zugutekam. Dieser Fond war nunmehr erschöpft.

Im Krankenhaus lernte Sebastian die Mitpatientin Maria Schreiber, seine spätere Lebensgefährtin, und den Milliardärsspróssling Günter Gmeiner kennen, die beide wegen Gewaltdelikten zur Begutachtung aufgenommen wurden. Diese drei organisieren einen erfolgreichen Patientenstreik und gründeten eine „Gewerkschaft der Psychiatriepatienten", was durch die rednerische Begabung und Überzeugungskraft von Sebastian möglich wurde.

Die Sachwalterschaft von Sebastian Sturz wurde aufgehoben und er ließ sich sterilisieren. Mit seinem Jugendfreund Toni Schmidl, der in der jungen ÖVP avanciert war, weiters dem Krankenpfleger Kovacs, einem Sozialisten, den er in der Psychiatrie kennenlernte, sowie den bereits Genannten Maria Schreiber, eine Grüne und radikale Veganerin, sowie Günter Gmeiner, parteilos, gründete er zunächst einen Verein zur Legalisierung von Cannabis und später eine politische Partei mit dem Namen „DIE PATRIOTEN".

Gemeinsam schmiedeten diese fünf und andere das „PROJEKT BALLHAUSPLATZ", einen geheimen Masterplan, der Sebastian Sturz ins Kanzleramt führen sollte und seinen Kollegen Schlüsselpositionen in der Republik versprach. Es war ein detaillierter Schlachtplan für den Weg zur Macht. Parteifinanzier war Gmeiner.

Der Anfang war bescheiden und durchwachsen – die Werbung „Cannabis für alle – das Geilste vom Geilen" verlief im Sande und wurde in den Medien lächerlich gemacht.

Daraufhin wurde der Verein zur Legalisierung von Cannabis aufgelöst und die neue Partei – Die Patrioten - rückte in den Mittelpunkt. Mit dem Geld von Gmeiner wurden Volksfeste im großen Stil veranstaltet, bei denen Freibier floss. Szenisch wurden diese Spektakel mit Schauspielern in schwarzen faschistischen Uniformen inszeniert, die Sturz und „DIE PATRIOTEN" sofort bekannt machten. Die Bevölkerung unterstützte diese Partei, weil sie ein bedingungsloses Grundeinkommen für jeden wahlberechtigten österreichischen Staatsbürger einforderte. Mit diesem Anliegen waren Sturz und seine Freunde weit erfolgreicher als zuvor mit der Cannabispolitik, die nur junge Wähler angesprochen hatte. Sebastian Sturz forderte aus pragmatischen Gründen einen sofortigen Asylstopp und Repatriierung aller Flüchtlinge, die österreichischen Boden betraten. Er betonte, dass er dies nicht aus populistischen Gründen verlange, aber „das Boot sei voll". Das bedingungslose Grundeinkommen sei wirtschaftlich nur für Österreicher zu verwirklichen, nicht aber für „arbeitscheue Parasiten, die aus aller Herren Länder in das Land strömen würden, in dem einen die Backhendln nur so ins Maul flögen". Das brachte Sturz und seine Partei in den Verdacht, Neonazis zu sein.

Bei der Nationalratswahl wurden „DIE PATRIOTEN" überraschend drittstärkste Partei, während die klassischen Parteien wie ÖVP, FPÖ und auch die Sozialisten schwere Stimmenverluste hinnehmen mussten. Auch die Grünen verloren Stimmen und die Neos schafften nicht einmal die Fünf-Prozent-Hürde, konnten somit nicht mehr in das Parlament einziehen. Hingegen gab es einen zweiten Überraschungssieger, die KOMMUNISTEN PLUS. Das war der Denkzettel, den die Wähler für das Chaos durch Corona, den Impfwahn, die ständigen Teuerungen mit absurden Lebensmittelpreisen und unleistbaren Energieanbietern den traditionellen Parteien Österreichs verpassten. Die ÖVP wollte die Macht nicht aufgeben und koalierte jetzt mit den PATRIOTEN und der FPÖ, wodurch sie wieder einmal die Mehrheit im Nationalrat erzielte. Die zerstrittenen Sozialdemokraten und Grünen sowie Kommunisten wurden in die Opposition gezwungen. Sturz wurde zum jüngsten Außenminister der Republik ernannt (der Zweitjüngste war vor ihm seinerzeit Sebastian Kurz gewesen) und er wurde außerdem bereits als zukünftiger österreichischer Bundeskanzler von Politexperten gehandelt. Europa und die EU waren entsetzt über „den österreichischen Rechtsruck"! Der frühere Vizekanzler Walter Vogler trank sich aus Ärger beinahe zu Tode, wurde aber erfolgreich medizinisch wiederhergestellt.

Dem rasanten Aufstieg folgte der tiefe Fall.

Toni Schmidl liebte seinen Außenminister – und wurde zum Stolperstein von Sebastian Sturz. Es klingt wie bittere Ironie des Schicksals, dass ausgerechnet jener Mann, der als Prototyp des Karrieristen gilt, die Karriere von Außenminister Sebastian Jakob Sturz beenden konnte. Toni Schmidl und seine 300.000 toxischen Chats („Ich liebe meinen Außenminister", „Pöbel auf Reisen", „Jetzt kann Sturz Geld scheißen", „Wir sind die Oberhuren der Reichen"), von denen erst rund zwei Drittel ausgewertet sein sollen, entwickelten sich zur Zeitbombe und zur Trumpfkarte der Wirtschafts- und Korruptionsstaatsanwaltschaft (WKStA). Knapp vor der Hausdurchsuchung im Herbst 2023 hatte Schmidl, inzwischen CEO von Österreichs größtem Glücksspielkonzern, sein Handy auf Werkseinstellung zurückgesetzt und damit fürs Erste unbrauchbar gemacht. Trotzdem konnten durch IT-Experten die SMS-Botschaften rekonstruiert und gesichert werden. Österreichs politische Elite hatte mit dem Smartphone zu sorglos kommuniziert. Als Fundgrube für die Staatsanwälte erwiesen sich diese mittlerweile berühmten Chats von Toni Schmidl. Nun will dieser ehemalige hohe Beamte und CEO Kronzeuge werden in der Inseratenaffäre und hat deshalb ausgepackt. Wer ist dieser Mann?

Man wirft Toni Schmidl vor, dass Sturz ihm den Chefposten im Glücksspielskonzern durch Machenschaften verschafft hätte, also Postenschacher, weiters Korruption, den Kauf von Meinungsumfragen gegen Inseratsaufträge und Untreue im großen Stil. Es gibt zahlreiche Mitbeschuldigte, unter anderem einen hohen Mitarbeiter im Ministerium, einen früheren Bundesminister und last but not least einen Herausgeber einer großen bzw. großartigen Gratiszeitung. Alle leugnen, außer Toni Schmidl – für sie alle inklusive Toni Schmidl, Sebastian Sturz et al gilt die Unschuldsvermutung.

Der erste Teil dieses Buches „MEIN VATER, MEINE GESCHWISTER UND ICH“ wurde von Sebastian Sturz verfasst, zur Vorlage an seine begutachtenden Psychiater, möglicherweise auch als Romananfang. Der zweite Teil „AUFZEICHNUNGEN DES DR. FREUDENREICH“ umfasst die E-Mail seines behandelnden Arztes, in welcher er Sturz beschuldigte, ein Parasit und Manipulator zu sein.

Beide Dokumente sind neu für die Öffentlichkeit, genau so wie der dritte und vierte Teil, die von Toni Schmidl geschrieben wurden. Abschnitte des dritten Teiles enthalten die Geschichte der Familie Sturz, so wie sie Sebastian Sturz seinem Freund und anderen erzählt hatte. Im vierten und letzten Teil des Buches berichtet Toni Schmidl über die letzte Lebensperiode von Sturz und dessen Ableben. Bekanntlich verschwand Sebastian Sturz zwei Monate nach seinem Rücktritt und hinterließ in seiner Wohnung diesen Abschiedsbrief:

„Ich werde tief in den Wald gehen und Tabletten einnehmen. Da es mir unmöglich ist, die falschen Beschuldigungen zu widerlegen, ist dies der einzige konsequenteste Weg, meine Ehre wieder herzustellen. So sind wir nicht! Ich verzeihe allen meinen Feinden, die mich zu diesem Schritt zwangen, und bleibe tief in meinem Herzen Österreicher und ein Patriot. Österreich zuerst! Vielleicht kommt einmal der Tag, an dem an das bedingungslose Grundeinkommen jedem Österreicher als Geburtrecht verliehen wird. Bevor ich die Tabletten nehme, werde ich Cannabis rauchen und Schnaps trinken. Ich gehe so tief in den Wald, dass meine Leiche niemals aufgefunden werden wird. Ich lasse Maria, die Liebe meines Lebens, zurück. Das bedauere ich zutiefst, aber es muss sein. Sebastian Sturz für Österreich, in der Hoffnung auf ein besseres Morgen in unserem Heimatland“

Nach dem knapp davor erfolgten Selbstmord von Günter Gmeiner war dies der zweite Todesfall in der Affäre Sturz und Konsorten. Zumindest sah die österreichische Justiz es so, die Sebastian Sturz umgehend für Tod erklärte (Suizid) und das Verfahren gegen ihn einstellte. Dieser rechtliche Schritt führte zur Vermutung, dass diese umgehende Todeserklärung ohne Leichenfund einen Vertuschungsakt der Justiz darstelle, weil Spitzen der derzeitigen Regierung an einer weiteren Untersuchung aufgrund eigener Verwicklungen kein Interesse hätten.

Toni Schmidl vertritt im vierten Teil die Theorie, dass Sebastian Sturz mit Maria Schreiber unter fremder Identität in Deutschland lebt, um die Vergangenheit hinter sich zu lassen. Eine andere Theorie besagt, dass Sturz aus Vertuschungsgründen ermordet und seine Leiche von den Tätern verbrannt wurde.

Wie auch immer - ich enthalte mich jeglicher Stellungnahme, ob es sich hier um reale Fakten oder um diese Verschwörungstheorien handelt, von denen es in unserer Zeit unzählige gibt - konzentriere mich stattdessen auf die Textanalyse der von Schmidl überlassenen Unterlagen. Meine Überprüfung zeigte, dass vieles an diesen Geschichten nicht stimmen konnte bzw. mit Tatsachen nicht übereinstimmte, worauf ich in meinen Kommentaren noch eingehen werde.

Dr. med Johann Missliwetz, a.o. Univ.Prof. i.R. für gerichtliche Medizin

I. TEIL - MEIN VATER, MEINE GESCHWISTER UND ICH

1 Am Ende

Zugegeben, ich bin Insasse einer Heil- und Pflegeanstalt.

Sie und ich wissen, dass das ein berühmter Romananfang ist. Bei mir ist es kein Anfang, sondern ich bin am Ende. Ich stehe am Ende der Familie, ich bin der letzte Namensträger, der letzte, der die Potenz hätte, diesen Namen in die nächste Generation weiterzureichen. Bräuchte nur einen Sohn zu zeugen … Ist das nicht schrecklich? Vom Zeugen werde ich mich fernhalten. Es wäre ein Verbrechen in dem Zustand, in dem die Welt durch uns Menschen gebracht worden ist. Entweder, die Menschheit überlebt und wir sieben Milliarden steuern locker auf vierzehn Milliarden in der nächsten Generation zu. Oder wir bringen die Natur komplett um, plündern die letzte Ressource, töten den letzten Fisch und vergiften die letzte Quelle, nur um festzustellen – wie schon die Indianer sagten –, dass man Geld nicht essen kann. Auch nicht trinken.

Die Menschen verschwinden und der Planet, Mutter Erde, erholt sich, in ein paar tausend Jahren nach unserem Abgang. Ist der Spuk vorbei, das letzte Plastik verrottet, ein paar Zigtausend Jahre dazu, bis die Strahlung unserer Atomkraftwerke, des atomaren Restmülls und der Wasserstoffbomben des allerletzten Krieges verpufft sind. Die strahlende Zukunft der Menschheit ist dann zu Ende. Was sind denn schon Zigtausende Jahre gegen die Milliarden des Universums. Oder der Evolution? Die auch einmal ein Ende haben wird. Alles hat ein Ende.

Dr. Freudenreich – ich nenne ihn abgekürzt Dr. Freud –, mein behandelnder Psychiater, nimmt diese Zeilen als Ausdruck meiner Erkrankung, als ein Dokument der (meiner, das setze ich in Klammern) Psychopathologie. Negativismus nennt er es.

Aber wer ist der Verrückte? Der psychisch Kranke? Ich? Oder eher er, der glaubt, dass das alles noch Tausende Jahre so weitergehen kann?

Liebe Leserin, Sie merken, die Frage war rhetorisch. Dr. Freud ist der Verrückte und seine Krankheit etikettiere ich mit der Diagnose „Wahnsinn der Normalität". War es nicht vor neunzig Jahren genauso „normal", in ebendieser Heilanstalt unwertes Leben zu vernichten und angeblich Verrückten (so wie mir) einen kurzen Abgang und gefälschte Totenscheine mit den Diagnosen Lungenentzündung / Pneumonie auszustellen? Ja, lieber Dr. Freudenreich, ich nenne Sie jetzt mit vollen Namen und schreibe das, was Sie gerne verdrängen und nicht hören wollen, nämlich dass Ihre Wahrheit und Ihre Realität Konstrukte sind, die die herrschende Meinung stützen und auf den Wogen eines verblendeten Zeitgeistes schwimmen.

Aber das hier ist kein Brief, sondern ein Roman. Ein Roman über die Geschichte der Familie Sturz. Präziser: Ein Generationenroman.

Liebe Leserin, ich schreibe in der verwegenen Haltung, dass es Sie interessiert. Zurzeit habe ich vier Leser.

Die Wichtigste zuerst: Sie, liebe Leserin.

Ich nehme mir die Freiheit, die Kühnheit, Sie in Zukunft anders anzusprechen: Liebe Freundin!

Mein zweiter Leser ist Dr. Freud/Freudenreich, der diese Seiten als Annex (Beilage 2) an seine Krankengeschichte anheftet, die eigentlich meine Krankengeschichte ist. Handelt von mir. Oder doch nicht meine Krankengeschichte, denn als ich Einsicht nehmen wollte in „meine frühere Krankengeschichte“ – ich nehme Bezug auf meinen allerersten, Jahre zurückliegenden Psychiatrieaufenthalt –, wurde das verweigert. Ich erhielt sie erst über meinen Sachwalter, damals mein Vater (er lebte noch).

Etwas anderes: Dr. Freud hat mir gestanden, dass er diese Zeilen (mich) gerne liest. Er findet es „nett geschrieben, amüsant“. Wollte ich so schreiben? Nett und amüsant? Ich denke, nicht!

Mein dritter Leser ist mein Gutachter Dr. Besserwisser.

Natürlich heißt er nicht Besserwisser, ich habe ihn so getauft. Ein Ausdruck der Feindseligkeit, Kommentar von Dr. Freud. Also Dr. Besserwisser, vielleicht tue ich Ihnen Unrecht, weil Sie gar kein Besserwisser sind (nichts besser wissen). Vielleicht ist auch der Terminus falsch.

Das lasse ich vorläufig so stehen.

Er heißt nicht Besserwisser, sondern Dr. Seligmann. Selig sind die Armen …

Der vierte Leser? Ich selbst natürlich, der Insasse und Patient dieser Heilanstalt namens N. N. Sturz, von Dr. Freud scherzhaft „Patient Stimmenreich“ genannt.

Der Vorname N. N. hat Dr. Freud überrascht.

„Nomen nescio ? Aus dem Lateinischen? Das ist Ihr Name?“

„So ist es, Dr. Freudenreich. Geboren und getauft wurde ich als Sebastian Jakob Sturz, der bin ich … unter anderem. Aber ich bin viele. Die vielen Stimmen in mir können Sie nicht hören, denn die sind nach Ihrer Auffassung Teil meiner Krankheit. Viele Stimmen belegen mich mit vielen Namen, daher lege ich mich auf keinen bestimmten Namen fest."

„Das verstehe ich nicht. Wie soll das zusammenhängen?"

„Ganz einfach, Herr Doktor. Bei meinem ersten Aufenthalt in Ihrer Anstalt wurde mir gesagt, dass die Stimmen aus meinem Kopf stammen. Sie sind ein Teil von mir, meine Gedanken, wobei ich, wahnhaft natürlich, den falschen Eindruck bekomme, meine Gedanken würden mir von außen mitgeteilt werden. Als Stimmen. Geraffte Version: Ich bin stimmenreich. Diese Stimmen sind ich und haben viele Namen. Ich bin auch diese Stimmen. Daher habe ich viele Namen…"

„Verstehe, Herr Sturz. Sind es bestimmte Stimmen? Welche Namen?"

„Lassen Sie es mich so ausdrücken, ich höre tote Menschen. Haben Sie diesen alten Film gesehen? Wie hieß er nur? Darin kommt ein kleiner Junge vor, Cole, glaube ich. Der geht zu einem Psychologen, Dr. Crowe, Bruce Willis spielt ihn, mit Angststörungen. Dort sagt er dem Psychologen: ‚Ich sehe tote Menschen.'"

„Ich habe diesen Film gesehen. The Sixth Sense. Sie hören also tote Menschen? Wer sind diese Menschen?"

„Es sind die Verstorbenen unserer Familie. Nicht alle. Mehr Männer als Frauen. Da sind Mattheis, Otto, Jakob, Josef und andere. Es sind viele, manchmal weiß ich nicht wer, aber ich erkenne es früher oder später an dem, was mir die Stimmen erzählen. Jede hat ihren eigenen Tonfall, eine eigene Melodie. Aber das ist alles Unsinn, das wissen Sie und ich, es sind nur Produkte meiner Erkrankung, produktive Symptomatik in Ihrem Jargon."

„Sie kennen Fachbegriffe der Psychiatrie, ich nehme das zur Kenntnis."

„Es stört Sie doch nicht, wenn ich Sie Dr. Freud nenne? Dr. Freudenreich ist so lang."

„Nein, das stört mich nicht. Das ist beinahe eine … Ehre."

„Noch etwas sollten Sie wissen, bezugnehmend auf die Theorie der Schizophrenie als gespaltenes Bewusstsein. Ich bin tatsächlich zwei. Oder wie der Dichter sagt, zwei Seelen wohnen, ach! in meiner Brust. Da bin ich, Sebastian Jakob Sturz, und da sind diese vielen Stimmen, die alle zusammengehören, die nicht ich und doch ich sind. Ich nenne dieses Stimmenreich der Einfachheit halber den Chor. Das ist das einzig Besondere, Sonderbare an mir. Sonst bin ich unscheinbar, ein gewöhnlicher Mensch, nur eine Wiederholung von Klischees über den Menschen an sich. Um mit den Stimmen zurecht zu kommen, muss ich schreiben. Das ordnet und strukturiert sie. Ich gebe Ihnen dieses Blatt mit der Anrufung der Musen. Das haben mir die Stimmen diktiert. Ich bin kein Dichter oder Genie, aber ein Wortmensch, wegen der Wörter und Stimmen. Ich bitte daher, meinen Computer haben zu dürfen, um zu schreiben. Oder zumindest Stifte und Papier."

„Das wird kein Problem sein", antwortete Dr. Freudenreich.

Zwei Tage später sah ich Dr. Freudenreich wieder. Er schien irritiert und betrat das Raucherzimmer, in dem ich neben Herrn Meyer saß und ihm beim Joghurtessen half, korrekter, ihn fütterte. Der uralte Meyer litt an Demenz – seine offizielle Diagnose – und an Parkinson, was in der Psychiatrie ignoriert wurde. Er zitterte so, dass er das halbe Joghurt beim Essen verschüttete. Er ist rührend. Immer aufs Neue erzählte er ein und dieselbe Geschichte über seine

Tochter, an die er sich als Kleinkind erinnerte, während sie jetzt vierzig war und ihn bisher in der Anstalt nie besucht hat.

Dr. Freud ging schnurstracks auf mich zu.

„Sind Sie suizidal? Haben Sie Gedanken, sich zu töten?“

„Guten Morgen zuerst einmal, so viel Zeit muss sein, Dr. Freudensprung. Nein, Dr. Freudenberg, also …“

Ich wusste genau, wie er hieß, aber ich zog ihn gerne auf.

„Dr. Freudenreich“, unterbrach er mich irritiert.

„Wie dumm von mir.“ ich zeigte auf sein Namensschild, „Hier steht es ja, Dr. S. Freudenreich, Dr. Stefan Freudenreich also.“

Er korrigierte mich: „Sigmund.“

„Ach ja, Dr. Sigmund Freud. Und nein, ich bin nicht suizidal. Keiner meiner Verwandten hat sich das Leben genommen. Ich werde nicht damit anfangen. Das Leben ist absurd, aber lebenswert. Meistens zumindest. Was irritiert Sie, Dr. Freud? Dass Sie die Suizidfrage bei Ihrer Anamnese vergessen haben?“

„Was mich irritiert?“ Ich hatte ihm das Stichwort geliefert. „Als Sie gekommen sind, habe ich gedacht, Sie wollten eine Therapie, um die lästigen Stimmen loszuwerden. Ich verordnete etwas Antipsychotisches, und dann höre ich, dass Sie dieses Medikament verweigern.“

„Ist das alles?“

„Nein, ist es nicht. Heute erfahre ich durch einen Anruf des Prof. Seligmann, dass er Sie zu begutachten hat, weil ein Antrag auf Aufhebung Ihrer Besachwaltung beim Bezirksgericht läuft. Sie haben mir nicht erzählt, dass dieser Klinikaufenthalt zu Ihrer Beobachtung dient und beweisen soll, dass Sie psychisch so stabil seien, dass eine weitere Besachwaltung unnötig sei. Schließlich taucht Ihre Cousine auf und erzählt seltsame Geschichten. Ich sollte Sie hier hinausschmeißen, Sie nehmen anderen Patienten den Platz weg."

„Wieso?"

„Weil es drei Gründe gibt, die einen stationären Aufenthalt rechtfertigen. Einstellung einer Therapie, was Sie verweigern. Selbstgefährdung, was Sie soeben ausgeschlossen haben."

„Die dritte Möglichkeit?"

„Fremdgefährdung", sagte er, „die augenscheinlich ebenfalls nicht vorliegt."

„Da bin ich ganz bei Ihnen", erwiderte ich, „Was würden Sie davon halten, wenn mir die Stimmen gesagt hätten, ich solle meinen Sachwalter töten?"

„Das haben die Stimmen Ihnen nicht gesagt."

„Jetzt eben haben die Stimmen es mir gesagt. Und ich habe es Ihnen, meinem Arzt, mitgeteilt. Sogar vor einem Zeugen", erkläre ich mit einem Blick auf den alten Meyer. Ein guter Zeuge, Demenz, Alzheimer, dachte ich, aber Dr. Freud war in der Defensive.

„Sie haben mir erzählt, dass Sie Ihre Stimmen unter Kontrolle haben."

„Sie haben mir geglaubt? Es einem Verrückten, der Stimmen hört, abgenommen? Er habe zwar Mordabsichten, aber das habe er unter Kontrolle?" Mein Tonfall troff vor Ironie „Wer wird Ihnen das abnehmen, wenn ich, nur vorgestellt, mit einem Küchenmesser zum Herrn Rechtsanwalt gehe und ihm fünfzehn oder zwanzigmal in die Brust steche? Was sagen Sie dann? Ich hätte mich geirrt?"

„Sie wollen, dass ich Ihnen bescheinige, normal zu sein, keinen Sachwalter zu benötigen. Und dann stoßen Sie derartige Drohungen aus? Das ist ein Widerspruch."

Wo er recht hatte, hatte er recht. Also antwortete ich versöhnlich: „Hören Sie, Dr. Freud, wir sind uns beide auf dem falschen Fuß begegnet. Für Sie war ich bei unserem Erstgespräch ein Routinefall, wieder einmal ein Schizophrener, der Stimmen hört. Ein armer Irrer, Therapie nach Schema F, Antipsychotika. Da hatte ich nicht das Vertrauen, Ihnen zu sagen, worum es wirklich geht. Mein Fehler. Ich hatte das Gefühl, Sie hören mir nicht zu, arbeiten nur Ihren Fragenkatalog ab. Was real dahintersteckte, null Interesse."

Ich musste Dr. Freudenreich hoch anrechnen, dass er stutzte.

„Da könnte was dran sein."

„Ich entschuldige mich nicht offen gewesen zu sein und Informationen zurückgehalten zu haben. Es wird nicht wieder vorkommen. Aber für mich ist das anders als für Sie."

„Was meinen Sie?"

„Für Sie bin ich nur ein armer Irrer. Nein, Sie brauchen nicht abzuwinken, ein psychisch Kranker, wenn Sie es vorziehen. Ich denke, Sie behandeln die Falschen. Unser Problem sind die Normalen, die den Planet zugrunde richten, Kriege anzetteln oder akzeptieren, dass wir im Überfluss ersticken, während anderen Ortes Kinder verhungern. Für euch Psychiater sind wir Diagnosen, aber wir sind Menschen. Was für Menschen! Herr Meyer ist ein rührender Mensch, demenzkrank. Mein Kollege dort drüben, auch schizophren, ist ein wunderbarer sensibler Mensch. Diese Depressiven … erschütterte Menschen, erschütternde Schicksale. Es sind Menschen, die das Unerträgliche nicht ertragen und denen das Weinen leichter als das Lachen fällt. Herr Bauer, Ihr Maniker, reißt uns alle mit seinem Schwung mit und bringt uns zum Lachen. Wir haben alle etwas Menschliches, das uns von den brutalen, gedankenlosen Normalmenschen abhebt. Ich verteidige nicht die Menschen, verstehen Sie mich nicht falsch, ich breche beileibe keine Lanze für den Wert des Menschlichen. Aber Sie behandeln die Falschen!“

Dr. Freudenreich lächelte abwehrend, meine Worte hatten ihn nicht erreicht.

„Sehen Sie die hübsche junge Dame, die dort raucht?“, fuhr ich fort. „Das ist Maria Schreiber, eine Borderlinerin Ihrer Diagnose nach. Man kann es aber auch anders sehen. Sie ist wunderbar spontan, leidet nicht unter falschen Hemmungen. Sie ist so spontan, dass Sie zu mir sagte: ‚Sebastian, du bist cool und gefällst mir, gehen wir nach nebenan ficken.‘“

Der Doktor wurde bleich. Ich konnte sein Hirnkästchen rattern hören: Patient schwängert Mitpatientin in der Psychiatrie unter Aufsicht der Ärzte und des Personals. Wer haftet?

„Beruhigen Sie sich, ich habe nicht. Aber es war knapp“, sagte ich. „Darum geht es, wenn ich mein eigener Herr bin, nicht mehr besachwaltet, lasse ich mich sterilisieren. Das ist meine erste Tat, dann kann ich das, weil mein Einverständnis zum chirurgischen Eingriff rechtswirksam wird.“

„Warum sterilisieren?“

„Ich mache Schluss mit der Familie Sturz, ich bin der Letzte. Die zwei letzten männlichen Nachkommen, Namensträger, mein Cousin Johann und ich, beide schizophren. Damit muss Schluss sein. Es kann der Sinn unseres Daseins nicht darin bestehen, weitere kranke, bedauernswerte Kinder in die Welt zu setzen. Ich mache Schluss, es wird keine Familie Sturz mehr geben.“

2 Meine Krankengeschichte

Das schreibe ich für Herrn Dr. Freud (Sigmund Freudenreich) und für Sie, liebe Freundin (liebe Leserin). Es ist gerafft meine Vorgeschichte, mein bisheriges Leben und die Geschichte meiner Schizophrenie.

„Meine“ Schizophrenie? Ist das richtig ausgedrückt? Gehört sie mir? Oder sollte es statt „Ich habe Schizophrenie“ heißen: „Die Schizophrenie hat mich“? Wir weichen in der Alltagssprache dem aus, sagen: „Ich bin schizophren.“ Was heißt das? Warum sagt man dann nicht: „Ich bin ein Herzinfarkt“? Oder: „Mein Nachbar ist Aids“? Darf man Haben und Sein gleichsetzen?

Ich kann mir schon denken, was mir Dr. Freud antworten wird: Das ist, weil die eine Form der Erkrankungen ausschließlich den Körper betreffen, ein Schnupfen zum Beispiel, während die Erkrankungen des Geistes und des Gemütes („der Seele“) tiefer reichen, sozusagen an unseren Kern, unsere Persönlichkeit, „an das Eingemachte“ gehen. Also an unser Mensch-Sein.

Lassen wir das einmal stehen, wie so Vieles in meinem Roman. Stellen wir aber fest, dass „meine“ Schizophrenie wirklich meine ist, insofern, als sie ganz anders ist als die meines Cousins und Bruders im Geiste Johann, anders verläuft, verlaufen ist, muss ich sagen. Vergangenheitsform. Mit diesem Argument wird Dr. Freud leben können, denn er (und ich) haben gelernt, dass es verschiedene Formen und Verläufe gibt: Schizophrenia simplex, Mischpsychose, Hebephrenie, paranoid-halluzinatorische Form, schizoaffektive Störung, Katatonie.

Diese Information für Sie, liebe Freundin. Und zur literarischen Einordnung: eine Autobiografie. Ich beschreibe meine Krankheit, also ihre Vorgeschichte (Anamnese), meinen jetzigen Zustand (Status praesens) und den vermutlich weiteren Verlauf (Prognose). Meine Krankengeschichte ist somit eine Pathografie, da ich sie selbst verfasse, eine Autopathografie.

So weit begrifflich korrekt, lieber Dr. Freud?

Fein, dass Sie einverstanden sind. Ich füge zwei Punkte hinzu. Erstens, meine Krankengeschichte ist Teil meiner Lebensgeschichte, aber ich kann und bin nicht auf meine Krankengeschichte zu reduzieren.

Zweitens, die Therapie überlasse ich dem Experten, also Ihnen, Dr. Freud. Ich behalte mir aber vor, dass ich dabei mitrede / mitbestimme, ganz der mündige Patient, den Ärzte generell und Psychiater speziell nicht schätzen.

Die Psychiater sind ein ganz eigenes Volk. Dr. Freud ist in Ordnung, das muss ich sagen, je länger wir kommunizieren, desto besser kommen wir miteinander aus. Aber er ist jung, gerade erst Facharzt geworden, hört also den Patienten zeitweise zu und ist nicht versteinert in dem Irrglauben, alles besser zu wissen und jeden Patienten zu durchschauen. Wobei es gar nicht so selten ist, liebe Freundin, dass die Patientin den Psychiater durchschaut und nicht umgekehrt. Aber wenn man das sagt, rührt man am heiligen Gral des Rollenverständnis und der klaren Trennung zwischen Arzt und Patient und rüttelt am Selbstverständnis der Psychiatrie. Hier wir, die „Normalen“ und „Checker“ – deshalb dürfen wir uns Ärzte nennen – mit dem Durchblick, dort die Irren, Gestörten und Kranken, die nichts auf die Reihe bringen und nichts schnallen.

Verzeihen Sie die pubertäre Sprache, liebe Freundin, die ist für Dr. Freud und Dr. Seligmann bestimmt, nicht für Sie, die einen gehobenen literarischen Geschmack besitzt. Dr. Freud war schockiert, als ich ihm die klaren Machtverhältnisse demonstrierte. Nicht er, der Arzt, bestimmte, ob ich stationär eingewiesen werden würde, sondern ich, der Patient.

„Wenn Sie mich rausschmeißen, fahre ich mit dem Taxi ans andere Ende der Stadt, suche mir eine schmächtige Polizistin und haue ihr eine runter. Dann sage ich, die Stimmen hätten mir das befohlen. Raten Sie, wie rasch ich wieder stationär in der Psychiatrie bin."

Ja, ich bestimme, ob ich hineinkomme. Er, Dr. Freud, bestimmt, wann ich wieder herauskomme. Da sitzt er am längeren Hebel. Dr. Seligmann, was halten Sie von meinen Ausführungen? Ich weiß, Sie ärgern sich, weil ich nur Doktor, nicht aber Professor Seligmann schrieb. Nun, wer hat hier bitte das Problem? Sie oder ich?

Genug der Seitenhiebe und des Spiegelfechtens. Ich bin das einzige Kind von Jakob Sturz und Susanne / Suzette Möhrenburg, verehelichte Sturz.

Ladies first: Meine Mutter Suzette Möhrenburg ist erstes Kind der Volksschullehrerin Alexa Neckar. Sie wohnte mit ihrer Mutter, Großmutter und jüngeren Schwester, meiner Tante Dorothea, in einer Eigentumswohnung in Hietzing. Die Familiengeschichte ist geheimnisumwittert. Meine Urgroßmutter mütterlicherseits trug den Namen Necker, später Neckar. Alexa, meine Großmutter, behauptete, unser Vorfahre und Stammvater Baron Jacques Necker, Finanzminister unter König Ludwig XVI, wäre auf Betreiben Marie Antoinettes als Minister abgelöst und 1804 in der Schweiz gestorben. Bekannter als er ist seine Tochter, Madame de

Staël, die als geistreichste Frau des 18. Jahrhunderts gilt und für ihren Salon berühmt war.

Alexa Necker wurde als unverheiratete Lehrerin geschwängert, was zu ihrer Zeit im Schuldienst nicht angebracht war. Um einer ehelichen Geburt willen heiratete sie einen gewissen Möhrenburg, wobei es nur um den Familienstand ging und die Ehe nicht vollzogen wurde. Dieser Möhrenburg war, so Alexa, ein Adeliger aus der Grafenfamilie von Möhrenburg, Seitenlinie, eine verkrachte Existenz und verarmt, sodass er sich aus pekuniären Gründen auf dieses Arrangement einließ. Ihre mütterliche Linie lässt sich von Alexa auf einen russischen Großfürsten zurückführen, der im Zuge der russischen Revolution ums Leben kam, samt Restfamilie. Als Kinder nannten wir Oma Alexa deshalb halb im Scherz die Großfürstin. Sie ließ sich das gern gefallen.

Das ist in möglichster Kürze die Genealogie meiner weiblichen Vorfahren Alexa und Suzette Necker-Möhrenburg. Liebe Freundin, Sie sind beeindruckt?

Bitte nicht! Ich halte das alles für Märchen, Legenden, die Alexa in die Welt setzte, um sich interessant zu machen und sich ein Flair zu verleihen. Wobei ich zugestehe, dass Großmutter selbst daran glaubte, weil sie daran glauben wollte. Eine Lebenslüge. Das ist übrigens nicht nur meine Ansicht, sondern auch die meines Vaters gewesen. Wir haben gemeinsam recherchiert, das war lange nach der Trennung meiner Eltern, und keinen Hinweis auf diese Vorfahren entdeckt.

Das ganze Konstrukt entstand aus Namensgleichheiten bürgerlicher Familiennamen mit Namen Adeliger bzw. historischer Persönlichkeiten. Noch einfacher gesagt: Großmutter Alexa war größenwahnsinnig. Da sie aber mit ihrem

Wahn niemanden störte, nicht aneckte, da sie zum Beispiel die Familienwappen nicht führte, hatte es keine Folgen. Oder es hatte doch Folgen, die im Charakter und diesen Wahn lagen. Denn, um es auf eine einfache Formel zu bringen: Alexa strebte immer das für sie Unerreichbare an, wie gewaltige hochadelige Vorfahren. Oder in der Partnerwahl. Den besonderen Mann, den die anderen Frauen nicht bekommen konnten, eine Großfürstin aber schon.

Womit ich bei meinem Großvater mütterlicherseits Hermann angelangt bin. Hermann Timmel war nicht adelig, sondern eines von acht Kindern eines Bauern aus der Steiermark. In seiner Familie war er der Star, weil er als einziger studiert und es zu einem Doktortitel gebracht hatte. Zusätzlich soll er ein „schöner Mann" gewesen sein. Das qualifizierte ihn für die Großfürstin, also für Oma Alexa, denn wie sie uns erzählte, nicht im Scherz, füge ich hinzu, lautete ihr Motto: Ich küsse nur Akademiker.

Für einen Kuss hatte Hermanns Schönheit ausgereicht. Aber was machte ihn so außergewöhnlich, so schwer für andere Frauen erreichbar, dass Alexa ihn habe musste, inklusive Schwängerung? Diese Frage trifft sich mit einer anderen Frage: Was für ein Doktor war Hermann Timmel? Er war Doktor der Theologie und katholischer Priester.

Unsere Familiengeschichte ist voller Lügen, denn die Scheinehe Necker/Möhrenburg war zum guten Teil nicht nur aus Angst vor der Schande einer unehelichen Geburt motiviert, sondern überwiegend, um das Doppelleben meines Großvaters Hermann zu verschleiern. Tagsüber, in der Dienstzeit, war er Pfarrer einer Gemeinde, später unterrichtete er in einem katholischen Gymnasium Religion und Latein, auf eigenen Wunsch, war also einer dieser Lehrer, die sich in der Schule „Professor" nennen lassen. Nach

Dienstschluss besuchte er die Konkubine Alexa und seine Tochter Suzette zum Nachmittagskaffee, spielte Familie, dito an Wochenenden, in denen er sein zweites Kind, Dorothea, meine Tante, zeugte. Pünktlich um einundzwanzig Uhr tauschte er die Rollen und auch die Kleidung durch Anlegen des Collars, um als Priester ins Kloster in seine Dienstwohnung heimzukehren und zu schlafen.

Dennoch litt Hermann konstant unter schlechtem Gewissen, weil er allen etwas schuldig blieb. Gott und der katholischen Kirche seine Keuschheit und den Zölibat, seiner Frau und den Kindern den Ehemann und Vater. Ein Leben immer in der Defensive und mit Schuldgefühlen. Wie tarnte er die Besuche? Sehr einfach. Er gab vor, mit Alexa verwandt zu sein, und stellte Menschen, die ihn kannten und zufällig begegneten, meine Mutter Suzette als „Lieblingsnichte" vor.

Sie sehen, lieber Dr. Freud, dass Wahn (Größenwahn) in unserer Familie Tradition hatte, noch bevor Schizophrenie manifest auftrat. Es gab auch den klassischen double-bind, die Doppelbotschaft. Für meine Mutter einen Mann, der einmal ihr Vater, dann wieder ihr Onkel war. Für uns Kinder, die Enkel, die Botschaft, wir seien ganz normale Menschen, dann wieder, wir seien es nicht, sondern verarmte, verkannte Hochadelige. Kurz, man kannte sich nie so richtig aus, der Kopf und die Vernunft sagten das eine, das Gefühl und der Wunsch, das andere.

Warum ich mich jetzt speziell an Sie wende, Dr. Freud? Aus einem naheliegenden Grund. Ein Schizophrener erzählt von seiner adeligen Abstammung, nur eine seiner vielen Wahnideen. Er erfindet sich eine Familienstory. Ich würde das als behandelnder Arzt glauben. Nur, lieber Dr. Freud, ich erzähle Fakten und kann das beweisen. Womit sich die seltsamen Geschichten, die Ihnen meine Cousine erzählte, erklären. Sie hat Ihnen in wenigen Sätzen davon berichtet und angeboten, Dokumente vorzulegen. Denn das alles ist durch Unterlagen belegt, durch Geburtsurkunde, Trauscheine et cetera, nein, nicht meine bzw. unsere adelige Herkunft, sondern dass meine Großmutter Alexa mit einem Graf Clemens von Möhrenburg getraut war, dass als Kindesvater aber ein Hermann Timmel aufscheint, der nach anderen Dokumenten als katholischer Priester ausgewiesen ist. Es ist wichtig, dass Sie und auch Professor Seligmann diese Unterlagen einsehen und überprüfen. So erklärt sich einiges aus unserer Lebensgeschichte und vielleicht auch aus der Krankengeschichte meines Cousins. Abgesehen davon steigert das auch die Glaubwürdigkeit meines Berichtes.

Leidtragender der edlen Abstammung meiner Mutter war mein Vater. Da hatte er also als Kleinbürger das Privileg, eine Prinzessin zu freien und ihr beizuwohnen, und was tat er? Statt in großer Dankbarkeit sein Glück und die wunderbare Frau zu preisen, die ihm, einem Nichts, so unverdient und unverhofft in den Schoß gefallen war, meinte er, sie so wie alle anderen Frauen behandeln zu können und Leistung erwarten zu dürfen von einer Person, die ihm an Abstammung, Erziehung und Herkunft überlegen war, sodass ihr und allen ihr bloßes Sein bereits ein vollendeter Gunstbeweis war.

Im Apfel der Beziehung zwischen Adam (Jakob Sturz) und Eva (Suzette von Necker-Möhrenburg) nagte von Anfang an der Wurm, verstärkt durch die Indolenz meines Vaters, der sich einbilden wollte, er hätte nicht den goldenen Apfel des Paris an die Schönste vergeben, sondern einen ganz normalen steirischen Apfel, irgendeinen Braeburn, Idared oder Topaz gefunden. Vielleicht war dieser Apfel rotbackig, saftig, knackig, vielleicht auch würzig zart-säuerlich. Na und? Aber kein Schmuckstück, kein Gold, einer Prinzessin nicht würdig, sondern normales Fallobst.

Mein Vater sagte zu meiner Mutter: „Es ist nicht alles Gold, was glänzt."

Sie verstand diesen Satz als persönlichen Angriff und antwortete: „Aber es glänzt auch nicht alles, was vorgibt, Gold zu sein. So wie du!"

Missverständnis und gegenseitige Verletzungen waren vorprogrammiert.

Ob meine Mutter an ihre adeligen Vorfahren glaubt? Nein, das tut sie nicht. Deshalb gebraucht sie auch nicht den zu ihrer Abstammung passenden preziösen Vornamen Suzette, sondern ließ sich von ihren Schulkollegen Susanne nennen. So nennt sie sich auch jetzt noch. Allerdings ist sie keine Susi, das ist ihr doch zu steil und abgeschmackt.

Mit dem Verstand weiß meine Mutter, dass sie nur eine Susanne ist. Aber ihr Gefühl? Ich vermute, das sagt ihr etwas anderes.

3 Die Kindheit des kleinen Zauberers

Die Familie des kleinen Zauberers lebte in der Hauptstadt von Mittelerde, in Zentrumwienzentrumbabylon. Die Hauptstadt lag exakt im Mittelpunkt von Mittelerde, wie die Nabe in einem Rad, umgeben von den zwölf Republiken von Mittelerde, die Speichen des Rades, von Waldland,

Wiesenland, Auenland, Seenland, Burgenland, Obstland, Felderland, Uferland, Grenzland und wie sie alle noch hießen, nicht zu vergessen von Herz, der zwölften Speiche, dem unbewohnten und tiefen Wald, der den sagenumwobenen Teil von Mittelerde bildete, der durch einen undurchdringlichen Dornenwall umgeben war und in dem angeblich Drachen hausten. Keiner hatte diesen Teil je betreten.

Zentrumwienzentrumbabylon war zugleich der Regierungssitz des Staatenbundes und jeder Präsident der Teilrepubliken versah das Amt des Premierpräsidenten im Turnus ein Jahr lang.

Mittelerde gab es seit tausend Jahren, eine Zeit, in der die Einwohner in Glück, Zufriedenheit und Harmonie lebten, mit Ausnahme des kurzen fünfjährigen Bürgerkrieges in den Jahren 110 bis 115. Man nannte es deshalb auch das Tausendjährige Reich, oder kurz: Das Reich, und die meisten Menschen dachten, dass es tausend Jahre noch so weitergehen könnte. Frieden, Eintracht, Schönheit, gutes Leben.

Bis 110 war Mittelerde ein Königreich gewesen, das Königreich der zwölf Länder, und der Großkönig, der über alles gebot, führte den Ehrentitel König der Könige und der zwölf Königreiche, Bezwinger der Roboter und der Tiermenschen, Bewahrer des Zweiten Reiches, Licht der Welt, Majestät der Majestäten, Sire und Beherrscher der Zweiten Menschen.

In einem blutigen Aufstand eroberten die Revolutionäre die Macht und schafften die jetzigen zwölf Republiken und den Staatenbund, den sie in das Dritte Reich oder das Tausendjährige Reich umbenannten, um es vom vormaligen Zweiten Reich oder Ewigem Reich abzugrenzen. Sie führten allgemeine Wahlen ein, schafften die Privilegien des

Adels ab, reduzierten ihn im Krieg auf ein Viertel seiner ursprünglichen Stärke (banaler ausgedrückt, drei Viertel seiner Mitglieder wurden umgebracht). Außerdem rotteten sie die Königsfamilie komplett aus, genauer ausgedrückt, alle zwölf Königsfamilien der zwölf Länder und die gesamte Familie und Sippschaft des Großkönigs dazu, um einer Restauration der Monarchie oder einer zukünftigen Machtergreifung von Königsabkömmlingen vorzubeugen.

Ja, das war eine dunkle Zeit gewesen.

Am Stadtrand des 22. Bezirkes von Zentrumwienzentrumbabylon (die Stadt hatte 23 Bezirke), nahe der Stadtgrenze zu Obstland, wohnte die Familie Sturz. Sie bewohnte die typische ringförmige Ansammlung von zwölf Häusern, die durch Türen oder schmale Gänge miteinander verbunden waren, eine Gebäudeordnung, die Domibus genannt wurde (weniger gebräuchlich Sectores). Das war die typische Haus- und Wohnform der Reichen in Mittelerde, die Armen bewohnten nur ein einziges Haus. So galt das Sprichwort: „Er hat nur ein einziges Haus / Ist so arm wie eine Kirchenmaus."

Was war eine Kirchenmaus? Nur die Gelehrten kannten die Antwort: Eine Maus war ein ausgestorbenes Tier, der zoologische Ahne des kleinen Nagetieres in Mittelerde, das Mus genannt wird. Und eine Kirche? Darüber waren sich die Gelehrten uneinig, es gab zwei Lager der Sprachwissenschaftler. Die eine Gruppe vermutete, „Kirche" sei ein antiquierter Ausdruck für „große Toilette"; Toilette war der Vulgärausdruck, höflich ausgedrückt war das entsprechende Wort dafür „Scheißhaus", „Brunzhaus" oder „Dusche", je nachdem, für welche Verrichtung dieser Ort gebraucht wurde. Der andere Teil der Wissenschaftler vermutete hingegen, dass „Kirche" die Vorläuferin des Templum, also der Tempel war, die man aufsuchte, um den Göttern näher zu sein.

Genug davon, es ging um eine Beschreibung von Domibus. Domibus umfasste zwölf Häuser, wobei jedem Haus und jeder Hauszahl eine bestimmte Zahl zugeordnet war. Das erste Haus hieß Ascendens oder der Aufstieg, hier ging man hin, wenn man sich ganz als sich selbst fühlte und mit sich einig war. Dort lagen die Kinderzimmer der drei Kinder der Sturz, des zwölfjährigen Johann, der sechsjährigen Fanny und des Zwillingsbruders von Johann, der Sebastian hieß. Die Kindheit begann immer im ersten Haus, so war es alter Brauch, im Lauf des Lebens zog man um oder gebrauchte fortlaufend Zimmer in den anderen Häusern.

Das zweite Haus, Besitz oder Posessionem, enthielt die Vorrats-, Speisekammern und die Schatzkammer, in der Geld und wertvolle Gegenstände gelagert waren. Es war das am besten gesicherte und geschützte Gebäude, ein alter Brauch, der aus der Zeit des Bürgerkriegs herrührte, in dem es die Verbrechen Diebstahl, Einbruch und Raub gegeben hatte, die es natürlich im Dritten Reich nicht mehr gab.

Das dritte Haus, Informationes, diente zum Lernen. Das Schulzimmer der drei Sturz-Kinder war dort und Privatlehrer unterrichteten sie, die Bibliothek sowie ein weiteres Zimmer, in dem man mit Gästen plaudern konnte (der Teeraum) oder kleine Handelsgeschäfte führte.

Das vierte Haus, Familia, umfasste das Wohnzimmer, in dem sich alle trafen, die zur Familie gehörten, und einen weiteren Raum, das Museum, in dem Erinnerungsstücke an Vorfahren und an Verwandte aufbewahrt wurden.

Sollen wir wirklich alle zwölf Häuser aufzählen? Es kennt sie doch jeder. Daher nur in Kürze, die Häuser, die für die Kinder der Sturz besonders interessant waren. Es waren, wie für alle Kinder, die verbotenen Häuser, jene, die sie nicht aufsuchen sollten, die deshalb besonders interessant wurden.

Das war das achte Haus, Mors et Sexus, in dem sich die Gräber und Überreste der Vorfahren befanden. Hier forderte Johann seine Geschwister zur heimlichen Mutprobe auf, mit der Mumie von Tante Desiree, die zur Zeit des Bürgerkrieges gestorben war, Tee zu trinken und ihre vermoderten Lippen zu küssen. Fanny verweigerte die Mutprobe, während Sebastian sie mit Grauen bestand – und nachher ziemlich stolz auf sich war, seine Lippen auf die ledrig braunen, verwitterten Lippen der verstorbenen Tante gedrückt zu haben, deren mumifizierter Körper einen modrig-stechenden Geruch ausstrahlte.

In einem Zimmer dieses Hauses befand sich die heimliche pornografische Sammlung ihres Vaters, die die Sturz-Kinder natürlich entdeckten und fasziniert betrachteten.

Natürlich war auch das zwölfte Haus faszinierend, das Haus der Feinde, der Einsamkeit und der Stille genannt. Es war auf eine andere und besondere Art beinahe so unheimlich wie das achte Haus.

In eben dieses zwölfte Haus führte am Tag des zwölften Geburtstages von Sebastian ihre Mutter, die Fürstin Suzette, zusammen mit der Großmutter, Großfürstin Alexa, alle drei Kinder. Die Großfürstin eröffnete ihnen das Familiengeheimnis, das von Generation zu Generation weitergegeben wurde.

„Kinder, in euren Adern fließt königliches Blut, nicht nur königliches Blut, sondern das Blut der Großkönige. Euer Urahne war der Schwippschwager des letzten Großkönigs Sardor von Sardonius II., er war der König des zwölften Königsreiches, nämlich von Herz. Ihr seid also direkte

Nachkommen des Königs von Herz, ihr seid Herzenskönige, Könige der Herzen, so lauten eure Titel. Herz ist, wie ihr wisst, unzugänglich, besteht nur aus einem kleinen Landstreifen am Rand der Dornenhecke, der Dornenwall heißt. Dort regierte euer Urahn König Mattheis, der auch König ohne Land oder der Schattenkönig genannt wurde. Durch mehrere Ehen war seine Familie mit dem Herrscherhaus und Großkönig Sardor Baratheon verbunden."

Dann sprach die Mutter, Suzette von Möhrenburg und Sensenburg, jedes einzelne ihrer Kinder an.

„Du, meine Tochter Fanny, bist in Wahrheit Prinzessin Fanny, Durchlaucht und Stern der Abendröte. Du, mein Erstgeborener Johann, bist Prinz Johann von Mittelerde, Abkömmling des Schattenkönigs und blutsverwandt mit dem letzten Großkönig, Erbe des Reiches und wahrer Beherrscher von Mittelerde, der einzige wahre und legitime Thronfolger, dessen Anspruch durch die Jahrhunderte nie erloschen ist, geboren und auserwählt, um über Mittelerde zu herrschen. Das ist deine Lebensaufgabe."

„Und ich? Was ist meine Lebensaufgabe?", fragte der kleine Sebastian.

„Du, mein Sohn Prinz Sebastian, mein besonderer Liebling, bist der kleine Zauberer, Abkömmling von Geschlechtern der Zauberer und Magier, geboren und begabt zur geheimen Wissenschaft. Deine Lebensaufgabe ist es, deinen Bruder Johann durch Magie bei der Erringung des Thrones zu unterstützen. Sollte er in diesem Kampf fallen, so bist du als letzter männlicher Erbe berufen, männliche Nachkommen zu zeugen und für deinen toten Bruder die Thronfolge anzutreten."

Ja, das war das furchterregende und zugleich großartige Geheimnis der Familie Sturz, das von Generation zu Generation von der mütterlichen Linie an die Kinder weitergegeben wurde.

Aber der Vater? Jakob der Ältere, stammte aus einer langen Linie von Republikanern und wies keinen einzigen adeligen Vorfahren auf. Die Kinder sahen wenig von ihm, denn er war selten zu Hause, und wenn, so hielt er sich vorwiegend im sechsten Haus auf, in dem sein Büro lag, oder im zehnten Haus, in dem er seinen Beruf nachging und die unterschiedlichsten Menschen empfing. Er hatte nämlich einen seltsamen Beruf, er war „der Herr der Toten“ und seine Aufgabe war, Verbrechen und gewaltsame Todesfälle in Mittelerde, die sehr selten waren, zu untersuchen. Dazu arbeitete er auch in einer Burg, der Sensenburg, einem düsteren Ort mit eisernen Wällen, geschmiedet aus Sensenblättern und Schwertern, mit Kellergewölben, Bibliotheken und Laboratorien tief unter der Erde. Es ging das Gerücht, dass er im Geheimen daran arbeitete, Toten eine Art Halbleben einzuhauchen, um eine Armee der Verstorbenen aufzustellen. Die Kinder wussten, dass dies so war, denn bei ihrem einzigen Besuch in der Sensenburg hatten sie die zahllosen Leichen gesehen, die dort in Särgen lagen oder in Eiskammern gestapelt wurden, Frischleichen, die sich nur durch Blässe und Kälte von Lebenden unterschieden, grässlich grünbraune stinkende Faulleichen, die beinahe zerflossen, und Skelette, grausige Gerippe und Knochenmenschen, die Jakob der Ältere in Kompanien sammelte, die er Totentänze nannte. Auch erblickten sie den Speisesaal, in dem Vater Jakob um Mitternacht mit den Toten am stählernen Tische speiste, wo die Verwesenden Dreck, Staub, Lehm und Fliegenmaden fraßen.

Dieser unselige Ort hatte den Kindern einige Albträume beschert, sie hätten gerne mit ihrer Mutter darüber gesprochen, aber Suzette weigerte sich hartnäckig, über die Arbeit ihres Ehemanns zu sprechen. Vielleicht war das so, weil sie die vornehme Abstammung in die Ehe brachte, aber Jakob alles Geld – und das war nicht wenig – der Familie erwarb.

4 Wozu diese Märchen?

Sie mögen sich nun fragen, verehrte Leserin, wozu diese Märchen? Was hat das mit der Geschichte der Familie Sturz zu schaffen oder welche Beziehung besteht zum Verfasser dieses Berichtes, zu seiner Krankengeschichte?

Die Antwort liegt auf der Hand. Ich, Sebastian Sturz, bin dieser kleine Zauberer und meine Cousins, Eltern und die Großmutter sind in dieser Geschichte enthalten.

Diese Geschichte ist eigentlich ein Strauß von Geschichten, die ich erfand und die uns wie ein Gespinst oder Schleier einbetteten und umgaben, meine Cousine Fanny und mich, der fortgesetzte Tagtraum unserer Kindheit, den wir im Spiel verfolgten und ausbauten. Da das Leben nicht nur aus der Welt der Erwachsenen besteht, aus Praxis und Vernunft, sondern in Familien auch immer die magische Traumwelt ihrer Kinder mitschwingt, war dies ein Teil nicht nur unserer Lebens-, sondern auch unserer Familiengeschichte.

So lebten wir unsere Leben simultan und parallel als drei unbedeutende Kinder zweier Paare, die so problematisch wie ihre Beziehungen waren, während wir zugleich auch Prinzen und Prinzessin waren in einem großartigen magischen Reich, das auf die Rückkehr des Königs wartete, der mein „Bruder“ Johann war.

Dieser Weg zur neuerlichen Machtergreifung, zur Weltherrschaft im Dritten Reich, das ihm, meinem Bruder, legitim zustand, war steinig und voller Gefahren. Nicht nur waren die Usurpatoren, die Republikaner, zu beseitigen, das Reich war auch von außen bedroht, aus dem Norden, dem geheimnisvollen Reich Nordor, in dem sich das Böse und die Unter- und Tiermenschen sammelten, um Mittelerde anzugreifen und zu erobern. Der König von Nordor, der auch Nordor hieß, war ein mächtiger Magier und sammelte ein gewaltiges Heer aus Tiermenschen, Vampiren und Werwölfen an, dem Mittelerde nichts entgegenzusetzen hatte. Dieses Heer würde Mittelerde überrennen und erobern, während sich der Widerstand um Prinz Johann, dem legitimen Herrscher und König, um seine Schwester, die erprobte Kämpferin und mutige Fanny, und um dessen Bruder, dem Magier Sebastian sammeln würde. Vor dem Angriff der Heere der Finsternis würden sich diese drei und ihre Getreuen in die Wälder von Herz, in die sie einen Weg entdeckt hatten, zurückziehen und dort einen Bund mit den Drachen schließen, während Mittelerde Kampf um Kampf, Schlacht um Schlacht, Gefecht um Gefecht gegen Nordor verlor.

Aber da gab es diesen Namen, der in den uralten Prophezeiungen und den Träumern der Kinder auftrat: Schalmirane. Manche behaupteten, man schreibe es Shalmirane, andere, sogar die meisten, sagten, den Ort gäbe es nicht, er sei nur eine Legende. Schalmirane war der Ort des letzten Gefechts, „The Last Stand“, der Platz, an dem sich das Schicksal der Menschheit entscheiden würde.

Doch Johann, Fanny und ich kannten diesen Ort. Es war ein verlassenes Dorf am Rand von Herz, das aus zwölf verfallenen Häusern bestand. Schalmirane war der verschollene Ortsname, die Menschen kannten diesen Platz nur unter seinem profanem Namen Armageddon. Dort würde das Schicksal sprechen, so war der Plan der Kinder, dort würden sie sich Nordor und den Heeren der Finsternis stellen, zusammen mit ihren magischen klugen Tieren. Da gab es Joschua, auf dem Fanny in den Kampf ritt. Joschua sah aus wie ein Hund, war aber doppelt so groß und viermal so stark oder so schnell wie ein Pferd, außerdem verstand er die Sprache der Menschen. Johann wurde immer von einem Löwen begleitet, der genauso mutig war wie er. Sebastian schließlich stand dem Babydrachen Dragi zur Seite, den er gerettet und aufgezogen hatte.

Zunächst würde der kleine Zauberer Sebastian auf magische Weise einen gewaltigen Sturm entfesseln, der das Heer Nordors zerstreuen würde. Dann würde die Armee von Menschen und Drachen angreifen. Der Kampf würde unentschieden toben, dann sich die Gunst der Schlachtgöttin, die Waagschale zur dunklen Seite neigen. Aber, Rettung in höchster Not, die Armee der Toten ihres unentschlossenen Vaters Jakob des Alten würde in letzter Sekunde eintreffen, sich auf ihre Seite stellen und den finalen Umschwung bewirken.

Diese Schlacht in und um Schalmirane würde mit dem Tod König Nordors, der völligen Vernichtung der Angreifer und dem totalen Sieg der geeinten Menschheit unter König Johanns Herrschaft enden.

Es ist offensichtlich, aus welcher Lektüre ich meine Inspirationen schöpfte. Heutzutage wäre es die Welt von Harry Potter gewesen, aber die gab es damals noch nicht. Johanns Begleiter, der Löwe, das war Narnia. Mittelerde, der Name, oder der gesamte Plot, entstammte dem Herrn der Ringe, den ich Sebastian damals las.

Auch Schalmirane oder Shalmirane war aus einem Buch, einem SF-Roman, nämlich Die Sieben Sonnen von Arthur C. Clarke, in dem es der Schauplatz des letzten Gefechtes gegen die außerirdischen Invasoren war.

Verwebt waren diese Elemente mit Details der Familiengeschichte der Sturz, mit dem tatsächlichen oder eingebildeten Standesunterschied der Eltern, Fürsten und Königssprosse gegen Republikaner, oder mit einem tatsächlichen einmaligen Besuch am Arbeitsplatz ihres Vaters Jakob in der Sensengasse und im Institut oder Department für gerichtliche Medizin (das so wie die zugehörige Universität gerne ihren Namen wechselte). Zwar hatten die Kinder keine Toten gesehen, aber die Kühlboxen und die stählernen Tische, an denen die Verwesten mit ihrem Vater speisten, waren blankgeputzte Nirostastahltische des Seziersaals gewesen, wo die Toten nicht aßen, sondern aufgeschnitten und zerteilt, obduziert wurden.

Joschua, das sagenhafte Hund-Pferd, war natürlich der Hund der Familie, Joschi, ein Bernhardiner, der in Fannys Bett schlief. Und Babydrache Dragi war Sebastians kleiner grüner Stoffdrache, mit dem er als Kleinkind gespielt hatte.

Die Sprache von Mittelerde war in Sebastians Erfindung das exakte Gegenteil der normalen deutschen Sprache. Unverfängliche Worte wie Toilette, Urinieren oder Gesäß wurden als ordinär erklärt, während in der Hochsprache von Mittelerde Scheißhaus, Brunzen oder Orsch bzw. Arsch die Worte waren, die gebildete, kultivierte und feine Menschen gebrauchten. Eine Erklärung erübrigt sich, so genossen die Kinder unter sich die zotenreiche Gossensprache.

Den eingebildeten Mutproben, die Johann ersann, zum Beispiel dem Küssen der mumifizierten Tante, standen reale Mutproben gegenüber: Welches Kind tauchte länger seinen Kopf in die Toilette, während die anderen herunterließen, wer trank das Getränk aus, in das alle hineingespuckt hatten, oder wer warf aus der Wohnung im dritten Stock die meisten Eier auf die unten auf der Straße vorbeigehenden Passanten?

Es war ein langer Tagtraum, in dem die Sturz-Kinder lebten, eine zweite Welt, die genauso real war wie ihre erste und wirkliche Welt.

Schon Plato und Aristoteles thematisierten die Analogie von Traum und paranoid-halluzinatorischer Wahrnehmung. Auch zeigen empirische Untersuchungen eine Veränderung des Schlafverhaltens im Wahn. Der REM-Schlafanteil bricht ein, es mangelt an Tiefschlaf Stadium IV. Die Psychose kündigt sich oft durch gravierende Schlafstörungen an, so habe ich es erlebt. Ich stelle also die Frage: Ist Psychose nur ein Traumzustand im Wachbewusstsein? Eine Störung der Balance zwischen Schlaf und Wachsein, der die Grenzen von Traum zur Wirklichkeit verschiebt?

Kürzer: Vielleicht ist der Keim der Schizophrenie in der „Begabung“ zu finden, in einer Traumwelt zu leben. Diesen Keim trugen sowohl mein Cousin als auch ich in uns und lebten es als Kinder intensiv und lustvoll aus.

5 Wie es mein Vater Jakob erlebte

Mein Vater erlebte alles ganz anders. Wenn ich darüber erzähle, stütze ich mich auf Gespräche zwischen uns und auf seine Aufzeichnungen, die ich folgend zitiere:

Der Verlust eines Kindes ist eines der größten Traumata, die ein Mensch erleiden kann. In der Regel handelt es sich um einen Todesfall, der durch plötzlichen Säuglingstod (SIDS), Rauschgift (Heroin), Verkehrsunfall (Motorrad) oder Selbstmord verursacht wird. Aber es gibt noch eine andere Art als den Tod, wie uns ein Mensch verloren gehen kann. Eine Krankheit kann eine Person von innen her aushöhlen, dass von ihr nur eine körperliche Fassade, eine hohle physische Attrappe verbleibt, während die Seele und die Persönlichkeit – also der Mensch, den wir liebten und kannten – verschwunden erscheinen. Alzheimer ist eine dieser schrecklichen Erkrankungen.

Auch andere Wege führen in die lange dunkle Nacht der Seele. Über so einen „Fall" will ich hier erzählen. Und natürlich werde ich auch über Psychotherapie erzählen, über Therapie, die an der Sache vorbeiging, die scheiterte, erfolglos blieb oder nicht stattfand. Es ist also eine Geschichte des Misserfolges in der Psychotherapie. Ich besitze eine sehr intime Kenntnis dieses Falles, denn es handelt sich um mein Kind, meinen Sohn.

Bei meinem einzigen Kind Sebastian standen nach menschlichem Ermessen alle seine Signale für die Zukunft auf grün. Er wurde in eine intakte Familie hineingeboren und war, wenn auch nicht geplant, doch freudig erwartet. Das Milieu war „gut", ich sein Vater Facharzt für gerichtliche Medizin und Pathologie auf dem Weg zum Sachverständigen, seine Mutter, die ich kurz zuvor geheiratet hatte, eine Medizinstudentin aus einer Akademikerfamilie, wir ohne finanzielle Sorgen und in gutem Einvernehmen. Dazu unsere Eltern, die Großeltern, die dem Sohn ihres Sohnes, dem Enkel mit viel Liebe entgegensahen. Wie sehr ich mich mit dem Kind identifizierte, wird mir jetzt klar: Ich habe ihm meinen eigenen Vornamen Jakob als zweiten Vornamen gegeben. Ein Kaiserschnitt folgte nach längerem Geburtsverlauf, das Kind war kräftig und offensichtlich gesund.

Das Kleinkind habe ich als brav und pflegeleicht in Erinnerung, sehr ruhig, man konnte es in eine Ecke legen und nach Stunden wieder aufnehmen, ohne dass es weinte oder Langeweile zeigte. Ich war beruflich in Anspruch genommen und kam immer spät nach Hause. Um trotzdem eine Beziehung zu dem Säugling aufzubauen (natürlich auch, um die Mutter zu entlasten), übernahm ich die letzte Pflege des Kindes in der Nacht, also Wickeln und Fütterung mit dem Fläschchen.

Die erste Auffälligkeit zeigte das Kind im Alter von eineinhalb Jahren. Die sprachliche Entwicklung kam nicht richtig in Gang, auch reagierte es öfters nicht, wenn man es von der Seite ansprach. Kam man hingegen von vorne auf, also in sein Blickfeld, so erfolgte prompt eine Reaktion. Wir, das heißt seine Mutter und ich, diskutierten, ob der kleine Sebastian eine Verminderung seiner Hörfähigkeit, also einen Hörschaden hatte. Zur Abklärung suchten wir die Universitätsklinik auf. Doch ging es uns wie später noch öfters, eine klare Diagnose oder Therapieanweisung erfolgte nicht. Man teilte uns nur mit, dass man nicht sicher sagen könne, ob ein Hörfehler oder alternativ eine Reifungsverzögerung vorliege. Wir sollten abwarten und weiter beobachten. Die Frage erübrigte sich, da ein Jahr später das Hören offenbar normal war, das sprachliche Defizit aufgeholt und der kleine Sebastian über einen größeren Wortschatz als seine Altersgenossen verfügte.

Die Trotzphase folgte und aus dem pflegeleichten Säugling wurde ein schwieriges Kleinkind, das seine Eltern zur Verzweiflung trieb. Er kam mir willensstark vor, man kann es auch stur nennen. Ich erinnere mich, dass ich Sebastian irgendetwas verboten hatte. Trotz meines Neins bettelte er weiter und hörte trotz Schimpfens oder Strafe nicht auf. An diesem Tag begann ich mitzuzählen, wie oft er darum fragte („Kann ich …"), obwohl ich es eindeutig abgelehnt hatte. Ich kam auf sechsundzwanzigmal. Kein Wunder, dass wir mit unserer Geduld ans Ende kamen und ihn am liebsten gegen die Wand geschleudert hätten. Ich als Vater, der Gewalt und körperliche Strafen ablehnte, kam damit nicht zurecht. Mit meinem nachgiebigen Naturell und der Hypothek einer strengen Erziehung, die ich meinem Kind ersparen wollte, gab ich öfter nach und war inkonsequent.

Im Kindergarten ging alles so weit gut, bis auf gelegentliche Streiche, z. B. setzte Sebastian den Waschraum unter Wasser. Allerdings dachte ich, die Erzieherinnen seien selbst schuld, warum ließen sie ein Kleinkind längere Zeit allein in einem Waschraum? Das Schicksal, ein so genanntes „schlimmes Kind" zu haben, teilten wir schließlich mit vielen Eltern.

Damals pflegte ich ausgewählte Zeichnungen meiner Kinder zu sammeln. Sebastian verfertigte im Alter von vier Jahren eine Zeichnung, die mir ungewöhnlich und kreativ erschien. Er zeichnete eine hochgezogene Horizontlinie und darüber ganz konventionell sich selbst, ein Haus in einfachen Linien, grüne Grasbüschel, blauen Himmel und die Sonne als gelben Kreis mit radiären zitronengelben Strahlen – also eine Zeichnung, wie sie neunzig Prozent aller Kinder dieses Lebensalter liefern. Das war nur das obere Drittel des Bildes, in dem ein horizontaler Strich den Boden anzeigte. Das Ungewöhnliche war, was die unteren zwei Drittel des Bildes enthielten. Hier war das Blatt von einem System von Gängen und Höhlen zersiebt und in diesem unterirdischen System fanden sich zahlreiche kleine schwarze Wesen. Ich hatte niemals zuvor eine Zeichnung dieser Art von einem Kind gesehen.

„Was ist das?“, fragte ich.

„Das ist ein Ameisenbau unter der Erde“, antwortete er.

Ich dachte damals, wie fantasievoll und kreativ mein kleiner Sohn war, da er das für andere Kinder Unsichtbare zeichnete.

Heute denke ich anders über dieses Bild. Es zeigte ihn, die Seele des kleinen Sebastian. Im oberen Drittel war sein bewusstes Ich abgebildet, so, wie er die Welt und sich selbst wahrnahm. Ganz konventionell und altersgerecht mit Haus und Mensch, grünem Gras und blauem Himmel im strahlenden Sonnenlicht, also eine heile Welt. In der Tiefe seines Unbewussten und seiner Seele (vielleicht auch seines Gehirnes) sah es anders aus. Hier war alles von Gängen durchsetzt, unterminiert, ausgehöhlt, richtig zerfressen. Kleine fleißige Ameisen gruben weiter. Der Prozess setzte sich fort, war progredient, so sagen wir Ärzte.

Eines Tages würde daher der Berg von innen her durch die vielen Gänge so brüchig werden, dass alles einstürzen und einbrechen würde: Der finale Zusammenbruch!

Damals konnten aber weder er noch ich diese Botschaft seinem Bild entnehmen.

Als er fünf Jahre alt war, beschlossen, wir Hilfe zu suchen, eine Therapie. An einem klirrend kalten Wintertag bei minus zehn Grad und schneidendem Wind gingen wir zu der Praxis einer Therapeutin, die uns empfohlen worden war. Wir waren zehn Minuten zu früh, läuteten vergeblich und drehten mehrere Runden in einem nahegelegenen Park. Völlig verfroren läuteten wir exakt zur vereinbarten Zeit – und wurden eingelassen.

In diesem bezahlten Erstgespräch noch ohne Kind ließ sie sich abwechselnd das Problem von seiner Mutter und mir schildern. Dann sagte sie, dass das Kind Struktur und Konsequenz bräuchte, sie könne mit ihm arbeiten. Beim zweiten Termin brachte meine Frau das Kind und ließ es allein mit der Therapeutin. Am Ende der Stunde holte sie es ab und Sebastian übergab einen Brief.

Inhalt: Die Therapeutin hatte einen Termin in der nächsten Woche mit einer klinischen Psychologin vereinbart, um das Kind zu testen. Ort, Uhrzeit und die Summe, die wir mitnehmen sollten und die dem Preis von zwölf Therapiestunden entsprach, waren angegeben. Darauf rief ich die Dame an und teilte ihr in höflichem, aber bestimmten Ton mit, bei Schritten dieser Art gefragt zu werden. Man solle mit uns, den Eltern vorher reden und nicht das Kind als Boten verwenden. Abgesehen davon seien die Kosten erheblich. Die Therapeutin solle daher erst einige Therapiestunden, vielleicht zehn, abhalten und dann die Frage der Beiziehung weiterer Spezialisten erörtern. Die Psychotherapeutin reagierte beleidigt und erklärte, sie hätte sich besondere Mühe gegeben, um uns rasch diesen Termin zu verschaffen. Da wir mit ihr nicht kooperierten, lehnte sie eine weitere Behandlung ab. Das war der erste Versuch einer Psychotherapie.

Einige Jahre danach suchte meine Ehefrau ein Zentrum auf, um Gesprächspsychotherapie in Anspruch zu nehmen. Wir griffen diese Gelegenheit auf und sie brachte Sebastian gleichzeitig in dieser Stunde zu einer anderen Therapeutin des Zentrums. Ich war sehr erstaunt, als ich einmal mitkam und sah, dass Sebastian, statt bei der Therapeutin im Zimmer zu sitzen, ungeniert herumlief und schaltete und waltete, wie es ihm einfiel. Als ich nachfragte, erklärte man mir, dass dieser Freiraum Teil der Therapie sei und ihm Raum zur Entfaltung gebe. Ich hatte ein ungutes Gefühl, aber ich beruhigte mich selbst mit dem Gedanken, die Fachfrauen würden schon wissen, was sie taten.

Das dicke Ende folgte einige Stunden später. Sebastians Therapeutin verließ genervt noch während der Stunde ihr Zimmer und weigerte sich, weiter mit diesem Kind zu arbeiten. Eine andere Therapeutin stellte das Zentrum aber nicht zur Verfügung.

Ich suchte die beiden Leiterinnen zu einem klärenden Gespräch auf, die mir einfühlendes Verstehen spiegelten, dass sie verstünden, dass ich sehr ungehalten sei. Sie boten aber keinerlei Problemlösung an oder entschuldigten sich. Mein Sohn war jetzt wieder ohne Therapie. Das war der zweite gescheiterte Versuch einer Psychotherapie.

Drei Jahre später nahmen wir einen neuerlichen und dritten Therapieanlauf. Ich hatte von Familientherapie gehört und dachte mir, dass das besser klappen könnte. Immerhin würden wir Eltern, die Hilfe brauchten, dabei sein und könnten daher Fehlentwicklungen, wie sie vorher aufgetreten waren, frühzeitig gegensteuern. Wir suchten ein Zentrum für systemische Therapie auf, in dem ein junger Therapeut uns drei – beide Elternteile und Sebastian – betreute. Der Therapeut war ein junger Mann und ich bezweifelte, ob er verheiratet war. Kinder konnte er sicher nicht haben, überlegte ich mir. Er kannte also unsere Schwierigkeiten in der Theorie, aus dem Lehrbuch, aber wie wahnsinnig einen so ein renitenter Fratz machen konnte, konnte er sich nicht vorstellen. Es beruhigte mich aber, dass er nicht allein war, sondern von zwei älteren Therapeutinnen beobachtet wurde, denen ich genügend Lebenserfahrung und Kenntnis der Materie zutraute.

Die ersten zwei, drei Mal beobachtete Sebastian sehr interessiert das Geschehen, dann verlor er jegliches Interesse an den Vorgängen.

Nach dem Therapiegespräch tauschten sich die zwei älteren Therapeutinnen in unserem Beisein über die Stunde aus. Da hörte ich zum Beispiel, wie sie das große gegenseitige Engagement in unserer Familie hervorhoben.

Sprechen die wirklich von unserer Familie? - dachte ich. Wie lebensfremd und abgehoben ist das?

Nach zehn Stunden hatte sich unsere häusliche Situation um keinen Millimeter verändert und wir gaben auch diesen Therapieversuch als erfolglos auf.

So hat es mein Vater aufgeschrieben und so ging es weiter. Eine Therapie kam nie zustande, Lassen wir meinen Vater weitererzählen.

Nach vorübergehender Beruhigung spannte sich die Situation im Alter von sechzehn Jahren mit Sebastian weiter an. Er ging abends gegen unseren Befehl aus und kehrte irgendwann in den Nachtstunden zurück. Eine Nachfrage beim Jugendamt ergab, es wäre nicht zulässig, die Wohnung zu versperren und den Schlüssel zu verstecken. Das wäre Freiheitsentziehung. Auch wäre es nicht erlaubt, körperliche Strafen einzusetzen.

Was also blieb, war Resignation, schließlich ein Versuch mit einem Internat. Im Internat nahm Sebastian nicht am Unterricht teil. Auf Nachfrage gab er an, verschlafen zu haben. Auch der Erziehungsversuch des Direktors, Sebastian habe sich vor acht Uhr, also vor Unterrichtsbeginn, regelmäßig bei ihm zu melden, scheiterte. Der Junge meldete sich und verließ dann das Schulgelände bis um zehn Uhr, um ins Kaffeehaus zu gehen. Schließlich wurde er aus dem Internat hinausgeworfen.

„Ich habe das Kind doch deshalb ins Internat gegeben, weil es schwierig ist", sagte ich.

„Ja, aber schwierige Kinder können wir hier nicht brauchen", antwortete der Schuldirektor.

Inzwischen hatte sich unsere familiäre Situation verändert. Ich hatte festgestellt, dass ich mit meiner Ehefrau nicht mehr zusammenleben wollte und trennte mich von ihr, ohne Scheidung.

Glücklicherweise fand ich eine Schule in Meidling, die Sebastian akzeptierte und er schloss mit Ach und Krach die Reifeprüfung ab. Er inskribierte Rechtswissenschaft und Philosophie, besuchte aber die Vorlesungen nicht. Dafür bekam ich mit, dass er einen schwunghaften und ertragreichen Handel mit Cannabis einging. Ich stellte mir zum ersten Mal die Frage, ob ich gegen mein eigenes Kind Strafanzeige erstatten sollte. Ich kam aber davon ab, weil ich nach meinen Erfahrungen mit Jugendamt und Justiz wusste, dass sie zwar stigmatisieren, aber nicht helfen konnten. Dafür erhoffte ich mir von anderer Seite Halt und Struktur, nämlich durch das Bundesheer.

Ich traf mich privat mit einem hohen Offizier und besprach einen vorzeitigen Präsenzdienst, wobei ich darauf hinwies, dass das meinem Sohn gut tun könnte. Wo denn das Problem liege? Nach meiner Antwort – Cannabis – erstarrte der Herr General zu Eis. Solche Jugendliche könnten sie nicht brauchen, da sie andere Präsenzdiener zum Konsum verführten. Wenn man Sebstian in der ersten Woche beim „Rauchen" erwischen würde, würde man ihn sofort abrüsten und nach Hause schicken. Mein Vorstoß war also ergebnislos.

Inzwischen hatte Sebastian aufgehört, mit Cannabis zu handeln. Er interessierte sich nun für seltsame Themen wie Magie. Auch sagte er, er lerne Indisch, um nach Indien zu gehen.

All seine Schwierigkeiten und seine zunehmende Absonderlichkeit nährten in mir den Verdacht, Sebastian würde an einer psychischen Erkrankung leiden. Doch meinen Vorschlag, gemeinsam mit mir einen Psychiater aufzusuchen, lehnte er rundweg ab.

„Ich habe kein Problem. Du hast ein Problem“, war seine Antwort.

Seine Zeit verbrachte Sebastian mit Kiffen und Tagträumen, anstatt zu studieren. Ich drehte den Geldhahn zu. Dann wurde bei seinem Cousin Johann eine Schizophrenie diagnostiziert. Etwa zwei Wochen später rief mich meine Ehefrau an und erzählte mir, dass auch Sebastian Stimmen höre. Ich ging mit ihm ins psychiatrische Krankenhaus, wo der Psychiater bei Sebastian Hinweise auf einen schizophrenen Schub fand und ihn stationär aufnahm.

6 Das Geheimnis

„Es ist an der Zeit, das Geheimnis zu lüften“, sagte ich zu Dr. Freud.

„Dass Sie morgen Geburtstag haben? Den wievielten? Das ist kein Geheimnis mehr. Ich habe Ihnen eine Torte besorgt.“

„Nein“, antwortete ich, „nicht d a s Geheimnis, sondern wer ich wirklich bin. Oder was ich bin, was auf dasselbe hinauskommt. Das verstehen Sie, nicht wahr?“

„Klar, aber es ist nichts Neues für mich. Sie haben es in allen neunundzwanzig Therapiestunden erzählt und aufgeschrieben: Ich bin viele. Sie sind der Chor der Familie Sturz, Sie sind Sturz, alle Sturz, die bisher Verstorbenen, die noch Lebenden. Ihr Urgroßvater, Ihr Großvater, seine Cousins, Ihr Vater. Sie haben den Toten eine Stimme gegeben, und den Lebenden auch. Die Lebenden sind sprachloser als die Toten, meistens zumindest.“

„Nein“, widersprach ich, „auch nicht d a s Geheimnis. Verwirren Sie mich nicht, es geht um etwas völlig anderes, ich habe ein echtes Geheimnis.

„Natürlich, Sie haben ein Geheimnis, das werden wir heute aufdecken, hier und sofort. Deshalb hören Sie mir jetzt bitte zu.“

Einen Satz konnte ich noch unterbringen: „Das Unbewusste ist ein Hund“, sagte ich.

So startete meine dreißigste Therapiestunde bei Dr. Freud.

„Sie fragen sich, wo Sie stehen, was sie im Leben erreicht haben. Nichts! Das hat Sie mit aller Kraft getroffen. Ihr erfolgreicher Vater – und Sie, ein Geisteskranker, ein Verrückter. Das hat Ihr Vater zu Ihnen gesagt, ein Mal zumindest, und viel öfter gedacht. Wir wissen das. Anerkennung? Keine oder negativ. Macht? Keine. Entmündigt! Wo stehen Sie also, nahe Ihrem Geburtstag?“

„Jetzt mal halblang“, warf ich ein, kam aber nicht zu Wort.

„Das ist doch alles nur Abwehr, weil Sie nicht zuhören wollen, sondern sich Ihr eigenes Ding denken wollen. Abwehr, nichts anderes. Wenn der eigene Vater Sie jetzt sehen würde."

„Mein Vater ist tot", rief ich.

„Alles nur Abwehr. Ihr Vater lebt, in Ihnen lebt er. Er ist immer da, immer präsent. Das wissen Sie auch, Sie kennen sich aus in der Tiefenpsychologie, haben es bewiesen in unseren Gesprächen. Vater und Mutter wird man nie los, die sitzen in unserer Seele fest wie Zecken, haben sich in unseren Köpfen festgesaugt, nähren sich von unseren Leben, saufen unser Blut. Verfolgen uns bis ans Lebensende in unseren Träumen."

„Mit Verlaub", mein dritter Einwurf, „das mag auf Sie zutreffen, nicht auf mich. Sie haben einen Elternkomplex."

„Nun projizieren Sie auf mich. Mit Ihrem Scheitern, Ihrer Perspektivlosigkeit, Ihrem Gefühl des Versagens, den geliebten Vater enttäuscht zu haben, können Sie nicht umgehen. Das ist das Wahre, nichts Sexuelles, Sie wissen doch, ich bin kein Freudianer, auch wenn Sie mich Dr. Freud nennen, ich bin Adlerianer, aber das ist nicht wichtig. Ihre Ohnmacht, Ihr Versagen, die sind wesentlich, Ihre Machtlosigkeit. Ach ja, Probleme mit der Potenz gibt es auch, erzählten Sie. Impotenz heißt nicht aus Zufall Machtlosigkeit oder Unvermögen. Hinzu kommt die Verdrängung, dann die Stimmen als Draufgabe. Der Chor, wie Sie ihn nennen, deshalb redeten Sie sich ein …"

„Mein Vater ist tot!", unterbrach ich ihn schreiend.

„‚Das Unbewusste ist ein Hund – ich zitiere Sie lediglich. Wer war der Herr, der sich nach Ihnen erkundigt hat? Dem ich gesagt habe, es wäre noch zu früh, Sie zu besuchen? Bloß sein Doppelgänger? Soll ich Ihnen ein Foto von ihm zeigen? Von Ihrem Besucher? Ihr Vater ist nicht tot, er war bei mir!. Er lebt, nur in Ihrer Welt ist er gestorben."

„Das ist unmöglich.“

„Nein, ist es nicht. Wir machen noch einige Stunden Psychotherapie, als Vorbereitung. Dann lasse ich Ihren Vater als Besucher zu, das kann ich, weil er nicht tot ist, sondern putzmunter und lebendig. Sie haben ihn verdrängt, ihn zu Tode fantasiert. Nein, nicht Sie, sondern Ihr Unbewusstes hat das. Das ist die Wahrheit.

Was machen Sie, wenn er zu Ihnen kommt? Flüchten Sie dann endgültig in Ihre Wahnwelt? Oder stellen Sie sich der Realität? Der unerfreulichen Wirklichkeit?“

7 Einschub – Das Märchen von dem Jungen, der ein Mann werden wollte

Bevor ich über meinem Vater schreibe, erzähle ich eine Geschichte, die er für mich und meinen Bruder verfasst hat.

Es war einmal ein Junge, der lebte in einem zweistöckigen Haus mit seiner Oma, seiner Mutter Susi und seiner Tante.

Die Tante Hilda war eigentlich nicht seine Tante, sondern eine alte Freundin seiner Mutter. Aber sie war immer dagewesen, so lange er sich erinnern konnte, und hatte immer im Doppelbett neben der Mutter im Elternschlafzimmer geschlafen.

Gegenüber dem Elternzimmer im ersten Stock lag das Kinderzimmer, in dem er schlief, zusammen mit seinen Schwestern Eva, Claudia und Anna. Sein Bett stand in der Nische und war durch einen Vorhang von den Schwestern abgetrennt.

Im zweiten Stock waren das Nähzimmer und das Zimmer der Großmutter, die immer nur Oma geheißen hatte; ihr eigentlicher Name war Stefanie Nicole.

Im Erdgeschoß hatten sie die große Wohnküche mit dem Herd und dem Eichentisch, auf dem oder unter dem die Kinder spielten. Weiters gab es dort die kleine Speisekammer und das Badezimmer.

Das Haus war aus Steinquadern gemauert, dicke Steinwände, die im Sommer kühl und im Winter warm hielten. Über der Eingangstüre gab es eine verwitterte Schrift: „DAS HAUS AM BERGSEE“

Das Haus hatte der Vater bauen lassen, aber an den Vater konnten sich die Kinder nicht erinnern. Er war gestorben, als der Junge und seine Zwillingsschwester Anna erst eine Woche alt gewesen waren. Damals waren Claudia und Eva ein beziehungsweise zwei Jahre alt gewesen.

Die Mutter Susi und die Tante Hilda erwähnten den Vater nicht. Die Oma erzählte nur, dass er einen Bart gehabt hätte, das Haus bauen ließ – was hier im Gebirge viel gekostet hätte – und gerne Bier, manchmal auch zu viel Bier getrunken hätte.

Bilder gab es nicht im Haus, auch keines vom Vater.

Nein, das stimmt nicht ganz. Im Haus gab es nämlich zehn Bücher, acht Märchenbücher und das Doktorbuch, in dem alle Krankheiten und Heilmittel standen. In allen diesen Büchern gab es kein einziges Bild, aber im zehnten Buch, das Städte hieß, gab es sehr viele Bilder. Von der Peterskirche und dem Stephansdom, vom Kreml im Schnee, dem World Trade Center in New York und einem Berg mit einer Seilbahn bei einer Stadt irgendwo in Brasilien.

Mit den Märchenbüchern wuchsen die Kinder auf, wieder und wieder wurden sie ihnen vorgelesen. Die Geschichten von Hänsel und Gretel, Schneewittchen und den sieben Zwergen, Dornröschen, vom hässlichen Entlein und viele andere begleiteten sie ihre ganze Kindheit. Mit diesen Geschichten lernten sie auch lesen und schreiben, was ihnen die Tante beibrachte, die früher einmal Lehrerin gewesen war. Als erstes lernten sie die drei Worte: ES WAR EINMAL.

Außerdem war die Tante geschickt und machte kleine Reparaturen im Haushalt. Susi war früher Köchin gewesen und kochte für alle. Die Oma war in ihrer Jugend Schneiderin gewesen, also nähte sie für alle.

Um den Garten mit dem Gemüse, um den Bienenstock, um das Holz zum Kochen und Heizen und um die Tiere mussten sich alle kümmern.

Die Tiere waren Toni, das Pferd, Zenzi, die Kuh, und die Hühner und Gänse, die keine eigenen Namen hatten.

Toni war ein riesiges braunes Pferd und gutmütig, denn es ließ sich von den Kindern alles gefallen, eingeschlossen Reiten. Er hatte eine lange Mähne, einen buschigen Schweif und einen dicken, langen Schwanz, mit dem der Hengst einen riesigen gelben Brunzstrahl loslassen konnte, was den Kindern sehr gefiel.

Die Kuh Zenzi gab Milch und ließ sich auch alles gefallen, aber vermutlich nicht, weil sie so gutmütig war wie Toni, sondern weil sie schlicht und einfach dumm war. Zenzi schiss auch riesige Haufen und wenn sich die Kinder neckten, sagten sie zueinander: „Du brunzt wie Toni, bist blöd und scheißt wie Zenzi!“

Im Haus gab es keinen Radio, keinen Computer oder Fernseher. Mobiltelefone gab es auch nicht.

So vergingen die Tage mit Arbeiten, aber nie mehr als drei bis vier Stunden pro Tag für die Erwachsenen und noch weniger für die Kinder, wenn alle zusammen halfen. Die Arbeit war ja nur Kochen, die Tiere füttern, Zenzi melken, die Eier vom Geflügel einsammeln, den Gemüsegarten pflegen und Holz holen für das Kochen und das Einheizen.

Und dann war die Zeit da zum Spielen, Mensch ärgere dich nicht, Mühle, Dame oder das Theater mit den Kleidern, die Oma nähte. Oder im Sommer im Wald Schwammerl suchen, baden im Bergsee – herrlich kühl, dann im Winter Schlittschuhlaufen, wenn der See zugefroren war, zu Hause im Warmen sitzen, reden, Tee trinken und Kekse essen beim warmen Kaminfeuer.

Und Faulenzen oder Schlafen zu jeder Tages- und Jahreszeit!

Manchmal sprachen die Großen, das heißt Susi, Hilda und Oma darüber, wie schön sie es hier am Bergsee hatten, ganz im Gegensatz unten zur Stadt, wo es viele Menschen, Hektik, Schmutz, Lärm, Krankheiten und Gewalt gebe. Dort würden die Leute so viel arbeiten, bis manche tot umfielen!

Das sahen auch der Junge und seine Schwestern ein, die noch nie in der Stadt gewesen waren und noch niemals andere Leute getroffen hatten, dass es hier beim Bergsee besser sein musste. Schrecklich musste es sein, wenn man statt drei Stunden vielleicht zehn Stunden am Tag arbeitete.

Sogar die Kinder mussten in der Stadt arbeiten, das hieß Schule!

Was Gewalt war, kannten sie aus den Märchen, zum Beispiel bei Schneewittchen, wo eine Frau eine andere Frau deshalb vergiftete, weil sie jünger und schöner war. So ging es in der Stadt zu!

Da war es besser, man kam gar nicht hin.

Nur Tante Hilda, die die Stärkste von den Großen war, fuhr zweimal im Jahr in die Stadt, um einzukaufen. Dafür hatte man Toni, den sie vor einen Wagen spannte.

Drei Tage später kam sie zurück und Toni konnte den Wagen kaum ziehen, so bumvoll war er. Da waren tolle Sachen für die Kinder – Spielsachen –, Kleider für alle, Werkzeug, zum Beispiel eine Motorsäge, die Holz schneiden zum Kinderspiel machte, und Kerzen, Süßigkeiten, Zigaretten für Tante Hilda, Konserven, Bier und Wein für die Großen, Likör und Stoffe für Oma.

Das war also die Welt, in der unser Junge lebte. Später zeichnete er sogar diese kleine Landkarte davon, die ich hier zeige. Da waren der riesige und dunkle Bergsee, tief und ein bisschen kalt, der dichte Tannenwald herum, im Winter tief verschneit und im Sommer nach Harz duftend, und das Haus etwa fünfzig Meter vom Seeufer entfernt, gleich am Fuße des Berges, in seinem Schatten sozusagen.

Der Berg war riesengroß und schneebedeckt am Gipfel. Etwas Größeres als diesen Berg konnte man sich gar nicht vorstellen!

Und direkt hinter dem Haus war die Quelle. sie war etwas ganz Besonderes, denn sie hatte im Sommer wie im Winter heißes Wasser! Von der Quelle führten zwei Rohre mit Heißwasser zum Haus, eines in die Küche, das andere ins Badezimmer.

Weiters floss die Quelle nach unten zum See, das war der Bach. Dort wo der Bach in den See mündete und sich das heiße Wasser der Quelle und das kalte Wasser des Sees mischten, fror es niemals zu, auch im tiefsten Winter nicht.

Wie geht das alles weiter? Ja, das kann ich – Sebastian – Ihnen gerne sagen. Diese Geschichte hörte hier an diesem Punkt auf und wurde niemals wieder aufgenommen.

Warum? Weil unser Vater Jakob keine Zeit hatte, musste Gutachten schreiben, Fälle lösen, einen wissenschaftlichen Kongress vorbereiten, was weiß ich … So war es. Wir, die Kinder dieser Geschichte, hatten seine Zuwendung und dann war sie plötzlich wieder futsch; diskontinuierlich heißt das auf Hochdeutsch. Der Job kam dazwischen, ich muss Geld verdienen, wir leben alle davon – was eben so Erklärungen (oder Ausreden) sind, wenn man für Kinder ein Märchen erfindet und dann von einem Tag auf den anderen mit dem Erzählen stoppt.

8 Mein Vater Jakob

Jetzt gebe ich alles zu …

Ich war am Ende. Gescheiterter Job, vergebliche Bewerbungsversuche, mein Vater, der sich weigerte, mich zu unterstützen, Probleme mit dem Kiffen, mit zwischenmenschlichen Beziehungen, AMS-Stress, Selbstzweifel, Unsicherheit, der Versuch, mich selbst zu finden oder zu erfinden, pausenloses Computerspielen …

Mein Vater war in wichtigen Momenten nicht für mich da. Stattdessen musste er „immer arbeiten“. Und als Krönung eine in Ausbildung befindliche, dumme Jungpsychiaterin, die eine Familienanamnese begann und mich nach Problemen mit meinem Vater befragte.

Das war das Szenario. Meine Reaktion darauf die Behauptung, mein Vater sei verstorben.

Eine Flucht vor einem schwierigen Gespräch mit einer nicht geschätzten Gesprächspartnerin. Natürlich wusste ich, dass mein Vater lebte. Ich hatte seine Existenz weder verdrängt, noch verleugnet. Aber ich wollte dieser Frage ausweichen.

Auch die Trennung meiner Eltern hatte ich meinem Vater übelgenommen. Als ob er mich verlassen hätte. Außerdem hatte ich ständig das Gefühl, ihn enttäuscht zu haben oder zu enttäuschen. Er hatte es weit gebracht, war erfolgreich – und ich, sein Sohn, der Versager.

Also griff ich zu dieser „Notlüge“, was leider dazu führte, dass ich weitere Lügen brauchte, um die erste abzudecken. Deshalb erzählte ich Ihnen, Dr. Freud, von dem Unfall, dem mein Vater zum Opfer fiel, wie auch schon Ihrer Vorgängerin.

Es tut mir leid, dass ich Sie beschwindelt habe, Dr. Freud. Ich habe nicht damit gerechnet, dass mein Vater mich im Krankenhaus besuchen bzw. sich nach meinem Befinden erkundigen würde. Bei den früheren Aufenthalten hatte er das nicht gemacht.

So weit also die Fakten.

9 Liebe Leserin, verehrte Leser

… hochgeschätzte Doktoren, Dr. Freudenreich, Professor Seligmann, ich, Sebastian Jakob Sturz, fasse also zusammen.

Die Familie Sturz stammt aus Böhmen und lässt sich in männlicher Linie in verwertbaren Zeugnissen und Berichten sechs Generationen zurückverfolgen. Es begann mit Mathias, in der Familie Mattheis genannt, der als Kind während der Napoleonischen Kriege in die Reichshauptstadt Wien kam. Dort begann er eine Schusterlehre und wurde später Schreiber in Metternichschen Diensten. Mathias ging in die Fremde, aber verdorben ist er nicht, wie das Sprichwort sagt, sondern er kam zu einem bescheidenen und kleinen bürgerlichen Glück und starb in Schottenfeld (das Todesjahr kennen wir nicht), wo er nahe der Kirche begraben wurde.

Sein erstgeborener Sohn Johann, sein Sonntagskind, führte die männliche Linie der Sturz fort. Sein Leben war reicher an Wechselfällen als das seines Vaters. Nach der Schusterlehre wurde er Soldat bei den Hoch- und Deutschmeistern, überwarf sich mit dem System, da er Metternich kritisierte, lebte in Deutschland im Exil und stand 1848 wieder in Wien aufseiten der Studenten und Aufständischen unter Messenhauser, der später erschossen wurde. Dann wechselte er zur Polizei, wurde anschließend Matrose bei der DDSG und beendete seine Laufbahn als Beamter dieser Gesellschaft. So gelangte in zweiter Generation Familie Sturz zu Wohlstand und er wurde Hausbesitzer in der Sinagasse in Kaisermühlen. 1902 verstarb er, angesehen und beweint, als Vater und Großvater einer Familie Sturz, die zu diesem Zeitpunkt am Größten war – seine drei Söhne schenkten ihm fünfzehn Enkel.

Die dritte Generation bestand aus drei Söhnen. Ernest, der älteste, war auch der bisher älteste Mensch in der Familie Sturz, er wurde biblische achtundneunzig Jahre alt. Er wurde Monteur, auch Artillerist, ein Umstand, dem er seine Taubheit verdankte. Seine zwei Töchter blieben unverheiratet und kinderlos. Er lebte weiter im Haus in der Sinagasse.

Der zweite Sohn, Friedrich, wurde Beamter und brachte es ebenfalls zu einem Haus in der Mendelssohngasse in Kaisermühlen. Er hatte sechs Kinder, drei Söhne und drei Töchter. Zeit seines Lebens beneidete er seinen jüngeren Bruder Emanuel, das Glückskind der Familie. Diesem schien alles mühelos in den Schoss zu fallen.

Emanuel wurde Lehrer, war ein begabter Zeichner und heiratete die wohlhabende Tochter der Familie Barsch, für die sich auch Friedrich interessiert hatte. So stach er den Bruder überall aus und eine Entfremdung fand zwischen diesen beiden Familienzweigen statt. Emanuel kam mühelos zum eigenen Haus in der Schüttaustraße, Kaisermühlen, indem er es „mitheiratete", es gehörte der Familie Barsch, und so auch zu einem Geschäft.

Eine Bemerkung zum „außergewöhnlichen künstlerischem Zeichentalent" Emanuels. Wie wir von Thomas Mann wissen, ist das Auftreten eines künstlerischen Talents in einer Familie ein Degenerationszeichen, das den Verfall ankündigt.

Emanuel Barsch war mein Urgroßvater.

Der frühe Tod Emanuels und der Erste Weltkrieg beendeten die Blüte der Familie Sturz. Die Witwe Karoline musste sich durchschlagen und für ihre Kinder sorgen. Sechs Kinder hatte sie, drei Töchter und drei Söhne. Die Töchter starben jung oder blieben kinderlos.

Von den drei Söhnen hatte nur Otto, mein Großvater, einen Sohn, meinen Vater Jakob.

Wo blieben die zwei anderen Familienzweige? Ernest zeugte ausschließlich Töchter. Von Friedrichs drei Söhnen fielen zwei, Günter und Felix, im Zweiten Weltkrieg. Sein ältester Sohn Josef wurde Priester, blieb somit unverheiratet und kinderlos. In den anderen zwei Familienzweigen der Sturz starb daher die männliche Linie aus.

Otto übernahm das Geschäft seiner Mutter Karoline, die zwischenzeitig das Haus in der Schüttaustraße verkaufen musste, ein Geschäft mit Zeitungen, Papier- und Spielwaren. In seiner Jugend übte er sich als Hobbypoet, Dichter, was er später aufgab. Er war lange und glücklich mit Emma verheiratet, jüdischer Abstammung, was ihnen beiden zu verheimlichen gelang. Sie brachten es zu bescheidenem Wohlstand und kauften das Haus in der Schüttaustraße zurück, in dem sie wohnten und arbeiten. Nach dem Tod seiner Frau verfiel Otto und starb in einem Pflegeheim.

Mein Vater Jakob war der bisher erfolgreichste Sturz. Er wurde Arzt und Professor für gerichtliche Medizin, verfasste zahlreiche wissenschaftliche Artikel und mehrere Bücher, darunter auch Romane. Seine außergewöhnliche schriftstellerische Begabung kann man als weiteres familiäres Degenerationszeichen bewerten. Glückliche Menschen schreiben nicht.

In seinem Privatleben lief es weniger erfreulich. Meine Mutter Susanne und er trennten sich, das Haus in der Schüttaustraße musste verkauft wurden und beide zogen um. Mein Vater Jakob ist mittlerweile pensioniert und lebt noch.

Womit wir bei meinen Cousins und mir sind, der sechsten Generation. Die einzig Erfolgreiche ist meine Cousine Fanny. Sie hat studiert, arbeitet jetzt als Apothekerin und lebt in einer stabilen Beziehung mit ihrem Freund.

Mein Cousin Johann erkrankte an Schizophrenie, ist auf der geistigen Stufe von Karfiol (Blumenkohl) gelandet, obdachlos, lebt auf der Straße. Vor beziehungsweise zu

Beginn seiner Erkrankung war er Cannabisdealer und verbüßte eine Haftstrafe wegen Einbruchdiebstahls.

Meine Krankengeschichte ist hinreichend bekannt, trotzdem referiere ich sie kurz. In der Spätpubertät, mit fünfzehn, sechzehn, begann ich zu kiffen. Aufgrund meines zunehmenden Cannabiskonsums und aufgrund von Faulheit, auch der Überzeugung der Sinnlosigkeit des Schulbesuchs, wurde ich kurz Schulabbrecher. Da hatte ich einige Gelegenheitsjobs – Telefongesellschaft, Hausverwaltung, Bauzeichner –, die ich bald verlor. Die meiste Zeit über war ich arbeitslos und schlug mich mit dem AMS herum. Also ging ich wieder zur Schule und maturierte, wobei mir mein Vater eine Schule in Meidling fand, mit deren Direktor er befreundet war. Ich studierte nach Schulabschluss drei Semester lang.

Ende zwanzig hörte ich Stimmen, ob durch exzessiven Cannabisgebrauch oder infolge Schizophrenie weiß ich nicht. Mein erster stationärer Aufenthalt in der Psychiatrie endete mit meiner Besachwaltung.

Mit etwa einundzwanzig oder zweiundzwanzig versuchte man mich wieder in den Arbeitsprozess zu integrieren. Da ich nicht arbeiten wollte, täuschte ich vor, weiter Stimmen zu hören. Daraufhin folgte ein zweiter Aufenthalt in der Psychiatrie, ich wurde berentet und ein neuer Sachwalter, Dr. Weinzierl, wurde bestellt, mit dem ich nicht zurechtkomme. Mein Vater wollte nicht mehr mein Erwachsenenvertreter sein – er sagte: „Das ist mir zu stressig und belastend!“

In den letzten zehn Jahren habe ich mir autodidaktisch eine umfassende Bildung angeeignet, habe Latein erlernt und mich intensiv mit Geschichte, Philosophie und Literatur befasst. Außerdem gelang es mir, meine Abhängigkeit von Cannabis zu beenden, ich bin – durch Drogentest belegt – seit vier Jahren clean. Außerdem hat sich mein psychischer Zustand gebessert, ich führe ein geordnetes Leben, sodass ich mich jetzt imstande sehe, mich neuerlich in den Arbeitsprozess einzugliedern.

Ich bitte beziehungsweise ersuche deshalb, meine Besachwaltung aufzuheben und mich für geschäftsfähig zu erklären.

Ich möchte nicht unerwähnt lassen, dass ich vorhabe, mich sterilisieren zu lassen. Wie sich medizinisch zeigte und die gestellten Diagnosen belegen, leiden sowohl mein Couin als auch ich an Schizophrenie. Es wäre aus meiner Sicht daher unverantwortlich, Nachkommen in die Welt zu setzen, die mit hoher Wahrscheinlichkeit die gleiche Krankheit entwickeln.

Abgesehen davon, dass ich es auch für verantwortungslos halte im Hinblick auf die derzeitigen Probleme unserer Welt (Umweltverschmutzung, Klimawandel, mögliche Kriege), die Weltbevölkerung (sieben Milliarden) noch zu vergrößern.

Somit bin ich der letzte männliche Nachkomme der Familie Sturz und mit meinem Tod wird diese Familiengeschichte enden.

10. Nachwort zum ersten Teil von Dr. Johann Missliwetz

Der Ausgangspunkt meines Interesses an Sebastian Sturz war, dass ich seinen Vater als gerichtsmedizinischen Kollegen kannte. Er hatte vor mir in der Wiener Gerichtsmedizin seine Fachausbildung gemacht und danach in St. Pölten als Pathologe und auch Gerichtsmediziner gearbeitet. Täglich pendelte er von Wien nach St. Pölten, bis er in Pension ging. Seine familiären Probleme waren mir nicht bekannt. Den Triumph seines Sohnes als Außenminister hatte er noch erlebt, war aber vor dessen Rücktritt verstorben.

Mich faszinierte auch die Frage, wie ein früherer Psychiatriepatient und Kurzzeitstudent ohne Abschluss, also ein erfolgloser Abiturient, noch vor seinem dreißigsten Lebensjahr in unserem Land Außenminister werden konnte. Viele Menschen sagten zu mir: „Wir haben es nicht verstehen können, dass einer so komplett ohne Studium Außenminister werden kann. Viel von der Welt kann er bisher auch nicht gesehen haben."

War er also ein politisches Wunderkind? Gehörte sein Absturz vielleicht dazu, denn niemand fällt tiefer als ein Wunderkind? Was war das Geheimnis seines rasanten Aufstieges?

Außerdem hatte ich einen Freund, den Staatsanwalt Wolfgang M (inzwischen verstorben), der bei der WKStA arbeitete und mir bereits noch als Sebastian Sturz Bundesminister war, von den beginnenden Ermittlungen gegen ihn erzählte. Wolfgang M – Gott habe ihn selig – versorgte mich bis zu seinem Tod mit Informationen der Behörde, ein klarer Bruch des Amtsgeheimnisses. Aufgrund seines Ablebens braucht er keine rechtlichen Sanktionen zu befürchten, daher kann ich ihn als meine Quelle offenbaren. So beschloss ich ein Buch, eine Biografie des Sebastian Sturz zu verfassen.

Der Sturzintimus Toni Schmidl hatte zweimal nicht auf meine Interviewbitten reagiert. Dann rief er mich überraschend an und bot mir die hier verarbeiteten Dokumente für 10.000 Euro an, ein einmaliges Angebot gegen sofortige Barzahlung. Er hätte bereits ein Angebot über 8.000 Euro vom Magazin DER SPIEGEL. Ich griff zu und erhielt die hier zitierten Unterlagen. Gleich nach dem Erwerb rief ich Wolfgang M an und so klärte sich dieser überstürzte Verkauf. Man hatte Toni Schmidl alle Bankkonten gesperrt, wollte ihn verhaften und wegen Verdunkelungsgefahr in Untersuchungshaft nehmen. Offenbar hatte Toni, so wie ich, einen Informanten in der Behörde. Er war nicht auffindbar, da unbekannten Aufenthaltes, rief mich an, traf mich und kam auf diese Weise zu Bargeld. Danach reiste er nach Luxemburg und in die Schweiz, vermutlich um dort deponiertes Geld in Banken zu beheben, war nun weiter unbekannten Aufenthaltes im Ausland. Schließlich beauftragte er einen Rechtsanwalt in Wien, der für ihn einen Deal aushandelte: Toni Schmidl würde nach Wien zurückkehren, wenn man ihm den Status eines Kronzeugen zubilligte und auf Verhaftung verzichte. So geschah es, während kurz davor die Öffentlichkeit vom Suizid von Sebastian Sturz durch die Medien informiert worden war.

Ich interviewte Sebastians Mutter Susanne Sturz knapp bevor ich dieses Buch fertig stellte.

Sie schilderte mir Sebastian als ein aktives und intelligentes Kind, das gerne mit seiner Cousine Fanny, dem Cousin Johann und den Nachbarskindern unbeschwert spielte, wobei er keinen Unterschied zwischen österreichischen und ausländischen Kindern machte. Offen und freundlich ging er auf alle zu.

„Er war schon immer so, dass er alle beschäftigte. Er suchte die Spiele aus und regelte die Streitigkeiten, die eben zwischen Gleichaltrigen auftreten. Oft hat er auch Spiele erfunden, er hatte eine blühende Fantasie. Irgendwie schaffte er es immer, die Führung zu übernehmen, ganz ohne Druck oder Gewalt, nur durch Überzeugung", so schilderte ihn mir seine Mutter Susanne.

„Was interessierte ihn am meisten?"

„Ob er ein besonderes Interesse hatte? Ja, er hat sich sehr für Geschichte interessiert. Er wäre gerne so wie Alexander der Große geworden, das sagte er immer. In der Mittelschule, Oberstufe, hat sich sein Interesse in Richtung Philosophie verlagert."

Wie sie seine Krankheit erlebte? Sie trat knapp nach der Schizophrenie seines Cousins auf.

„Er kam aus dem Garten, in dem ein Laubhaufen brannte. Es war eine lodernde Flamme, aber es fiel ihm auf, dass das Laub nicht verbrannte. Das ist seltsam, dachte er, dass muss ich mir näher ansehen. Dann hörte er eine Stimme im Wind, eine Art Flüstern: Du hast einen Auftrag … Was? Wer bist du? Das fragte er. Ich bin, der da ist … das erzählte Sebastian mir."

„Aha, das erzählte er. Aber was haben Sie danach gemacht?", war meine nächste Frage.

„Zunächst gar nichts. Wir waren nur beunruhigt, mein Mann und ich. Eine Woche passierte nichts, dann sagte er wieder, dass er die Stimme gehört hatte. Sie sagte ihm, in welche Zimmerecke er seine Schuhe stellen müsse. Wenn er das nicht befolgte, bekam er starke Kopfschmerzen. Es war sehr bizarr, sein ganzes Benehmen. Er konnte sich nicht mehr konzentrieren und brach sein Studium nach dem zweiten Semester ab."

„Wie ging es weiter?“

„Wir suchten die Psychiatrie auf und es wurde Schizophrenie diagnostiziert. Bald darauf wurde er besachwaltet, bekam Medikamente und mein Mann wurde zu seinem gesetzlichen Vertreter bestellt. Zum Glück hatte sein Onkel knapp vor seinem Tod einen großen Teil seines Vermögens in eine Stiftung investiert, die psychisch kranke Familienmitglieder unterstützte. Oder war es der Großvater? Weiß ich nicht mehr. Egal! Dass kam jetzt nicht nur seinem Cousin Johann zugute, sondern auch meinem Sebastian. Jeder erhielt von der Stiftung monatlich je tausend Euro und davon wurde ihr Lebensunterhalt bestritten. Denn erwerbsfähig waren beide nicht mehr.“

„Ihr Sohn hat dann allein in ihrer Wiener Wohnung gelebt, nachdem ihr Mann nach dessen Pensionierung nach St. Pölten übersiedelte?“

„Ja, Sebastian konnte durchaus alleine über die Runden kommen, das war auch sein Wunsch. Er war friedlich und sozial angepasst, nur gelegentlich seltsam, wenn er die Stimmen hörte.“

„Was sagten die Stimmen?“

„Es war immer nur eine Stimme, Sebastian nannte es seinen Daimonion, eigentlich das Daimonion … Er sagte, es hätte kein Geschlecht, sei irgendwie neutral, aber übernatürlich. Sie, die Stimme, befehle ihm nicht, sagte Sebastian, sie wolle ihn nur vor falschen Entscheidungen bewahren. Er folgte allen stets ohne Begründung gegebenen Winken der Stimme, die sich nach seinen Angaben immer als sinnvoll und hilfreich erwiesen hätten. Wenn das Daimonion schwieg, deutete er dies als Billigung seines Verhaltens.“

„Ich war der Auffassung, dass Sebastian viele Stimmen hörte, nicht nur eine einzige. Nannte er das nicht den Chor?"

„Ja, jetzt wo Sie das erwähnen, fällt es mir wieder ein. Das war später, wissen Sie. Ich bin leider sehr vergesslich, was Details betrifft. Wollen Sie einen Kaffee? Soll ich einen machen? Der Chor, ja natürlich!"

„Nein danke. Kein Kaffee!" – ich hatte bereits vorher Kaffee und Kuchen abgelehnt.

„Der Chor, das war es. So nannte er das. Die toten Verwandten, sie sprechen zu mir."

So schilderte es mir Susanne, die Mutter von Sebastian Sturz. In diesem Moment betrat eine abgehetzt wirkende Frau die Wohnung.

„Sie sind sicher der Nachbar! Danke, dass Sie sich einstweilen um die Frau Sturz gekümmert haben, ich habe mich leider verspätet. Bauer heiße ich, ich bin die neue Pflegerin."

„Sehr erfreut!" Ich ließ sie im Irrglauben, dass ich der Nachbar sei. „Wird sich die Pflege schwierig gestalten?"

„Ich denke nicht. Die cerebrale Dysfunktion ist erst im Anfangsstadium."

„Sie hat mir über die Kinderjahre ihres Sohnes erzählt. Das was sie erinnerte, schien plausibel."

„Das ist völlig normal in diesen Frühstadien. Die Patienten erinnern sich an das, was Jahrzehnte früher war, aber im Hier und Jetzt funktioniert das Kurzzeitgedächtnis nicht mehr."

„Wollen Sie einen Kaffee? Soll ich einen machen?", fragte mich Susanne Sturz zum dritten Mal.

„Nein danke. Ich muss leider jetzt gehen."

„Das ist lieb, dass Sie mich heute besucht haben. Sie waren gestern auch da, nicht wahr?“

„Ja natürlich. Ich komme immer gern zu Ihnen“, war meine Antwort.

Ein schöner Arzt bin ich – dachte ich – ich habe ihren Zustand nicht bemerkt oder diagnostiziert. Alzheimer im Anfangsstadium. Wenn die Pflegerin nicht gekommen wäre? Hätte ich es bemerkt?

Die Umgebung von Sebastian und auch seine Eltern glaubten unhinterfragt an seine psychische Erkrankung. In mir regte sich der Verdacht, dass diese Stimmen von ihm fingiert wurden. Denn immerhin erinnert ihr geschildertes erstes Auftreten an die Bibelstelle in den Büchern Genesis, als Gott Moses im Dornbusch erschien Dann die weiteren Ausführungen – Daimonion - erinnern frappant an die Stimme, die Sokrates gehört haben sollte. Zufall? Sicher nicht.

Was aber hätte Sebastian Sturz von einer psychiatrischen Diagnose profitiert? Nun, sie verschaffte ihm den sog. sekundären Krankheitsgewinn, nämlich dass er aus dem Arbeits- und Erwerbsleben aussteigen konnte und trotzdem finanziell versorgt wurde so wie sein kranker Cousin. Beweisen kann ich die These nicht, sie ist eine Vermutung. Aber der Umstand, dass die Stimmen und seine Krankheit exakt zu dem Zeitpunkt verschwanden, als das Stiftungsvermögen erschöpft war, scheint für mich mehr als nur Zufall zu sein. Außerdem war sein Vater als Sachwalter von einem Externen abgelöst worden, denn Sebastian von ganzem Herzen verabscheute. Dann war ein anderer Verwandter verstorben und Sebastian Sturz hatte hundertfünfzigtausend Euro geerbt. Sein damaliger Erwachsenenvertreter hätte ihm den Zutritt zu diesem Geld verwehrt und auch die geplante Sterilisation nicht gebilligt. Das waren ausreichend triftige Gründe aus meiner Sicht, um „überraschend zu genesen“ und als „psychisch Gesunder“ dann über das eigene Vermögen zu disponieren. Meine Hypothese ist: Sturz litt nie unter Schizophrenie sondern simulierte, um dem Arbeitsleben zu entgehen.

Bezeichnend sind für mich diese Sätze aus dem Märchen von dem Jungen, der ein Mann werden wollte:

Manchmal sprachen die Großen, das heißt Susi, Hilda und Oma darüber, wie schön sie es hier am Bergsee hatten, ganz im Gegensatz unten zur Stadt, wo es viele Menschen, Hektik, Schmutz, Lärm, Krankheiten und Gewalt gebe. Dort würden die Leute so viel arbeiten, bis manche tot umfielen!

… und …

Schrecklich musste es sein, wenn man statt drei Stunden vielleicht zehn Stunden am Tag arbeitete.

Überdies gehe ich davon aus, dass dieses Märchen nicht vom Vater erzählt wurde, sondern dass Sebastian Sturz es als Argument für die Psychiater erfand, um darauf hinzuweisen, dass er von seinem Vater nicht ausreichend beachtet worden sei. Er war ihm ja davor die Lüge nachgewiesen worden, dass der Vater verstorben sei. Überhaupt vermute ich, dass eine der Hauptstrategien von Sebastian Sturz war, Menschen erfundene Geschichten zu erzählen, um sie zu beeinflussen – in diesem Punkt scheint er mir äußerst begabt gewesen zu sein.

„Aus einfachen bescheidenen Verhältnissen“ – so hieß es in den Medien und auch in der Biografie (Sebastian Sturz – Die Biografie), die im Herder-Verlag 2021 erschien. Es soll nicht viel Geld, aber großen sozialen Rückhalt in seiner Kindheit und Jugendzeit gegeben haben. So „einfach oder bescheiden“ waren die Verhältnisse sicherlich nicht. Mit einem Arzt als Vater und einem Häuschen in St. Pölten sowie zwei Eigentumswohnungen in Wien (Hietzing und Meidling) in pekuniärer und auch in anderer Hinsicht. Auch ein Großvater, der eine kleine Stiftung für kranke Enkeln einrichten kann, entspricht nicht dem österreichischen Durchschnitt. Ich gehe daher davon aus, dass die „Abstammung aus einfachen bescheidenen Verhältnissen“ immer nur eine politische Stilisierung war, um Sebastian Sturz für die Wähler als „einen von uns“ auszuweisen.

Wie gelingt es Sebastian als Kind seine Altersgenossen zu führen und zu beeinflussen? Indem er Spiele erfindet, in denen er die Regeln mitliefert, die seinen Führungsanspruch durchsetzen. Genau diese Strategie verfolgt er aber auch in dem Schriftstück, das er den Psychiatern aufdrängt, indem er Ihnen ein Märchen erzählt, eine Fantasiesaga, wie er mit seinem Cousin Johann und seiner Cousine Fanny das Böse (Nordor) bekämpft und letztlich obsiegt. Das hat gar nichts mit seinem damals aktuellen psychischen Zustand zu tun, sondern dient zur Ablenkung, Verwirrung und auch Einlullung der Fachkräfte, die seinen Geisteszustand begutachten sollten. Die behaupteten akustischen Halluzinationen verharmlost er, „jetzt sind sie weg!“ Auch die Auflistung der Familiengeschichte und der Generationen der Sturz-Familie, wozu mögen sie gut sein? Sie lenken eindeutig vom Thema ab. Die scheinbare Familienidylle kann nicht über den aggressiven Umgang hinwegtäuschen, den Sturz grundsätzlich mit den Psychiatern pflegte. Einige Male ließ er Dr. Freudenreich verbal auflaufen, gab vor, sich bei dessen Familiennamen zu irren. Nicht nur verbal war Sturz feindselig, auch im Umstand, dass er die Patienten aufwiegelte und einen Streik wegen des Kantinenessens organisierte.

Das trug ihm Sympathie und zwei wichtige Freunde unter den Patienten ein: Maria Schreiber und Günter Gmeiner, der reiche Sohn. Aber auch die Erkenntnis, dass sein rednerisches Geschick und die Manipulation anderer Menschen aus ihm einen Machtfaktor machten, die Erkenntnis, dass dieses Talent seinen zukünftigen Weg bestimmen könnte.

Die Bestimmung und die eigentliche politische Karriere von Sebastian Sturz begann somit durch und in der Psychiatrie!

Worin lag das Geheimnis der Menschenbeeinflussung durch Sebastian Sturz?

Er hat es selbst gesagt: Seine Geschichten, Abschweifungen, Erzählungen, Fragen dienten alle nur dem einen Zweck: Message Control

Unter Message Control verstand Sebastian Sturz die Steuerung der Botschaft an einen anderen Menschen durch „Werkzeuge" (Geschichten erzählen, höfliche Fragen stellen, im Gespräch abschweifen usw.) – so hatte er es seinen Freunden erklärt.

Als später DIE PATRIOTEN als politische Partei auftauchten, war das die gewählte Kommunikationsstrategie. Dazu gehörten: Verminderung der Öffentlichkeitsarbeit von anderen parteiunabhängigen Stellen bis zur Sabotage dieser Einrichtungen, Koordinierung und Richtlinien zur Öffentlichkeitsarbeit aller Parteimitglieder und Diskussionsverweigerung bei unangenehmen Fragen (Ablenkung, andere Themen ansprechen, gezieltes Vorbeireden, Diskreditierung der Gesprächspartner) sowie Koordinierung der Öffentlichkeitsarbeit der drei Parteimitglieder mit Ministerposten (Sebastian Sturz, Sonja Karmin, Gernot Blume).

Als DIE PATRIOTEN in der Regierung waren, funktionierte es gut:

„Die Öffentlichkeitsarbeit hat nach den Grundsätzen „one voice – one message“ zu erfolgen“

Das war die Parole, die Sturz herausgab und sie wurde „positiv verkauft“: „Die davor stattgefundenen ewigen Streitereien zwischen den Koalitionspartnern waren nicht zum Aushalten - und dann kam die Regierung mit den PATRIOTEN und ein gänzlich neuer Wind beherrschte die Medienlandschaft.“

Konkrete Maßnahmen waren unter anderem: Die Bestellung eines Regierungssprechers. Peter Bonalli sollte dazu beitragen, dass nicht mehr laufend jeder Koalitionspartner seine Version einer Geschichte präsentierte, sondern dass es eine einzige verbindliche Botschaft gab. Sonstige Öffentlichkeitsarbeit, die institutionalisiert war, wurde abgebaut. Der Bundespressedienst wurde aufgelöst. Die Pressestelle der Statistik Austria wurde verkleinert und die Printmedien gleich geschaltet.

II. TEIL - AUSWEITUNG DER KAMPFZONE – EINE E-MAIL DES DR. FREUDENREICH

alle Achtung, Sie haben Professor Seligmann und mir „Ihren Fall“ geschickt präsentiert und uns beiden Sand in die Augen gestreut.

Geben wir uns keinen Täuschungen hin, diese lange Epistel, die ich hier an Sie richte, wird Sie nie erreichen, weil ich Sie Ihnen nicht aushändigen werde. Der Inhalt ist allzu persönlich.

Warum aber schreibt ein Psychiater Derartiges an seinen Patienten? Widerspricht das nicht sowohl seinem ärztlichen Rollenbild als auch dem Rollenbild des Kranken?

Nun, die „Dinge“ wurden bei uns gewissermaßen auf den Kopf gestellt, besser gesagt, die Rollen wurden vertauscht. In einer Krise dämmerte mir, dass das, was Sie angesprochen hatten und was ich für paranoid und wahnhafte Ideen hielt, sehr wohl existierte und in meinem Leben eine entscheidende Rolle spielte.

Aber ich bin zu weit in die Zukunft vorgeprescht. Fangen wir am Anfang an.

Zum ersten Mal sah ich Sie an einem Dienstag. Ein neuer Patient zur Aufnahme, sagte man mir. Mein Job war es, die Anamnese zu erheben.

Ich saß in Zimmer drei, einem Befragungsraum mit blassblau gestrichenen Blocksteinwänden und grauem Betonboden sowie fürchterlicher Akustik. In der Mitte der Schreibtisch mit Telefon, beidseits zwei Stahlrohrsessel, mein Sessel mit dem Rücken zur Wand, gegenüber Patientenstuhl und Tür, linker Hand ein Glasfenster, das den nebenan befindlichen Krankenschwestern und Pflegern freie Sicht ins Zimmer gestattet. Unsere Patienten sind in der Regel ungefährlich, eher verstört als renitent, aber wenn doch einmal einer die Beherrschung verliert, so sehen die Pfleger das und sind gleich zur Stelle. Damals hatte Kovacs Dienst, ein Hüne von einem Mann, der in seiner Freizeit MMA trainiert. Gut zu wissen. Mir ist es nur einmal passiert, dass ein Psychotiker mich attackierte. Er war plötzlich neben mir, stieß mich mitsamt Sessel zu Boden und versuchte, mir meinen Kugelschreiber, den ich fallen ließ, ins Auge zu stoßen. Zehn Sekunden können ziemlich lang sein, bis Hilfe kommt, und es war knapp, dass ich jetzt nicht die schwarze Augenklappe eines Piraten trage. Das geschah vier Monate vor unserem Treffen. Das Letzte, was ich mir wünsche, ist eine körperliche Auseinandersetzung mit einem Patienten, und wenn es so aussieht, als könnte einer ausrasten, bestehe ich darauf, dass der Pfleger im Raum bleibt. Da darf man sich nichts vormachen. Manche Kollegen belächeln mich deshalb, mir egal, ich bin auf der Hut.

Als Sie den Raum betraten, klein und schmächtig neben Kovacs, höflich sagten „Darf ich Platz nehmen?“ und verloren dreinblickten, war mein erster Gedanke: Der ist doch ein Kind! Obwohl Sie nicht so viel jünger sind als ich.

Sie erzählten etwas von Stimmen im Kopf, worauf reflexartig die Diagnose Schizophrenie in meinem Kopf auftauchte. Zeitgleich fand ich im Computer die Diagnosen Ihres früheren Aufenthaltes in unserem Krankenhaus: F20.04. Das ist die Verschlüsselung der ICD-10, der internationalen Klassifikation für psychische Erkrankungen. F2 steht für die Gruppe Schizophrenie, schizotype und wahnhafte Störungen; F 20.0 für paranoide Schizophrenie. Mit der fünften Stelle des Schlüssels, also der 4 am Ende, ist der Verlauf kodiert: Unvollständige Remission. Was in einfachem Deutsch heißt: keine komplette Wiederherstellung. Was meinen Ersteindruck bestätigte.

„Sind Ihre Gedanken nicht Ihre? Werden Sie irgendwie kontrolliert?“

Als Sie mir dann einen Vortrag über Mind Control, die Macht der Werbung, politische Propaganda und subliminale Botschaften sowie Chemtrails hielten, hatte ich die Diagnose Beeinflussungswahn parat, denn das alles klang nach Science-Fiction.

„Und ich, werde ich Ihrer Ansicht nach auch kontrolliert?“

„Sie, Herr Doktor, nahezu vollständig, denn Sie glauben nicht an diese Manipulationen und sind Ihnen deshalb schutzlos ausgeliefert. Sie sind ein Opfer jeglicher Propaganda“

Das war unser Erstkontakt. Dann kam Ihre Cousine zu mir und eröffnete, Ihr freiwilliger Aufenthalt diene dazu, Ihre psychische Widerherstellung zu beweisen und nach Begutachtung die Besachwaltung aufzuheben. Das Weitere haben Sie mir ja geschrieben.

„Sie halten mich für verrückt, stimmt's?“, war Ihr erster Satz bei unserem zweiten und längeren Interview.

„Das, was Sie mir über Methoden der Beeinflussung und Überwachung erzählt haben, klingt ziemlich verrückt“, war meine Antwort.

„Sie brauchen Beweise“, sagten Sie. Dann geschah das Schockierende.

„Geben Sie mir bitte Ihre E-Mailadresse?“, baten Sie und setzten sich an den Computer. Dann tippten Sie zwei Minuten lang mit affenartiger Geschwindigkeit in die Tastatur und auf dem Bildschirm erschien … mein Wohnzimmer!

„Hübsch haben Sie es zu Hause.“

In diesem Moment erschien meine Frau im Bild mit dem Mobiltelefon in der Hand und ich konnte mithören, wie sie mit ihrer Freundin Anna telefonierte.

„Sehen Sie, wir können auch Privatgespräche abhören."

Ich war zugleich schockiert und fassungslos.

„Wie ist das möglich?"

„Sie können mit Skype über den Computer telefonieren, daher hat das Gerät eine Kamera und eine Tonaufzeichnung eingebaut. Das kann ich auch abrufen, ohne dass Sie es bemerken."

Zuhause war später meine erste Tat, die Objektivlinse meines Laptops mit Klebeband zu überkleben.

„Sie wollen mir erklären, dass Sie geheilt sind. Aber das ist jetzt Ihr dritter Aufenthalt in unserem Krankenhaus, im Alter von zweiundzwanzig hatten Sie den letzten Schub einer Schizophrenie."

„Hatte ich nicht. Das habe ich vorgetäuscht."

„Sie haben … was?"

„Sehen Sie, nach meinem ersten Aufenthalt mit neunzehn wusste ich, wie es ist, Schizophrenie zu haben, und wie Sie, also die Psychiater, ticken. Mit zwanzig hat mein Vater nicht mehr für meinen Lebensunterhalt bezahlt und ich habe ein halbes Jahr lang in einem Callcenter gearbeitet. Dann war mir klar, dass das ein Sklavenleben ist, und habe es hingeschmissen, aber der AMS ist mir ständig auf die Pelle gerückt. Es war unerträglich. Mit einer psychischen Erkrankung hingegen wäre ich dauernd arbeitsunfähig und Kandidat für die Mindestsicherung. Das war mein Kalkül, dass auch aufging, nur mit dem Nachteil, besachwaltet zu werden."

„Das ist schwer zu glauben", antwortete ich.

„Warum? Weil Sie als Psychiater eine Simulation durchschauen würden? Weil Sie als Psychiater auf der anderen Seite des Schreibtisches den Durchblick haben? Ich behaupte, dass dieser Schreibtisch hier überhaupt nichts ändert. Sie sind auf der einen, ich auf der anderen Seite, aber das macht uns nicht verschieden. Nur glauben Sie, mehr über mich zu wissen als ich selbst. Wenn ich Sie in Ihrem Irrglauben bestärke und Ihnen erzähle, was Sie hören wollen, kann ich Sie in jede Richtung führen, die ich will. Wie einen Stier an einem Nasenring."

„Wenn es Ihnen darum ging zu demonstrieren, dass Sie mich nerven und provozieren konnten, so war es Ihnen gelungen", antwortete ich.

War es eine Woche später oder zehn Tage? Ich weiß es nicht. Auf jeden Fall kam Kovacs zu mir und sagte: „Doktor, das sollten Sie sich einmal ansehen. Ihr Patient Sturz ist zu einer Art Guru unserer Anstaltsinsassen geworden."

Ich folge dem Pfleger zum Gemeinschaftsraum und sah Sie an einem der Tische sitzen, Kaffeetassen und Jause vor sich, umringt von Patienten und zwei Pflegern, mit vollem Mund kauend und redend, während alle gebannt lauschten.

Zunächst verstand ich nur undeutlich, meinte die Worte „Ausweidung der Krampfzone" zu verstehen. Dann bekam ich mit, dass Sie über das Buch Ausweitung der Kampfzone von Michel Houellebecq sprachen.

„Die erste Versklavung ist die Sklaverei der Arbeit. Marx hat schon alles darüber gesagt, beinahe alles, denn er lehnt die Arbeit nicht grundsätzlich ab, so wie ich es tue", dozierten Sie. „Die zweite Sklaverei ist die Versklavung durch Sex. In einem völlig liberalen Sexualsystem haben einige ein abwechslungsreiches und erregendes Sexualleben; andere sind auf Masturbation und Einsamkeit beschränkt. Wir psychisch Kranken sind lebende Beispiele dafür. Das ist die Botschaft des Romans. Der Wirtschaftsliberalismus ist die erweiterte Kampfzone, das heißt, er gilt für alle Altersstufen und Gesellschaftsklassen. Ebenso bedeutet der sexuelle Liberalismus die Ausweitung der Kampfzone, ihre Ausdehnung auf alle Altersstufen und Gesellschaftsklassen. Wir Männer sind besonders betroffen, die Frau ist der natürliche Feind. Jeder Mann ist der Sklave seines Schwanzes, daran ist nichts zu ändern. Manchmal kämpfen wir dagegen an, aber es ist aussichtslos. Wir alle, das heißt, die meisten von uns, sind Mösenknechte."

„Was können wir dagegen tun?", rief Weber, einer der Pfleger.

„Unser Herz nicht daran hängen, uns nicht zu sehr einlassen. Fickt sie, wenn sie sich ficken lassen, aber macht kein Theater mit Liebe oder Gefühl daraus. Wenn nicht, auch gut. Dann besorg ich es eben meiner festen Freundin, meiner rechten Hand."

Sie hielten Ihre rechte Hand hoch.

Kovacs blinzelte mir zu und schaltete sich ein: „Gilt Ihre Einschätzung als Mösenknecht auch für Dr. Freudenreich?"

Sie sahen, dass ich im Auditorium saß.

„Sicher", riefen Sie zurück, „Dr. Freudenreich ist verheiratet und hat Kinder. Damit ist er in der ausgeweiteten Kampfzone als Opfer prädestiniert. Er hängt nur noch am seidenen Faden."

Weber meldete sich neuerlich. „Du hast von vier oder fünf Kampfzonen gesprochen. Welche sind die anderen?"

„Vier Kampfzonen, richtig. Ausbeutung durch Arbeit ist das Erste, zweitens die sexuelle Ausbeutung. Das Dritte ist die Hirnwäsche, täglich setzen dir die Medien Tausende

Dinge in den Kopf. Dass du eine Wohnung, ein Auto, Internet, zwei Urlaube, Designerkleidung, eine neue Einrichtung et cetera brauchst, weiters, was du sehen, lesen, wissen, erleben sollst. Damit du dazu gehörst. Das ist die Vertrottelung als Konsument. Ein Riesenzirkus, um unnötige Wünsche und Begierden zu wecken und dich von den wesentlichen Fragen abzulenken. Und das Letzte und Vierte ist der Staat. Sein Credo ist, du musst funktionieren. Tust du das nicht, sperrt er dich ein, ins Gefängnis oder hier in die Psychiatrie. Gleichzeitig gaukelt er dir vor, es käme auf dich an, das ist das Ammenmärchen und das Theater der Demokratie. Die Lüge, dass du der Staat bist, dass deine Stimme zählt."

Das war zu viel, ich mischte mich ein. „Der Staat ist notwendig, wir brauchen ihn."

„Falsch, Dr. Freudenreich, diesen Staat brauchen wir nicht. Dieser Staat ist nicht für uns, sondern wir sind für ihn da. Er braucht uns, das heißt Sie, Dr. Freudenreich, denn Sie finanzieren diesen Staat, indem Sie siebzig Prozent Ihres Geldes als Steuer abführen."

„So weit ich weiß, beträgt der höchste Steuersatz fünfzig und nicht siebzig Prozent."

„Wieder falsch, Dr. Freudenreich", antworteten Sie, „Sie sprechen von der Einkommens- oder Lohnsteuer, ich spreche von allen Steuern zusammen. Zu Ihrer Lohn- und Einkommenssteuer kommen noch zwanzig Prozent Umsatzsteuer auf alles, dazu Getränkesteuer et cetera, die Sozialversicherung nicht zu vergessen."

„Wo er recht hat, hat er recht", murmelte Kovacs neben mir und stellte seinerseits eine Frage: „Was sind diese wesentlichen Fragen, die wir angeblich nicht stellen, die du erwähnt hast, Sebastian?"

„Erstens, wollen wir das? Und dann: Wie steigen wir aus? Wie verweigern wir uns? Hier ist die Antwort auf jeden Bereich der Kampfzone eine andere. Im ökonomischen Bereich durch Verweigerung der Arbeit. Im sexuellen Bereich, wie ich schon gesagt habe, vorrangig die Erpressung durch Sex zu beenden. Natürlich gehört dazu die Verweigerung der Fortpflanzung."

„Wieso das?", warf ich ein.

„Weil deine Kinder Geiseln sind, um gegen dich verwendet zu werden. Durch die Frau, um dich unter Druck zu setzen. Und durch den Staat, um dich zur Arbeit zu zwingen."

Die meisten Patienten hingen an Sebastians Lippen, als ob das Orakel von Delphi gesprochen hätte. Aber nicht nur die Patienten, auch die Pfleger. Weber und auch Kovacs beispielsweise schienen mir schwer beeindruckt.

„Habe ich zu viel versprochen", kommentierte Kovacs.

Ich hätte das alles als das Geschwafel eines Schizophrenen abgetan, wenn mich nicht am selben Abend verzweifelt mein bester Freund Clemens angerufen hätte.

„Kann ich bei dir schlafen, auf der Couch? Ich bin aus meiner Wohnung rausgeflogen und habe kein Geld oder Kreditkarte bei mir."

Clemens erzählte mir eine unglaubliche Geschichte. Er saß bei Tisch, als seine Frau plötzlich den Teller mit seinem Essen schnappte und gegen die Wand warf. Anschließend schloss sie sich in der Toilette ein und rief die Polizei an. Die Polizei traf ein und verwies ihn für vierzehn Tage seiner Wohnung. Grund war Körperverletzung, er hatte seine Frau in einem Wutanfall wegen einer versalzten Suppe mit dem Kopf gegen die Wand geschlagen. „Dabei habe ich sie überhaupt nicht angerührt", beteuerte er mir unter Tränen.

Aber als Beweis des Wutanfalls hatte der Suppenfleck an der Wand gedient. Ich glaubte ihm, denn ich kenne ihn von Kindesbeinen an und wir haben uns nie gegenseitig belogen.

Meine Frau Claire war nicht begeistert. „Soll er von mir aus bei uns heute Nacht schlafen“, sagte sie, „Aber es ist ganz sicher, dass er lügt. Anna hat mir schon früher erzählt, dass er aggressiv werden kann. Warum sollte sie so etwas erfinden? Kein Rauch ohne Feuer, sage ich.“

Man muss wissen, dass Anna die beste Freundin von Claire ist, so wie Clemens mein bester Freund. Wir hatten uns bei einem Doppeldate kennengelernt und Jahre später am selben Tag geheiratet.

Dann ging es Schlag auf Schlag. Am nächsten Tag war Clemens weg.

„Ich hab ihn rausgeschmissen“, erklärte meine Frau, „Anna hat mir erzählt, was er ihr im letzten Jahr alles angetan hat. So ein Dreckskerl!“

Ich konnte Clemens nicht erreichen, auf dem Mobiltelefon kam ich immer nur auf die Mobilbox und in der Klinik teilte man mir mit, er hätte sich krankgemeldet.

Eine Woche später erhielt ich eine SMS, ich solle ihn am Abend in einem Club treffen. Club Profumo hieß der Schuppen. Doch der Türsteher hielt mich auf.

„Sind Sie Clubmitglied? Ihre Mitgliedskarte?“

Als ich verneinte, klärte er mich auf, dass es eine Eintagesmitgliedschaft gebe. Preis zwölf Euro. Ich bezahlte und unterschrieb einen Zettel, mit den aufgelisteten Clubregeln einverstanden zu sein. Was war das? Ein Sexclub?

Drinnen schlugen mir dichte blaue Rauchschwaden entgegen. An einem Ecktisch saß Clemens vor einer Flasche Rotwein, zwei Gläsern und einem überquellenden Aschenbecher, unrasiert, eine Zigarette in der Hand, mit zerknautschtem Sakko und offenem zerknitterten Hemdkragen, der Schmutzränder aufwies.

„Was ist das für ein Club? Wo sind wir hier? Wie schaust du nur aus?“

„Ein Club, wo man ungestört rauchen darf. Ich schaue aus wie einer, der am Arsch ist. Man, ich bin so was von am Arsch“, war seine Antwort.

Er war betrunken und sein Atem stank wie von jemandem, der sich Tage lang nicht die Zähne geputzt hatte. Drachenatem nannten wir das als Kinder.

„Komm, trink ein Glas mit mir.“

Er schenkte mir ein, trank sein Glas in einem Zug leer und schenkte sich nach, während ich nippte.

Ich erfuhr, dass er ein Gespräch mit der Rechtsanwältin seiner Frau gehabt hatte, Dr. Ariane Wegener, eine Hyäne nannte er sie.

„Ich werde in einen Scheidungsvergleich einwilligen. Demnächst werde ich rechtskräftig geschieden. Anna bekommt alles, die Eigentumswohnung, das Auto, die Wertpapiere und den Ferienbungalow. Außerdem werde ich für sie und das Kind fünfzig Prozent meines Einkommens als Unterhalt zahlen. Das sind die Fakten.“

„Das ist Wahnsinn“, antwortete ich, „du kannst doch nicht dein ganzes Vermögen verschleudern und auf die Hälfte deines Einkommens verzichten. Warum tust du das?“

„Weil ich ein Monster bin, deshalb. Ich bin ein Monster, weiß es aber erst seit heute. Nur so, wenn ich mich einverstanden erkläre, verzichtet Anna auf eine Strafanzeige gegen mich.“

„Was redest du da? Du ein Monster? Was kann dir schon passieren? Selbst wenn sie dich anzeigt und du verurteilst wirst, ungerecht verurteilt, dann ist das leichte Körperverletzung."

An dieser Stelle des Gesprächs kam die Kellnerin, um meine Bestellung aufzunehmen. Clemens bestellte noch eine Flasche Wein, ich Kaffee. So jedenfalls habe ich das in Erinnerung, eine Unterbrechung, eine kurze Störung im Fluss unserer Unterhaltung. Clemens knirschte mit den Zähnen, als die Bedienung kam, und seine Hände verkrampften sich an der Tischkante, dass die Knöchel weiß wurden. Ich erwähne das, weil ich erst jetzt zu begreifen begann, wie aufgewühlt mein Freund war. Er rauchte hastig und drückte seine Zigarette in einer kleinen Rotweinlache aus, die er auf den Tisch verschüttet hatte.

„Ich bin ein Monster, auch wenn ich es nicht gewusst habe", wiederholte er, nachdem die Kellnerin gegangen war. „Vor einem Jahr, als Anna über die Stiege fiel und wir sie alle bedauerten – du erinnerst dich? –, war sie einen Tag später in einem Gewaltschutzzentrum für Frauen und erzählte, ich hätte sie verprügelt, weil sie mir den Geschlechtsverkehr verweigerte, und danach habe ich sie, so habe ich es heute erfahren, vergewaltigt. Die Anwältin Wegener hat mir die Dokumentation des Gewaltschutzzentrums gezeigt. Auch dass Anna von einer Anzeige absieht. Das kannst du schwarz auf weiß lesen. Ich bin also ein Vergewaltiger und, was Gewalt betrifft, ein Wiederholungstäter. Das ist aber nicht alles. Die Wegener hat mir meinen Laptop als Beweismittel gezeigt, auf dem Kinderpornos hochgeladen sind. Kleine siebenjährige Mädchen mit haarlosen Fotzen, die von alten Säcken, wie ich einer bin, geleckt oder gefickt werden. Das siehst du, die Fickerei, die Lutscherei, der ganze verdammte Scheiß. Ich bin am Arsch."

„Ich glaube, ich kann dir nicht folgen“, sagte ich, obwohl mir klar war, dass ich ihm nur zu gut folgen konnte. „Du hast dich nie für kleine Mädchen interessiert. Wer soll glauben, dass du das hochgeladen hast?“

Er zuckte die Achseln. „Alle. Nur ich und Anna hatten zu dem Laptop Zugang. Anna sagt, sie hätte meinen Laptop überprüft, ob ich eine Freundin hätte. Dabei hätte sie diese Dateien gefunden.“

„Aber das kann doch nicht stimmen.“

„Es geht hier nicht um richtig oder falsch. So geht es nun einmal zu auf der Welt. Was glaubst du, wem alle glauben werden? Der armen misshandelten Ehefrau oder dem Monster, dem Gewalttäter und Kinderficker?“

Ich war entsetzt. „Bis vor wenigen Tagen habe ich immer gedacht, ihr würdet eine perfekte Ehe führen. Wenn das stimmt, muss Anna alles geplant haben. Dann muss sie einen abgrundtiefen Hass auf dich haben.“

„Vor einem Jahr hatte ich eine Affäre mit einer Kollegin. Anna hat es herausgefunden, weil sie in meiner Kreditkartenrechnung die Abbuchungen für das Hotel Okzident fand. Ich gelobte Besserung und dachte, sie hätte mir verziehen. Offenbar habe ich mich geirrt und sie hat ihre Rache gut vorbereitet.“

Eine Woche später zog Anna mit ihrem Kind Michael bei uns ein.

„Sie will die Wohnung verkaufen. Sie ist zu groß für sie und mit schlechten Erinnerungen belastet“, erklärte mir meine Frau. Die Wohnung war ein Hammer, sechs Zimmer, 184 Quadratmeter, eine Küche wie ein Traum, zwei Badezimmer und Toiletten, Whirlpool, große Dachterrasse mit Dachgarten von sechzig Quadratmetern. Sie musste an die achthunderttausend Euro wert sein.

Anna erzählte mir unter Tränen, was sie mit Clemens mitgemacht hätte. Ein Martyrium nannte sie es, fügte hinzu „Ich weiß, er ist dein Freund. Aber dieser Mann hat zwei Gesichter."

Sie wirkte glaubwürdig. Während dieses Gesprächs war sie so aufrichtig gewesen, hatte so deutlich ihren Wunsch ausgedrückt, trotz allem unsere Freundin, das heißt von mir und Claire, zu bleiben, dass ich dem nichts entgegenhalten konnte.

Ich wusste nicht mehr, was ich glauben sollte. Clemens hatte mir dies erzählt, Anna jenes. Wenn ich eine dieser Darstellungen akzeptierte, musste ich die andere ablehnen. Eine dritte Möglichkeit gab es nicht. Sie hatten mir zwei Versionen der Wahrheit aufgetischt, zwei getrennte Wirklichkeiten, und wie ich alles auch schob, zog und in Gedanken drehte und wendete, es war nicht unter einen Hut zu bringen. Zugleich war mir bewusst, dass beide Geschichten mich überzeugten. Einen von beiden hatte ich jahrelang verkannt, musste ein abgefeimter Lügner sein. Aber wer? Das Verstörende daran war das Gefühl und die feste Überzeugung, beide hätten mir die Wahrheit gesagt. Vielleicht die Wahrheit, wie sie sie erlebten, doch gleichwohl die Wahrheit.

Was war wirklich geschehen? Ich fühlte mich plötzlich fremd in dieser Welt, ungeborgen, wie ein Patient im Anfangsstadium einer Psychose. Was war echt und was Einbildung oder Wahn? Mit anderen Worten, es gab keine Wahrheit, weder für beide, noch für irgendjemanden sonst. Die einzig vertretbare Reaktion war Mitleid für die beiden und Angst, dass auch mir so etwas passieren könnte und meine Welt plötzlich zerbrechen würde.

Claire war ebenfalls verunsichert.

„Da denkt man, man kennt einen Menschen, so wie wir Clemens … Wie ist das zwischen uns? Ich habe immer gedacht, wir führen eine gute Ehe. Zugegeben, ich habe dich in der letzten Zeit sexuell etwas kurzgehalten, muss ich jetzt also fürchten, dass du seit einem Jahr fremd gehst? Dass ich plötzlich vor einer gescheiterten Ehe stehe, nichts vorzuweisen und alles verloren habe? Du siehst, man weiß nichts vom anderen. Vielleicht verprügelst du mich auch, wenn ich das nächste Mal nein sage, und fickst mich anschließend in den Arsch. Morgen kann alles anders sein. Was weiß ich wirklich über dich? Vielleicht hast du auch Kinderpornos auf deinem Rechner."

„Dass ich dich liebe Claire, weißt du. Auch dass ich dich sehr gerne in den Arsch ficken würde, wenn du es mir erlaubst. Aber niemals gegen deinen Willen. Natürlich habe ich auch keine andere."

So ging ich über ihre Sätze hinweg, mit Witzen, auch wenn meine Antwort nicht witzig war. Fakt war, dass ich bereits daran gedacht hatte, mir eine Freundin zu nehmen, nachdem ich zwei Jahre lang sexuell von Claire wirklich knappgehalten worden war, wie sie richtig bemerkt hatte. Es war aber beim Tagträumen geblieben, ich wollte ihr das nicht antun. Ich fragte mich auch, was ich wirklich von Claire wusste. Ich war immer im Krankenhaus, so kam es mir zumindest vor, sie hingegen hatte eine ungeheure Menge an Freizeit. Wenn sie einen Liebhaber hatte, würde ich es bemerken?

Ich weiß nicht, wann unsere Ehe zu kränkeln begann. Die ersten Anzeichen kamen zu diskret oder ich habe sie schlicht und einfach übersehen. Claire, was soll ich über sie erzählen?

Wie schon erwähnt, lernten Clemens und ich Anna und Claire bei einem Doppeldate kennen, als wir Burschen neunzehn und die Mädchen zwanzig waren. Wir waren alle Studenten, Clemens und ich Mediziner, Anna und Claire Kunstgeschichte. Nach dem ersten Treffen ging Clemens mit Anna ins Bett, während ich Claire drei Jahre lang erfolglos nachlief. Mit zweiundzwanzig hatte ich sie endlich so weit, dass wir Intimfreunde wurden, während Claire die Kunstgeschichte aufgab und die Aufnahmeprüfung an der Akademie für angewandte Kunst erfolgreich absolvierte. Sie sprach davon, Designerin zu werden, zeichnen war ihre Leidenschaft. Mit vierundzwanzig schloss ich mein Medizinstudium ab und ging für ein Jahr nach Amerika ins psychiatrische Krankenhaus Stanford. Wir, das heißt ich, denn ich war immer die treibende Kraft in dieser Zweierbeziehung, hatte befürchtet, es würde das Ende unserer Freundschaft sein, aber es kam anders. Die Trennung tat uns gut, denn kleine Unstimmigkeiten verloren in der Perspektive einer Trennung durch den Atlantik jegliches Gewicht. Wir schrieben uns mindestens zweimal pro Woche Mails und kommunizierten wöchentlich über Skype.

In der Zeit beschloss Claire, dass es wichtig sei, unsere Gesellschaft besser zu verstehen, und wechselte ihre Studienrichtung zu den Politischen Wissenschaften.

Als ich nach Österreich zurückkehrte, schien mir Claire immer noch so umwerfend schön und faszinierend wie zuvor. Nach einem Jahr wurde sie schwanger, Liam, unser Sohn kündigte sich an. Wir heirateten und ich bekam die Ausbildungsstelle in der Psychiatrie, in der ich heute noch arbeite. Meine Eltern unterstützten uns, indem sie uns ihr Haus für den Spottpreis von dreihunderttausend Euros verkauften, eine Summe, die ich größtenteils über einen Kredit finanzierte. Das Haus, eher eine Villa mit Garten, ist gut siebenhunderttausend Euro wert und meine Eltern hätten es mir geschenkt, wenn sie nicht die dreihunderttausend für den Erwerb der Eigentumswohnung benötigt hätten, in die sie umzogen, und keine Ersparnisse hatten.

Claire wechselte erneut die Studienrichtung, Soziologie versprach mehr Einblicke und Verständnis in unsere Gesellschaft als die politischen Wissenschaften.

Ich will jetzt nicht darüber spekulieren, was uns auseinandergebracht hat. Während der drei folgenden Jahre meiner Ausbildung war ich durch zwölf Nachtdienste pro Monat dem Burnout nahe und ewig gereizt. Wir hatten ständig Geldsorgen, aber das möchte ich nicht als direkte Ursache anführen. Viele Ehen halten dem Stand, bei uns war es ein Dauerzankapfel. Ich hatte mit meinem Einkommen den Kredit mit horrenden Rückzahlungen zu bedienen, zwei Hausreparaturen, Dach und Heizung zu bezahlen, und Claire den Lebensstandard zu finanzieren, den sie gewohnt war und nicht aufgeben wollte. Dazu kam eine Haushaltshilfe, als Claire zum zweiten Mal schwanger wurde. Oft wusste ich nicht, wo mir der Kopf stand, ich war nur noch auf das Geldverdienen aus und verbrachte zwei Jahre in einem Zustand permanenter Panik. Hinzu kamen Ärger im Beruf und Intrigen im Krankenhaus.

Als Claire den nächsten Studienwechsel zur Psychologie ankündigte, lachte ich sie aus und nannte sie eine Versagerin und ihre Rolle als Studentin eine Farce. Obwohl ich mich entschuldigte und sie ihren Willen durchsetzte, hat sie mir das nie verziehen. Unsere Tochter Julia wurde geboren, sie wird eben zwei Jahre alt.

Kurz zusammengefasst: Claire und ich waren beide ausgelaugt und ihr sexueller Rückzug folgte als sichtbares Zeichen unserer Entfremdung und entfremdete uns weiter. Unsere Streitereien wurden zu einem Reflex, den wir beide nicht steuern konnten, zu etwas Mechanischem. Es war ein langer Grabenkampf, unterbrochen von Phasen des Missverständnisses und Schweigens, garniert mit verletzten Blicken. Obwohl ich sie liebte, war ich mit meinem Latein am Ende.

Wir hätten jahrelang so weitermachen können und die Erschütterung über die Erlebnisse meines besten Freundes Clemens wäre abgeklungen, wenn ein Zufall nicht alles gewendet hätte. Zunächst sah es so aus, als ob die Misere von Anna und Clemens unserer Ehe dienlich wäre. Wir sagten uns wieder, dass wir uns liebten, und wurden aufmerksamer. Claire zeigte mir mehr sexuelle Zuwendung und gestand mir ein, mich vernachlässigt zu haben. Erst die Geschichte unserer Freunde hätte ihr klargemacht, was sie an mir hätte. Klingt gut, nicht wahr? Wir übertrafen uns gegenseitig darin, uns kleine Gefälligkeiten zu erweisen, etwas, was wir Jahre nicht mehr getan hatten.

Eines Abends bat mich Claire, ihre Brille aus dem Arbeitszimmer zu holen. Auf ihrem Schreibtisch lag ihr geöffnetes Tagebuch. Ich wusste, dass sie Tagebuch schrieb, hatte aber nie darin gelesen. Das wäre mir als eklatanter Vertrauensbruch erschienen. Jetzt aber packte mich ein wilder Drang, diese Seiten zu lesen. Ich habe nicht gestöbert, sagte ich mir, sondern sie ließ es offen hier liegen, gleichsam eine Einladung zum Lesen. Als ob das einen Unterschied ausgemacht hätte! Ich empfand nur reine Neugier und sah, dass der Tageseintrag mir galt, und dann, dass man sehen würde, wie es mit uns beiden weiterginge. Der nächste Satz enthielt die Bemerkung, die Beratung durch Dr. Ariane Wegener, zu der ihr Anna geraten hätte, hätte es voll gebracht. Sie verfüge jetzt über völlige Klarheit über ihre Situation und wie in Zukunft vorzugehen sei. Es sei jeden Cent der dreitausend Euro wert gewesen. Es schloss mit dem Satz: „Wir hätten niemals heiraten dürfen."

Mein erstes Gefühl war Verwunderung und der Gedanke, woher sie dreitausend Euro hatte, bis ich realisierte, was ich eben gelesen und was das bedeuten konnte. Ich war sehr still, als ich ihr die Brille brachte und sprach das Thema nicht an. An diesem Abend hatten wir noch Sex und am nächsten Morgen rief ich Dr. Wegener an und vereinbarte einen Termin.

Nun Sebastian, „Was hat das alles mit mir zu tun?", würden Sie mich vermutlich jetzt fragen, wenn diese Unterhaltung nicht nur in meiner Fantasie stattfände. Was würde ich antworten?

Lieber Sebastian, das scheint Ihre Spezialität zu sein. Sie geben vor, nur Ihr eigenes Leben nach Ihrem Willen leben zu wollen, ohne Fremdbestimmung. Aber es ist charakteristisch für Sie, dass in Ihrem Umkreis alles in die Brüche geht oder auf den Kopf gestellt wird. Ist das Karma, eine unbewusste Strategie von Ihnen oder nur Zufall? Ihre Bemerkungen und Analysen scheinen in Ihrer Umgebung etwas auszulösen. Sie verunsichern die Menschen, und wenn nicht das, dann auf jeden Fall: Sie verunsichern mich. Zutiefst. Plötzlich befand ich mich in einer dieser Ausweitungen der Kampfzone, in einer Ehe, die möglicherweise ein geheimer Krieg war.

Das war aber nicht die erste, sondern schon die zweite Verunsicherung, die Sie in mir erzeugten. Die erste war der Punkt, als nach unserem Erstgespräch Ihre Cousine Fanny zu mir kam. Ich hatte geglaubt, dass ich die Medikation eines schizophrenen Patienten einzustellen hätte, nun erfuhr ich von einer Begutachtung zum Beweis Ihrer geistigen Gesundheit und von einem Gerichtsverfahren zur Enthebung Ihres Sachwalters, des Rechtsanwaltes Dr. Weinzierl, das Fanny auf Ihren Wunsch begonnen hatte. Was hatte ich alles bei dem Gespräch mit Ihnen noch nicht mitbekommen und übersehen? Offenbar, dass Sie Schluss machen wollten. Wählte Ihre Cousine wirklich diese Worte? Es kann auch sein, dass sie von einem Schlusspunkt setzen oder einem Ende machen sprach, sinngemäß ausgedrückt, aber es kam auf dasselbe heraus.

Ich muss weiter ausholen. Jeder Arzt, der ein paar Jährchen gearbeitet hat, hat eine oder mehrere Leichen im Keller, und ich meine das nicht figurativ, sondern wörtlich. Der praktische Arzt hat den Lungenkrebs für eine chronische Bronchitis gehalten, der Turnusarzt das Antibiotikum gespritzt, auf das der Kranke allergisch reagierte und verendete, weil er vergessen hatte, nach Medikamentenunverträglichkeiten zu fragen. Oder der Psychiater hat übersehen, dass seine Patientin einen Suizid ankündigte, weil er mit seinen Gedanken woanders war oder mit ihr flirtete. Dieser Psychiater war ich gewesen und die Patientin hieß Mara, Kurzform von Marietta, und war eine ausnehmend hübsche Essstörung gewesen. Ich weiß, Menschen sind nicht Diagnosen, aber so nennen wir Ärzte sie eben, die Leberzirrhose von Zimmer Acht oder den Schizo aus Wien 20, ist leichter, als sich die vielen Eigennamen zu merken. Das alles, lieber Sebastian, erklärt meine panische Frage nach Ihrer Suizidalität bei unserem zweiten Gespräch und meinen Impuls unsere Arzt-Patientenbeziehung zu beenden. Hätte ich nur, sage ich mir inzwischen.

Zurück zu meiner Geschichte. Die Anwältin Frau Dr. Wegener war eine attraktive Dame um die vierzig, dunkles, schulterlanges Haar, geschminkt und – wie ich mich durch eine kurze Internetrecherche überzeugte – eine der führenden Scheidungsanwälte unserer Stadt. Sie schien amüsiert, als ich bei ihr zu einem Beratungstermin auftauchte und erzählte, wie ich darauf gekommen wäre, dass Sie für Anna tätig war, und was ich über sie in Claires Tagebuch gelesen hatte.

„Was amüsiert Sie, Frau Doktor? Dass nach meiner Frau jetzt ich bei Ihnen erscheine?“

„Ja, das ist ungewöhnlich. So etwas ist mir noch nicht untergekommen.“

„Und ist das ein Problem?“

„Für mich nicht, die Beratung Ihrer Frau ist abgeschlossen. Was ich anbiete, ist eine Dienstleistung. Sie erhalten dieselbe Dienstleistung für das gleiche Honorar. Allerdings muss Ihnen klar sein, dass ich bei einer bevorstehenden Scheidung nur einen von Ihnen vertreten kann. In diesem Fall denjenigen, der mir mehr zahlt.“

Eine zynische Bemerkung, die meine Antwort erklärt.

„Schämen Sie sich nicht, dass Sie Ehen zerstören?“

„Sie haben etwas missverstanden, Herr Dr. Freudenreich, ich bin nicht verheiratet und es handelt sich nicht um meine, sondern um Ihre Ehe. Wenn jemand diese Ehe zerstört, dann sind Sie es oder Ihre Frau oder sie gemeinsam. Meine Diagnose ist, dass diese Ehe bereits am Ende ist, denn Ihre Frau kommt ohne Ihr Wissen zu mir, um sich für den Trennungsfall die Rechtslage erläutern zu lassen. Sie, der Ehegatte, lesen heimlich das Tagebuch Ihrer Frau, um sich Informationen zu beschaffen, und suchen mich – ebenfalls ohne Wissen Ihrer Gattin – heimlich mit den gleichen Fragen auf. Die Bereitschaft von Ihnen beiden, das Vertrauen des anderen zu missbrauchen, ist für mich Beweis dafür, dass Sie jede Hoffnung für Ihre Ehe aufgegeben haben. Ich zerstöre nichts, sondern ich bin nur Beteiligte eines Prozesses, der ohne mein Zutun abläuft. Und was sie beide betrifft, sorge ich durch meine Beratung lediglich für Waffengleichheit."

An Ort und Stelle, also in ihrer Kanzlei, konnte ich diese Antwort nicht annehmen und dachte nur, das sei Waffengleichheit im Sinne eines Waffenhändlers, der beide Konfliktparteien im Krieg beliefert. Aber später musste ich einsehen, dass die Anwältin nicht unrecht hatte. Es war ja wirklich unsere und nicht ihre Ehe, und wie erschüttert ich auch war, ich musste eingestehen, dass ich mir dieses Unglück zumindest zu fünfzig Prozent selbst eingebrockt hatte. Das einzige, was mich überraschte – außer der Intensität meines Selbstmitleides –, war die Entschlossenheit, in dieser Ehegeschichte nicht der Verlierer zu sein und statt zu resignieren erbittert zu kämpfen.

Was ich erfuhr, war niederschmetternd. Im Scheidungsfall würde Claire unser Haus plus Garten zur Hälfte zugesprochen werden als gemeinsames, in der Ehe erworbenes Vermögen. Es stünde ihr frei, ohne mich mit den Kindern darin zu wohnen, das Wohnbedürfnis einer Frau mit zwei Kindern wäre vorrangig, oder zu verkaufen, in welchem Fall mir die Hälfte des Erlöses zustünde. Davon abgesehen erhalte sie als Unterhaltsleistung Beträge für sich und die Kinder. Für jedes Kind 16 Prozent, wären für zwei Kinder somit 32 Prozent, für sich selbst als Exgattin 33 Prozent, abzüglich 8 Prozent, weil ich für zwei Kinder zahlte. Das wären nach Adam Riese 32 + 33 – 8 und somit 57 Prozent meines Einkommens, die ich an meine Frau abzugeben hätte.

„Wahnsinn, 57 Prozent! Und wovon soll ich leben, wenn ich mir gleichzeitig eine neue Bleibe suche?“

Sie zuckte mit den Achseln. „Das ist dem Gesetzgeber doch egal. Vom Rest Ihres Einkommens selbstverständlich.“

„Wenn ich zu arbeiten aufhöre? Oder nicht zahle?“

„Wenn Sie nicht zahlen, werden Sie gepfändet, nicht nur bis zum Existenzminimum, sondern darunter, bis zu 75 Prozent des Minimums. Sie dürfen weder weniger verdienen, noch zu arbeiten aufhören. Das heißt Anspannungsgrundsatz.“

Ich war vor dem Kopf gestoßen. Das hätte ich vor der Ehe wissen müssen.

„Sie hätten sich ja erkundigen können.“

„Dazu haben Sie meiner Frau geraten?“, stammelte ich.

Sie antwortete mit einem zynischen Lächeln und schüttelte den Kopf.

„Diese Regelung beinhaltet, dass man Ihrer Frau zugemutet hätte, nach fünf Jahren, wenn Ihre Tochter in die Schule geht, einen Job zu suchen. Damit wäre ihr Ehegattinenunterhalt erloschen. Ich habe ihr dazu geraten, schwanger zu werden. Mit einem dritten Kind steigt sie noch besser aus.“

Ich ließ mir diese Situation erklären und mir gingen die Augen über.

„Drei Kinder bedeuten, dass Sie 69 Prozent Ihres Einkommens abgeben müssen, bis die Kinder 18 sind oder fertig studiert haben, das kann zwischen 25 und 27 sein. Außerdem ist Ihre Frau nach der abgeschlossenen Kindesbetreuung 40 Jahre alt und ohne Ausbildung gilt sie als nicht mehr vermittelbar. Mit anderen Worten, sie zahlen für die Exgattin Unterhalt bis zum Tod, wenn sie nicht wieder heiratet."

Als ich nach Hause kam, war Claire zum Kindergarten und zur Schule gefahren, um die Kinder abzuholen. In fliegender Hast durchsuchte ich ihre Sachen und fand unter Dessous in einer Schublade viererlei: Kontoauszüge mit einer Abbuchung über dreitausend Euros, also Wegeners Beratungshonorar, weiters einem Kontostand von 9.379 Euro und 63 Cent, einen Schwangerschaftstest aus dem Drogeriemarkt, ihre Antibabypillenpackung, aus der keine einzige fehlte, und eine Visitenkarte, Aufschrift Detektivbüro Argus mit Adresse und Telefonnummer.

Als Claire zurückkam hatte ich mich geduscht und meine Fassung so weit zurückgewonnen, dass ich mich einigermaßen neutral und unauffällig verhalten konnte.

„Du schaust müde aus. Ich koche uns etwas Gutes, wir trinken ein Glas Wein und machen uns einen schönen Abend zu deiner Entspannung."

Ich saß wie auf heißen Kohlen, während ich das hervorragende Nudelgericht lobte. Würde sie jetzt aufspringen und den Teller gegen die Wand werfen und danach die Polizei rufen?, dachte ich. Niemand wird mir glauben, dass ich keinen Wutausbruch hatte und sie misshandelt hätte, wenn die Polizisten sehen, wie die Tomatensauce über unsere Tapete rinnt.

Claire warf nicht mit Tellern oder Essen, es entwickelte aber sich das zweite Szenario, das ich befürchtet hatte: Sie sagte, sie werde das Dessert sein.

Nein danke, dachte ich, es hat also noch nicht eingeschlagen, und der Idiot, also ich, soll dich jetzt schwängern. Jetzt weiß ich, warum du beim letzten Mal diese für mich so befriedigende Stellung gewählt hast, damit mein Samen möglichst nahe deiner Cervix deponiert und eine Schwangerschaft wahrscheinlicher wird. Alles klar!

Gab es ein Gesetz dagegen, dass sich eine Frau gegen den Willen des Mannes schwängern ließ und ihm vorlog, sie nehme die Pille? Einen Paragrafen wie Betrug, Nötigung oder Vergewaltigung? Natürlich nicht. Der testosteron- und schwanzgesteuerte Mann war wie immer der Trottel, er fickte ja aus freien Stücken und wurde weder dazu genötigt noch vergewaltigt. Soll er doch zahlen achtzehn Jahre lang, denn er hatte ja drei Minuten lang sein Vergnügen! Und ich Hormontrottel hatte an einen neuen Frühling unserer Ehe geglaubt. Ich war nicht nur saublöd, naiv, sondern auch eine elende Jammergestalt.

Aber wie aus dieser Nummer herauskommen? Ich war ja so berechenbar, sie reichte mir den kleinen Finger und ich küsste ihre ganze Hand. Sie zeigte mir einen Stück Brust mit Warze und ich bekam einen Ständer. Sie sagte mir, dass sie mich liebe, und ich verspürte den Drang, sie an Ort und Stelle zu koitieren. Sie drehte sich um, ich fühlte ihren Arsch, wenn ich von hinten in sie eindrang, und spritzte innerhalb von zehn Sekunden ab. Ich war wirklich ein testosteron- und schwanzgesteuerte Hormontrottel, das geborene Opfer.

Zu sagen, ich wäre nicht in Stimmung, wäre unglaubwürdig, ich war immer in Stimmung. Migräne? Aber wie nachvollziehbar wäre der erste und einzige Migräneanfall meines Lebens?

Da fiel mir plötzlich der Name eines Studienkollegen ein, eines Urologen, Dr. Kozik, und damit die Lösung.

„Ich will mir und dir nicht den Abend verderben, aber es geht nicht anders. Ich muss dir sagen, warum ich heute nicht kann. Ich bin fertig“, sagte ich zu ihr. Dann brachte ich den Namen von Dr. Kozik ins Spiel und erklärte, morgen einen Termin bei ihm zu haben. Dass er nichts davon wusste, erwähnte ich natürlich nicht.

„Ich habe ihn angerufen und er schiebt mich morgen ein. Ich hatte Schmerzen beim Urinieren und ein Druckgefühl in den Hoden, ich glaube, der linke ist geschwollen. Vielleicht sind auch die Lymphknoten in den Leistenbeugen vergrößert, ich kann das nicht sagen, aber ich habe dort so ein Spannungsgefühl. Kozik hat gesagt, er müsse mich anschauen, denn es könnte etwas Bösartiges sein. Krebs?“

Claire bemitleidete mich natürlich, ich sah Angst in ihrem Blick, während sie mir versicherte, dass es sicher kein Krebs wäre. Vom Sex war nicht mehr die Rede. An ihrer Bestürzung und Angst delektierte ich mich heimlich. Voller Genugtuung dachte ich: Da hast du jetzt etwas, du Schlampe, worüber du nachdenken kannst. Was geschieht, wenn dein Ernährer abkratzt? Ob es vielleicht besser wäre, bei einem Mann zu bleiben, der gerade am Krebs verstirbt, und das ganze Vermögen als Erbe zu kassieren, statt ihm vorher nur die Hälfte im Scheidungsverfahren abzunehmen? Ganz abgesehen, dass es schlecht ausschaut, wenn man gegen einen Krebskranken die Scheidung einreicht. Du willst Sex – Lüge. Ich könnte Krebs haben – Lüge. Wie du mir, so ich dir. Täuschung wird mit Täuschung vergolten. Und ich weiß auch, wie ich diese ganze Geschichte noch zu meinen Gunsten wenden kann. Damit hast du nicht gerechnet, du Bitch!

Paranoia, Verfolgungswahn, hatte ich bei meinen Patienten immer nur von außen beobachtet und es war mir absurd erschienen. Jetzt, in der Innensicht, war es das nicht mehr. Alles, was ich wahrnahm, gewann eine zweite versteckte

Bedeutung, die mir früher entgangen war. Mein Abendessen zum Beispiel war nicht nur dazu dagewesen, um mich zu sättigen oder mir Freude zu machen, sondern auch perfekt geeignet, um gegen eine Wand geschleudert zu werden. Sex war ein Minenfeld. Oder die blonde Dame mit dem grauen Strickmantel, die hinter mir in die U-Bahn stieg, warum hob sie grüßend die Hand? Um ihrem Kollegen des Detektivbüros zu signalisieren, sie hätte meine Beschattung übernommen? Sie, diese Frau sagte ich mir, sah ich zum ersten Mal an meiner Station. Die jetzt nicht mehr meine Station war, sondern auch meinen Feinden zugänglich.

Tatsächlich stieg sie an derselben Haltestelle aus wie ich, ging in meine Richtung und schließlich in das Kaffeehaus, in dem ich frühstückte. Das konnte kein Zufall mehr sein, das war eine Mitarbeiterin der Detektei Argus. Oder doch nicht? Ich ging wieder und schaute, ob sie mir folgte. Tatsächlich erhob sie sich gleichzeitig und ging in meine Richtung, mir nach. Ich drehte mich um, um sie zu konfrontieren, da stieg sie in ein geparktes Auto. Auf dem Fahrersitz saß ein junger Mann mit brünettem Haar, nach vor und schräg über die Stirne gekämmt. Als ich den Wagen passierte, beugte er sich nach vor und senkte den Kopf, sodass ich sein Gesicht nicht erkennen konnte, als wenn er einen Sender im Autoradio suchte. Er trug einen grauen Kapuzenpulli. Machte er das, damit ich mir sein Aussehen nicht merken konnte?

Im Krankenhaus erledigte ich den Papierkram und suchte meinen Kollegen Kozik auf, den Urologen. Ich ließ mir das Procedere bei der Vasektomie erklären und machte einen Termin bei ihm für meine Sterilisation in acht Tagen aus.

„Du hast es aber eilig“, meinte er.

Zu Hause packte ich meinen Koffer, um zu der einwöchigen Fortbildung nach Gastein zu fahren.

„Was hat Kozik gesagt?“, fragte Claire sorgenvoll. Oder war es gespielt sorgenvoll?

Die Antwort hatte ich mir bereits zurechtgelegt.

„Er glaubt zu fünfundneunzig Prozent, dass es kein Krebs ist, zumindest in den Hoden. Aber die Lymphknoten beunruhigen ihn, vielleicht ist es Lymphogranulomatose, Hodgkin, sagt er.“

„Und was heißt das?“

„Lymphdrüsenkrebs. Aber eher nicht. Um das auszuschließen, entfernen sie beidseits je einen Lymphknoten und machen eine Histo. Wenn die negativ ist, können sie Entwarnung geben.“

„Was bedeutet das?“

„Zwei kleine Schnitte in Lokalanästhesie in acht Tagen.“

„Du Armer! Du tust mir so leid …“

„Ach, das ist keine große Sache“, gab ich mich heroisch. In Wirklichkeit war es meine Ausrede für die kommenden zwei kleinen Schnitte einer Vasektomie und die Nähte beidseits der Hoden, die ich wohl kaum verbergen konnte.

Am nächsten Tag fuhr ich zur Fortbildung, ein trauriger Abschied.

In Gastein bei der Veranstaltung - Schizophrenie und schizoaffektive Erkrankungen, bekannte und neue Ansätze – hatte ich die Muße, mein weiteres Vorgehen zu planen. Das mit der Sterilisation war klar, der Termin stand, 680 Euro waren zu bezahlen, zwei kleine Schnitte zur Durchtrennung der Samenleiter und zwei Nähte mit Nahtentfernung nach zehn Tagen, keine rechtlichen Vorbehalte, weil ich über fünfundzwanzig war. Dann war meine Kanone startklar und konnte unbegrenzt schießen, ohne einzuschlagen. Keine Treffer mehr. Das dritte Kind konnte sich Claire abschminken und ich würde ihr natürlich nicht erzählen, was der Urologe wirklich gemacht hatte. Stattdessen hatte ich vor, sie bis zur Nahtentfernung dunsten zu lassen. Erst dann Entwarnung – kein Krebs – und zur Feier über die gute Nachricht Sex, den wir oft wiederholen müssten, weil es eben mit der Schwangerschaft nicht klappen würde. Nur dass ich jetzt statt Samenzellen nur meine Platzpatronen in sie verschoss. Nie mehr schwanger durch mich, Bitch,, fügte ich lächelnd in Gedanken hinzu.

Und das Geld? Gastein, der Tagungsort, hatte mich auf die erlösende Idee gebracht. Dort gab es ein Kasino und ich verspielte tausend Euro, nahm nur zwei Jetons mit nach Hause. So konnte ich belegen, im Kasino gewesen zu sein, und über Gewinn und Verlust führt niemand Buch im Spieltempel. In Zukunft werde ich vorgeben, dass ich alles Geld verspielt habe und Schulden machen, indem ich einen Kredit aufnehme. Stattdessen parke ich das Geld von meinem Konto und dem Kredit in einer anderen Bank! Was für eine nette Überraschung bei einer Vermögensteilung, liebe Claire.

Beim ersten Vortrag der ärztlichen Veranstaltung fiel mir ein junger Mann auf, der einen schwarzen Kapuzenpulli trug und zwei Reihen hinter mir saß. Die brünetten Haare hatte er schräg nach vorne in die Stirne gekämmt, eine Yogi Löw-Frisur, wie der deutsche Fußballnationaltrainer. Dich kenne ich, war mein erster Gedanke. Stirnfranse mit Faible für Kapuzenpullis.

Beim Pausenkaffee sprach ich ihn an.

„Hat Ihnen der erste Vortrag gefallen? Sie sind doch kein Psychiater, oder? Dafür sind Sie noch zu jung.“

„Nein, ich bin Medizinstudent und hier, weil ich meine Diplomarbeit über die Schizophrenie im Wandel der Zeit schreibe. Der Einführungsvortrag war sehr informativ, Dr. Freudenreich."

Nette Deckgeschichte, dachte ich, Medizinstudent im Nebenjob, Mitarbeiter der Detektivagentur Argus im Hauptberuf. Lass dir nichts anmerken, aber eben hast du dich verraten, weil du meinen Namen genannt hast. Willkommen in der Matrix, nichts ist so, wie es scheint.

„Sie kennen mich?", fragte ich möglichst harmlos.

Er wies auf meinen Pullover.

„Nein, aber Sie tragen ein Namensschild."

„Ach so", erwiderte ich und ärgerte mich über meine Dummheit. Aber egal, Claire hat der Detektei sicher ein Foto von mir gegeben. Ich wünschte ihm noch viel Spaß und wunderte mich nicht, als ich ihn im Kasino wieder traf. Eines hatte ich inzwischen begriffen: Man wird gesehen, auch wenn man sich unbeobachtet fühlt.

„Wie läuft es?", fragte er.

„Schlecht. Ich verliere, habe zurzeit eine Pechsträhne."

„Gehen Sie oft ins Kasino?"

„Jede Woche mindestens einmal, vielleicht habe ich ein Spielproblem …"

Verdaue erst einmal diese Info, dachte ich, und nimm sie in deinem Bericht auf. Das erklärt später meine angeblichen Schulden.

Sebastian, ich war also voll auf Ihre Argumente eingestiegen, dass die Sexualität eine ausgeweitete Kampfzone im Geschlechterkampf war. Und auf Ihr Rezept zur Abhilfe, dass Sterilisation die Lösung sei. Immerhin hatten Sie mir erzählt, dass Ihr Wunsch nach Ablösung des Sachwalters

Dr. Weinzierl dadurch begründet war, dass er seine Zustimmung zur und die Bezahlung der von Ihnen geplanten Sterilisation verweigerte.

„Dieser Rechtsanwalt ist das Letzte. Ein Trottel und ein Widerling. Wissen Sie, woher der Name Weinzierl kommt? In der Steiermark ist das der Name für einen Knecht. Er muss weg!"

Es war ein Teil Ihrer Anziehung, Sebastian, dass Sie für alle der von Ihnen angesprochenen Probleme eine Lösung anboten. Für die Ausbeutung im wirtschaftlichen Bereich war Ihre Lösung Verweigerung jeglicher Arbeit. Hier fiel Ihre Saat bei Kovacs auf fruchtbaren Boden.

„Dr. Freudenreich, ich habe gekündigt."

„Warum, Kovacs?"

„Weil ich nicht weiter so blöd bin, hier für einen Euro pro Stunde zu arbeiten."

„Was reden Sie da, Kovacs? Sie verdienen doch sicher mehr als einen Euro pro Stunde."

„Sebastian Sturz hat es mir vorgerechnet. Wie viele Stunden arbeiten Sie, hat er mich gefragt. Etwa 200 Stunden im Monat mit Nachtdiensten. Und Ihre Bezahlung? 1.037 Euro netto, habe ich geantwortet. Mit der Mindestsicherung bekommen Sie 837 Euro, ohne dass Sie einen Finger rühren, Ihre Arbeitsstunde wird somit mit einem Euro bezahlt, war seine Erklärung. Warum tun Sie das für diesen Bettel?"

„Hören Sie, Kovacs, überlegen Sie sich das noch mal."

„Da gibt es nichts zu überlegen. Sebastian hat mir ein zweites Argument genannt. Ich bin hier das Bauernopfer."

„Bauernopfer?"

Kovacs erzählte mir seine Lebensgeschichte. Bevor er Krankenpfleger wurde, war er Polizist gewesen. Dort hatte er eine Chinesin festzunehmen, weil Sie keine Aufenthaltsgenehmigung besaß. Die Frau lief davon, Kovacs brachte sie mit einem Festhaltegriff zu Fall, wie er es in der Polizeischule gelernt hatte, und fixierte sie mit Handschellen. Dabei brach er ihr oder die Frau sich selbst drei Rippen.

„Glauben Sie, die Polizei stand hinter mir? Ich hatte den Befehl, die Frau zu verhaften, und machte alles nach Vorschrift. Der Richter sagte, die arme zarte Frau, Sie Muskelmann mit vierzig Kilo mehr, unangemessene Gewalt. Dass die Chinesin illegal im Land war, war nicht Verhandlungsgegenstand. Ich war das Bauernopfer, dass die Abschiebungen zu vollziehen hatte und von dem man sich distanzierte, als etwas passierte."

„Kovacs, was hat das mit ihrem Job in der Psychiatrie zu tun?"

„Das ist doch dasselbe hier. Ich bin der Mann fürs Grobe, falls einer der Kranken durchdreht und gewalttätig wird. Dann holt man mich, damit ich ihn niederringe. Aber Ihre Kollegen oder die Krankenhausleitung stehen nicht so wie Sie hinter mir. Gesetzt den Fall, ich breche so einem armen Häschen mit Schaum vor dem Mund unabsichtlich die Rippen, was dann? Dann bin ich der Brutalinski und werde im Regen stehen gelassen, das Bauernopfer. Und früher oder später passiert das. Wo gehobelt wird, fallen Späne."

Womit er leider recht hatte, denn ich kannte die Krankenhausleitung. Genau so würden sie reagieren, während sie zuvor diese Praktiken nicht nur billigten, sondern einforderten. Aber da gab es nichts Schriftliches und es würde abgestritten werden.

Ja, lieber Sebastian, Ihre Argumente waren und sind nicht zu unterschätzen. Arbeitsverweigerung war Ihre Antwort, und als politische Lösung das bedingungslose Grundeinkommen. Wie sollte das funktionieren, war meine Frage, dann wird doch keiner mehr arbeiten. Worauf Sie mich auf den Widerspruch hinwiesen, in den ich mich verwickelte.

„Da haben Sie mir doch soeben vom Sinn der Arbeit vorgeschwärmt und dass es möglich ist, in der Arbeit Befriedigung zu finden" – das waren Ihre sarkastischen Worte. „Und jetzt das, Dr. Freudenreich! Wenn Sie wirklich recht haben, werden sich die Leute darum reißen zu arbeiten. Außerdem bekommen Sie ja zum Grundeinkommen ihr Gehalt dazu, können sich mehr leisten als die anderen. Sie haben kein Vertrauen in die Menschen, Dr. Freudenreich!"

Ja Sebastian, das ist das Problem. Ich habe wirklich kein Vertrauen in die Menschen. Ich glaube, dass es bei bedingungslosem Grundeinkommen viele Millionen wie Sie gibt, nennen wir das Kind einmal beim Namen, Millionen Sozialschmarotzer, die den lieben Gott einen guten Mann sein lassen und auf der faulen Haut liegen werden, während einige wenige Idioten so wie ich sich zu Tode schuften. Denn Sie, Sebastian Sturz sind der Vertreter einer neuen Klasse der Menschheit, die erst in diesem Jahrhundert entstand. Früher gab es einige wenige Kapitalisten, die eine Klasse, die von Kapital und Ausbeutung lebte, und die große Klasse der Werktätigen, der Arbeiter, Bauern und Angestellten, die arbeitende Bevölkerung oder, wie Marx sie nannte, das Proletariat. Heute ist eine neue und dritte Klasse entstanden, deren Kronprinz und Anführer Sie sind: Die Klasse der Nutzlosen!

Sie quatschen zwar ständig über Ihre Weltsicht, aber Sie verändern nichts, sind einer dieser überzeugten Nichtwähler, die die Demokratie verspielen. Sie arbeiten nicht und Sie lieben nicht, damit haben Sie die zwei grundlegenden Berufungen des Menschen, wie Freud sie postulierte, verspielt. Was sind Sie also? Einer, der auf Kosten anderer lebt, nichts tut, bis mittags schläft, um dann in die virtuelle Welt der Computerspiele und Internetforen abzutauchen. Ein Sozialfall auf höchstem Niveau mit eigener Wohnung und Wohnbeihilfe, Badezimmer, Fernseher, Computer, kostenloser Verpflegung, Bier und Zigaretten, iPhone und Spielkonsole, der als Nichtstuer auf einem Level lebt, für den die Menschen der dritten Welt eine Niere spenden oder einen Mord begehen würden. Sind Sie zufrieden? Nein, sie fordern ein bedingungsloses Grundeinkommen und beschweren sich über Ihre Besachwaltung, nachdem Sie alles drangesetzt hatten, um unzurechnungsfähig zu sein und das Prädikat psychisch krank zu erhalten.

Was ist Ihre soziologische Daseinsberechtigung? Erstens sind Sie Stimmvieh, um das Theater der Demokratie vorzutäuschen. Zweitens sind Sie Konsument, denn die Produkte, die Sie verbrauchen und gebrauchen, müssen bezahlt werden, wenn nicht von Ihnen, dann von uns. Drittens als Arbeitsgeber, denn Sie beschäftigen viele Leute, Ihre Familie, insbesondere Cousine und Vater, das Sozialamt, die öffentlichen Dienstleistungen wie E-Werk, Kanalisation et cetera und nicht zuletzt das Gesundheitswesen und Menschen wie mich, Psychiater. Da soll mir noch einer sagen, die Würde des Menschen ist unantastbar, wenn ich Menschen wie Sie sehe. Wo bleibt Ihre Würde und warum machen Sie nichts aus Ihrem Leben?

Und Sie sind nur einer von Millionen junger und gesunder Menschen mit Nullbockmentalität, junger Männer, die konsequent ihre Chancenlosigkeit betreiben, indem sie bereits in unserem Schulsystem scheitern, ihre Jahre absitzen und nicht sinnerfassend lesen lernen. Deren Zahl sich durch Zuzug von unzähligen jungen Asylanten und möglicherweise zukünftigen Drogenhändlern, Vergewaltigern oder Terroristen ständig vermehrt.

Wobei ich Ihnen im Besonderen vorwerfe, dass eben diese Charakteristik nicht auf Sie zutrifft, denn Sie stammen aus gutem Haus, können die Rechtschreibung, wie Ihr Familienroman zeigt, sind klug und eloquent. Aber was haben Sie daraus gemacht? Sie haben alles weggeworfen für Ihr Nichtstun, Ihre vermeintliche Freiheit, die keine Freiheit ist, für Bier, Zigaretten, Cannabis und Computerspiele und für die Mindestsicherung oder Invaliditätspension. Sie sind ein Bandwurm unserer Gesellschaft, ein Nichts, eine Null, absolut nutzlos!

Sie verstehen nun, warum Sie diese E-Mail, lieber Sebastian, niemals erreichen wird, weil ein Psychiater solche Briefe nicht schreiben darf. Er darf seinem Patienten das weder sagen noch schreiben, was ich hier schreibe: Ich verachte Sie, Herr Sebastian Sturz.

Ihren ursprünglichen Sympathiebonus haben Sie verspielt.

Es gab Ärger in der Station, die Patienten streikten.

Hatte man jemals so etwas gehört, dass Patienten in einer Psychiatrie streikten?

Die Krankenschwestern teilten mir mit, dass drei Rädelsführer dahinter stecken und als „Streikkomitee“, so nannten sie sich, mit uns verhandeln würden. Maria Schreiber und Günter Gmeiner – das hatte ich mir bereits gedacht. Der dritte waren Sie, Sebastian. Was mich überraschte, damals, heute nicht mehr.

Günter Gmeiner, fangen wir mit ihm an. Sohn eines Großindustriellen, Geld wie Heu, möglicher Verbrecher. Ich brauche das nicht alles aufzuzählen, es ist aus den Medien und Zeitungen hinreichend bekannt, es wurde schließlich ausführlich darüber berichtet. Wir hatten ihn zur Beobachtung und Einschätzung seines Geisteszustands aufgrund eines Gerichtsbeschlusses aufgenommen, dieses feiste, aufgeschwemmte Konstrukt eines Mannes, der entfernt dem jungen Hermann Göring ähnelte und genauso großsprecherisch und prahlerisch auftrat. Einer, der glaubt, alles und jeden kaufen zu können, dessen Wort Gesetz zu sein hatte und dessen Wünsche erfüllt werden mussten. Es war klar, dass hier die Brutstätte des Ärgers lag.

Maria Schreiber. Wenn ich hätte raten müssen, wer dahintersteckte, hätte ich sofort auf sie getippt. Ich weiß, Sebastian, in welcher Beziehung Sie zu ihr stehen, trotzdem – oder gerade deshalb – bekommen Sie hier meine Einschätzung.

Maria Schreiber ist nicht nur Patientin, klassische Borderlinerin, sondern eine Verrückte. Psychiatrische Patienten verdienen unser Mitgefühl, Verrückte hingegen sind gefährlich. Das Beste ist, ihnen aus dem Weg zu gehen. Mitgefühl ist hier fehl am Platze. Sie hatten wir gleichfalls zur Beobachtung und Einschätzung ihres Geisteszustands aufgrund eines Gerichtsbeschlusses aufgenommen, um dem Gutachter Professor Seligmann zuzuarbeiten, aufgrund des Verdachtes eines Brandanschlages auf eine Hühnerfarm. Nein, nicht irgendeine, sondern eine der größten Europas in Nordrhein-Westfalen.

Das haben Sie nicht gewusst?

Dachte ich mir. Bei dem Brand entstand nicht nur erheblicher Sachschaden, sondern es wurden auch zwei Mitarbeiter schwer verletzt, sie hätten sterben können.

Aus diesem Gerichtsakt: Eierfarmen können sehr einfach gebaut werden, das Grundprinzip ist immer gleich. Es gibt ein Wasserbecken, auf dem die Hühner schwimmen und von wo sie nicht wegkönnen. Alle fünf Minuten legen sie ein Ei, das durch die Wasserschicht hindurch in einen darunterliegenden Wasserstrom fällt, und abtransportiert wird. Dort können diese z.B. durch einen Trichter aufgesammelt werden.

Die männlichen Hühner werden allesamt getötet und verarbeitet. Bei zwei Schlachtlinien mit einer Kapazität von je 3,33 Hähnchen pro Sekunde macht das etwa 384.000 Stück am Tag oder119,808 Millionen Stück im Jahr. In Kilogramm umgerechnet ist das ein Viertel der deutschen Hähnchenproduktion, 200.000 Tonnen Fleisch pro Jahr - und das alles aus diesem einen Betrieb hier im Dorf Hartburg. Von außen sieht er aus wie eine Schrauben- oder Kartonagenfabrik, nicht aber wie die größte Hähnchenschlachterei Europas.

Es gab Gerüchte über einen möglichen Anschlag, die man nicht ernst nahm. Bis sich der Brand ereignete. Obige Angaben über eine Hühnerfarm dienten als Rechtfertigung, ein Gebäude mit arbeitenden Menschen anzuzünden! Das anonyme Bekennerschreiben endet mit den Sätzen: „Wir möchten dazu ermutigen, für die Befreiung aller Individuen von jeglicher Form der Herrschaft auf seine / ihre Weise zu kämpfen. Für die Freiheit aller Tiere!“

Ja, lieber Sebastian, ihre Ökoterroristin Maria neigt nicht nur zur Promiskuität und dazu, Männer mit Sex zu manipulieren, sondern auch zur Gewalt. Natürlich leugnete sie ihre Beteiligung, sagte aber auch, dass sie die Aktion völlig billige.

„Die Schwerverletzten? Sie hätten sterben können, fehlte nicht viel.“

Ihre Antwort: „Wo gehobelt wird, fallen Späne. Außerdem hat sie niemand gezwungen, dort zu arbeiten. Wenn man in einem KZ als Aufseher arbeitet, nimmt man ein gewisses Risiko in Kauf, nicht wahr?“

Der zweite Vorfall betraf eine Strafanzeige in Wien. Maria hatte auf einen Fiaker mit einem Messer eingestochen. Er erstattete Anzeige wegen schwerer Körperverletzung.

Auch hier gibt es zwei gegensätzliche Tatversionen. Die erste des Fiakers: Er habe dem bockenden Pferd einen einzigen Schlag mit der Peitsche versetzt, darauf sei Frau Schreiber auf ihn zugelaufen und habe wortlos auf ihn eingestochen. Erst durch einen Faustschlag, der sie zu Boden schickte, sei es ihm gelungen, weitere Stichattacken abzuwenden.

Ihre Unschuldsversion: Der Fiaker hätte auf das Pferd eingeprügelt. Sie habe ihn angeschrien und beschimpft, auch mit den Nägeln im Gesicht gekratzt. Er habe ihr einen Faustschlag auf das rechte Auge versetzt. Als er dann weiter auf sie einschlagen wollte, habe sie mit ihrem Messer zur Verteidigung zugestochen, blindlings und in Panik. Dann habe er von Angriffen abgelassen und die Polizei sei erschienen. Also Notwehr.

Worum ging es bei dem Streik, bei dem sich die Patienten weigerten, Medikamente zu nehmen, bis ihre Forderungen erfüllt wurde? Um besseres Kantinenessen. Um ordentlichen Kaffee für Ihren lieben Günter und für vegane Alternativen zu jeder Mahlzeit für Ihre liebe Maria, die sich schon bisher nur von Salat und Joghurt ernährt hatte. Für diesen – ich gebrauche das Wort bewusst – Scheiß also haben sie alle Patienten der Psychiatrie angestiftet, drei Tage lang die notwendige Medikation zu verweigern.

Ein Schandfleck für unsere Psychiatrie, dass wir diese Revolte nicht in den Griff bekamen, dass mein Abteilungsleiter und der Krankenhausdirektor in die Knie gingen und einen anderen Betreiber für die Verpflegung suchten. Alles nur, weil die Eltern des missratenen Günter dem Krankenhaus zusicherten, einen Computertomografen zu spenden.

Was für ein Scheißhaufen!

Um es kurz zu machen, diese zwei, Maria und Günter, gehen über Leichen, um ihre Ideen durchzusetzen. Und kommen damit durch, wie sich zeigte, alle Gerichtsverfahren wurden gegen „unsere zwei Häschen" eingestellt.

Und Sie sind genauso, wenn auch nicht so offensichtlich gewaltbereit und kriminell. Sie halten sich eher im Hintergrund, hetzen andere auf, stiften an und sind die Unschuld selbst. Ja, Sie sind ein Manipulator, Sebastian Sturz, aber das durchschaute ich damals leider nicht. Dabei hätte ich es durchschauen können, denn Sie taten es ja wiederholt vor mir, offen und sichtbar.

Da war ihr zweiter Krankenhausaufenthalt, Rezidiv einer Schizophrenie. Sie gaben zu, die Erkrankung nur vorzutäuschen, um dem Arbeiten zu entgehen. Ich studierte die Krankengeschichte, es stimmte, alles fingiert und die dumme Kollegin fiel rein.

Oder dieses Meisterstück an Doppelbotschaften und Manipulation, diese Schriften, die Sie mir übergaben, Ihre Familiengeschichte und Ihr Bericht an mich. Ihr Ziel hatten Sie erreicht, ich glaubte Ihnen und stand Ihnen voller Sympathie gegenüber – nicht nur ich, auch Seligmann kochten Sie so ein. Wie Sie Ihre ständigen Lügen wegdiskutierten, dass Sie nichts über die Begutachtung erzählten, zum Beispiel.

Aber Sie haben uns wirklich „eingekocht", indem Sie Märchen erfanden, die – angeblich – Ihr Cousin Johann mit Ihnen inszenierte. Die Kindheit des kleinen Zauberers. Ein Zauberkunststück, das sie mit uns vollführten. Spätestens nach der finalen Lüge, nämlich dass der von Ihnen für tot erklärte Vater putzmunter lebte, hätte es mir wie Schuppen von den Augen fallen sollen. Aber wieder streuten Sie mir Sand in die Augen, neuerlich mit einer Kindergeschichte. Das Märchen von dem Jungen, der ein Mann werden wollte – und ich bin erneut drauf reingefallen. Auch wegen der pseudopsychoanalytischen Erklärungen, die sie mir anboten. Genial! Erzähle einem Analytiker etwas von Verdrängung und Verleugnung und er wird dir glauben.

Ich denke, ich schicke Ihnen diese E-Mail doch. Sollen Sie wissen, was ich von Ihnen halte, und erkennen, dass es Menschen gibt, die Sie durchschauen.

Nachwort zum zweiten Teil von Dr. Johann Missliwetz

Dr. Freudenreich tritt hier als jemand in Erscheinung, der Sebastian Sturz durchschaut und gnadenlos kritisiert. Er ist einer der ersten, der sich die Frage stellt:

„Wer ist dieser Sebastian Sturz?"

Bald wird ihm die deutsche Zeitschrift DER SPIEGEL[1] mit derselben Frage nachfolgen, die Sturz ein Titelbild mit seinem Porträtfoto widmete. Daneben die Frage:

„Herr Sturz, sind Sie sich selbst manchmal unheimlich? SPIEGEL-Gespräch mit Österreichs Wahlsieger"

Ich zitiere ausschnittsweise aus diesem Presseartikel:

„ÖSTERREICH. Wieder hat ein junger Mann die Macht erobert und höflich, aber skrupellos das Establishment ent-

[1] DER SPIEGEL 2022, 36

sorgt. Doch was ist Sebastian Sturz: ein guter Europäer oder ein Opportunist mit Gespür für den Zeitgeist, der Geldgeschenke an Arbeitsunwillige verspricht? … Der bescheidene junge Mann in Trainingshose und Hoody, der leger im Büro des altehrwürdigen Außenministeriums am Wiener Minoritenplatz steht, deutet auf leere Ecken und Wände, wo früher antikes Mobiliar stand oder alte Gemälde hingen. Alles entsorgt, ausgemistet, von ihm persönlich. Schön leer jetzt, schön sachlich, nur einige Büromöbel vom Sperrmüll. Selbst das Holzkreuz an der Wand wirkt jetzt wie moderne Kunst.

„Das alles hier, das wertvolle antike Zeug, haben wir versteigert. Der Erlös kommt Österreichern zu, die sich aufgrund der Preisexplosion das tägliche Leben nicht mehr leisten können", erklärt er uns … Wenn sein Plan aufgeht, wird Sturz bald der jüngste Kanzler Europas sein, nachdem er mit 25 Jahren schon bisher Österreichs jüngster Außenminister wurde. Das allein hat etwas Surreales … Seine Geschichte ist die eines begabten Aufsteigers, der aus einem Wiener Arbeiterbezirk nach oben drängte. Erstaunlicherweise fand er seine politische Bestimmung anlässlich eines Aufenthaltes als Patient in der Psychiatrie. Seinen Aufstieg beschreibt er als Folge einiger Zufälle und glücklicher Umstände, aber das blendet den glühenden Ehrgeiz aus, der ihn antreibt.

Nein, Sebastian Sturz ist kein Nazi oder Rassist. Das trifft nicht zu. Er ist kein Extremer. Das Wahrscheinlichste ist, dass ihn eine Vision antreibt, gepaart mit einem Hunger nach Macht und Erfolg. Er hat früh begriffen, dass Politik heute ohne ein hohes Maß an Inszenierung nicht auskommt und ist fraglos ein politisches Talent. Sturz verkörpert die

Hoffnung, über die Größe eines kleinen Landes hinauszuwachsen.

SPIEGEL: „Herr Sturz, Sie sind 25 Jahre alt und womöglich bald Bundeskanzler. Sind Sie sich manchmal selbst unheimlich?

Sturz: „Überhaupt nicht. Ich bin mir aber der großen Verantwortung bewusst. Bei mir hat sich in den vergangenen Jahren vieles sehr schnell, aber doch nicht von heute auf morgen entwickelt. Ich habe mich entschieden, mit der Partei DIE PATRIOTEN eine breite Bewegung zu starten mit dem Ziel, dieses Land zum Positiven zu verändern.

SPIEGEL: Verstehen Sie, dass es anderen Leuten unheimlich ist, wenn ein so junger Mensch und ehemaliger Patient der Psychiatrie die Geschicke eines Landes übernimmt?

Sturz: Wenn's den Menschen in Österreich nicht so ginge, dann hätten sie mich wahrscheinlich nicht gewählt. Die Österreicher konnten sich in den letzten Jahren ein Bild von mir machen. Jeder ist, was er ist – das zu ihrer Frage die Psychiatrie betreffend.

SPIEGEL: Ihr wichtigstes Wahlkampfthema war das bedingungslose Grundeinkommen für Österreichs Wähler. Zeigt Ihr Sieg, dass man andere Parteien schlagen kann, wenn man den Wählern Geldgeschenke verspricht?

Sturz: Politiker sollen das tun, was sie für richtig erachten, und nicht Strategien verfolgen, mit denen sie glauben, Wahlen gewinnen zu können. Ich habe seit Beginn der maßlosen Teuerungen und der galoppierenden Inflation eine klare, konsequente und – wenn Sie so wollen – harte Linie zur Einführung des bedingungslosen Grundeinkommens verfolgt.

Durch die mögliche Ehescheidung, die ihm bevorstehen könnte, war Dr. Freudenreich in die „Sturz'sche Kampfzone des Geschlechterkampfes" eingetreten.

Das „bedingungslose Grundeinkommen" war Dr. Freudenreich suspekt – eine Einladung für Schmarotzer und Sozialparasiten, „Nutzlose" wie er sie benannte.

Seiner Ansicht nach, haben gesunde und jüngere Menschen die Pflicht, durch ihre Arbeitsleistung einen positiven gesellschaftlichen Beitrag zu leisten. Als er aber versuchte, diesen „positiven Beitrag" zu definieren, geriet er unter die Räder der Sturz'schen Rhetorik.

Sturz sprach immer von dem Menschen- und Freiheitsrecht jedes Österreichers, nicht zu arbeiten. Dem konnte Dr. Freudenberg rhetorisch nicht Paroli bieten. Was er allerdings übersah, dass Sturz wieder einmal einen Trick der Redekunst anwandte, der aber vom Thema wegführte.

Niemand wird ernsthaft bestreiten, dass jeder arbeitsfähige Erwachsene die Freiheit haben sollte, nicht zu arbeiten. Das ist sein freier Wille und sein gutes Recht – aber es wird trotzdem und gerade dann, seine eigene Aufgabe sein, Mittel und Wege zu finden, seine grundlegenden Bedürfnisse zu befriedigen und seinen Lebensunterhalt zu bestreiten. Er kann sich beispielweise einen wohlhabenden Partner suchen, der für ihn zahlt und ihn erhält. Oder er produziert Kunst und wird von einem Sponsor gefördert, wenn seine Kunst a priori unverkäuflich ist. Was Sebastian Sturz aber anstrebte, war in Wahrheit nicht eine Freiheit, sondern eine Verpflichtung, eine Verpflichtung anderer. Die Pflicht für die arbeitende Bevölkerung aus ihrer Steuerleistung und von Menschen mit Vermögen aus ihrem Kapital den Lebensstandard aller österreichischen arbeitsunwilligen Wähler zu bestreiten, gewährleisten und zu finanzieren.

Ich verweise auf den kategorischen Imperativ (Metaphysik der Sitten) von Immanuel Kant:

„Handle nur nach derjenigen Maxime, durch die du zugleich wollen kannst, dass sie ein allgemeines Gesetz werde."

Unterstellen wir weiter, dass jeder Staatsbürger dieses Recht auf bedingungslose Grundsicherung mit Einkommen ohne irgendeine Arbeitsleistung in Anspruch nimmt. Wenn alle nach diesem „Recht" handelten. Was würde geschehen? Es gäbe keine Polizei mehr zum Schutz der Bevölkerung, keine Ärzte, um Kranke zu behandeln, und keine Bauern, die Nahrungsmittel auf ihren Feldern produzierten. Wer sollte also die Mittel bereit stellen, um alle die Arbeitslosen zu bezahlen und zu erhalten? Der gesellschaftliche Zusammenbruch und Anarchie stünden im Raum. Mein logischer Schluss ist daher, dass nach Kants kategorischen Imperativ wir nicht wollen sollten, dass das bedingungslose Grundeinkommen zum allgemeinen Gesetz wird. Vielleicht irre ich mich, ich bin ja kein Philosoph. Ich bin sehr gespannt, was meine Leser in ihren Kommentaren dazu sagen werden.

III. TEIL – FAMILIENSCHICKSALE

1 Wovon diese Aufzeichnungen handeln

Sebastian Sturz lebte jahrelang zufrieden von der monatlichen Zuwendung der Großvaterstiftung, die monatlich 1.100 Euro betrug. Auf 200 Euro beliefen sich die Betriebskosten der Wohnung, so verblieben ihm 900 Euro monatlich bzw. 30 Euro pro Tag für den normalen Lebensunterhalt. Es war ihm klar, dass das ein einfaches Leben und den Verzicht der Anhäufung materieller Güter erforderte. Um mit diesem Betrag auszukommen, hatte er sich als Maxime Senecas Worte zurechtgelegt:

„Nicht arm ist der, der wenig hat, sondern der, der nach mehr verlangt."

So weit sind wir aber noch nicht, vorher lud Sebastian mich ein, ihn Donnerstag abends zu besuchen.

„Lieber Toni Schmidl, komm donnerstagabends zu mir nach Hause, so gegen 20 Uhr. Das ist unser Jour fixe der Menschen, die die Cannabiskampagne organisieren, Meinungsaustausch, Plaudern, Planen, Trinken und den Abend genießen. Nichts Besonderes, aber etwas, das du nicht gewöhnt bist."

„Was willst du mir damit sagen, Sebastian?"

„Nur, dass das nicht dein Stil ist. Du trägst Designerkleidung, fährst einen Sportwagen und verkehrst in Haubenlokalen. Bei uns gibt es nur Spagetti, Bier oder Wein und ein paar Zigaretten, nichts Glamouröses, du wirst sehen."

Von da an war ich jeden Donnerstag Gast in der Wohnung von Sturz und traf dort immer dieselben Leute, nämlich Sebastian und seine Freundin Maria Schreiber, Harald Kovacs, Hardy genannt, und Gernot Blume, der kurzfristig

Finanzminister wurde. So jeden zweiten bis dritten Donnerstag stießen noch Günter Gmeiner, der Milliardärsspross, und Sonja Karmin, die Meinungsforscherin dazu. Das war der harte Kern.

Es war eine Vierzimmerwohnung im zweiten Stock, durch die mich Sturz führte. Während dieses Rundganges warf er mir das Senecazitat an den Kopf.

„Du siehst, meine Möbel haben andere weggegeben, alles vom Sperrmüll geholt. Meine Kleidung sind drei Jeans und drei Kapuzenpullis und für jeden Tag eine Unterhose, ein T-Shirt und ein paar Socken, also sieben Stück, eine Wochenration. Das wäscht die Nachbarin, dafür gehe ich für sie einkaufen. Wichtig ist immer zu unterscheiden, was du brauchst, von dem, was du dir wünschst. Wünschen kann man sich hunderttausend Sachen und immer noch mehr. Was braucht man? Ein Dach über dem Kopf, wenn es regnet. Einen Ofen zum Einheizen im Winter und immer genug zu essen – das ist alles erschwinglich. Ein Bett zum Schlafen. Nahrung für den Geist, also Bücher. Die gibt es aus der Leihbibliothek oder vom Flohmarkt, das kostet fast nichts. Dreißig Euro pro Tag, da kann ich oft etwas ersparen und komme mit fünfundzwanzig aus."

„Wo bleibt der Luxus?", fragte ich.

„Ein paar Zigaretten und eine Flasche Rotwein vom Diskonter. Da ich nicht mehr als zehn pro Tag rauche und mich nur selten besaufe, kostet mich das ungefähr fünf Euro täglich. Der eigentliche Luxus sind aber Freunde und Menschen – die kann man nicht kaufen. Dazu bedarf es anderer Fähigkeiten."

„Was wären denn die, diese Fähigkeiten?", bemerkte ich skeptisch. Er lachte.

„Ich vermute, du zahlst für den Sex. Abendessen um hundert Euro, damit sie in Stimmung kommt? Was für eine Vergeudung. Ich hol mir stattdessen einen runter und schau mir dabei ein Pornovideo an, das gibt's umsonst. Oder Maria besorgt es mir. Jeder, der nicht abgrundtief hässlich oder aufs Maul gefallen ist, findet sich eine Frau … jeder Krüppel kann das doch. Oder findet einen Mann, je nachdem, wie man's lieber hat."

Danach küsste er mich auf den Mund und ich zuckte heftig zusammen. Hielt er mich für homosexuell?

„Bleib locker! Entspann dich. Das war nur ein Spaß!", sagte er.

Wir sprachen über die Cannabisbürgerinitiative, danach startete Sebastian eine „Lesung oder Vorlesung", so nannte er es. Was ich davon an den nächsten Tagen noch erinnerte, habe ich fallweise notiert. Davon handeln diese Aufzeichnungen, die Suada aus Worten, die Sebastian über uns ergoss und was er so laberte, beginnend mit einer Anrufung der Musen.

2 Die Anrufung der Musen

Singet in uns, o Musen, diese Geschichten mit hallenden Sprechgesängen im Schatten der Schönheit. Segnet unser Werk, das Lied einer Familie. Stimmt mit mir an das Lied der Familie Sturz, polyphon, auf dass es stimmig werde. Mögen Bilder in den Wolken erscheinen und verborgene Melodien in den Geräuschen erklingen, lasset Dinge und Tiere zu uns sprechen, singt eure Sagen und erhebt mit mir die Gesänge der Toten und der Idioten. Auf dass uns zurückgegeben werde, was wir früher hatten. Das Leben.

Wir erzählen die Geschichte eines Baumes, unseres Stammbaumes. Tief verwurzelt schlängeln sich armdicke Wurzeln wie muskulöse Schlangen in den Boden, dazwischen aufsprießend feine Geflechte erdiger Fäden, tiefer wachsend, befestigt, verfestigt, nährend. Der Stamm, breit wie mehrere Riesenarme, bepinkelt von Kötern, mit borkig rissiger Rinde, das Mark lebendig, feucht, fest, unser Halt, sturmtrotzend. In die Himmel stürmend sich verzweigende Äste, Früchte tragend, Kirschen, Pflaumen, Zitronen, grün beblättert, voller duftig weißer Blütenblätter, bewohnt von Vögeln und ihren Nestern.

Wir erzählen die Geschichte des letzten männlichen Nachkommens der Sturz, die Geschichte von Sebastian und seinen Verwandten.

Wir erzählen die Geschichte eines Netzes geknüpfter Beziehungen, verwoben aus Liebe, Tränen, Leid, Jauchzen und Schmerz, haltgebendes Netz und Knoten, vielen Knoten. Unsere Knoten sind die Menschen. Neugeborene, unschuldige Kinder, sorgenvolle Erwachsene, Alte, Greise, Siechende, Sterbende, denn alles hat ein Ende. Aber vor das Ende haben die Götter den Anfang gesetzt.

Fangen wir an mit diesem Roman und gedulden uns, einstweilen. Niemals kann etwas als Ganzes erzählt werden. Wir können immer nur das nehmen, was sich zusammenfügt.

3 Eine Fotografie und eine Postkarte von Otto

Wir Musen singen die Geschichte einer Familie. Wer wir sind? Wir sind die Hüter der Erinnerung. Sie dürfen uns den Chor nennen.

Das Foto zeigt Otto und seine Geschwister. Es ist die einzige erhalten gebliebene Familienfotografie, auf denen vier Kinder der Familie Sturz abgebildet sind. Tatsächlich sind es sechs Kinder, aber zwei Kinder fehlen auf dem Bild. Die vierjährige Elsa ist bereits tot, das Nesthäkchen, die kleine Hedwig, noch nicht geboren. Hedwig wird in unserer Geschichte keine größere Rolle spielen. Mit achtzehn wird sie sich bei einer Bootsfahrt verkühlen und mit neunzehn an einer Lungentuberkulose sterben. Ein zu kurzer Auftritt für signifikante Spuren.

Auf dem Lichtbild sind die Kinder aufgereiht wie die Orgelpfeifen, auch gleich gekleidet. Ganz links Otto, ein kleiner Pilzkopf, rechts von ihm der ein Jahr jüngere Friedrich, daneben die hübsche Schwester Hanna, das einzige Mädchen im Bild. Rechts außen der Älteste, Johann bzw. Hans. Dass er acht Jahre älter ist als Otto, wissen wir, anhand des Bildes ist der Altersunterschied nicht ersichtlich, es könnten auch nur fünf Jahre sein.

Doch der Altersunterschied von acht Jahren ist nicht unwesentlich, denn er führt dazu, dass Otto, 1905 geboren, noch Schüler ist, als er am 23.12.1917 seinem Bruder Johann, auch Hans genannt, dem Fähnrich an der Front, eine Postkarte schickt. Die Karte ziert eine unbeholfene Zeichnung des kleinen Bruders, mit Buntstift koloriert. Sie zeigt einen Soldaten, der auf der linken Schulter einen kleinen Weihnachtsbaum hält, mit dem rechten Arm schwingt er eine Fahne. Diese Flagge trägt die Aufschrift „Friede".

Hätte der Altersunterschied zwischen Otto und Johann nur fünf statt acht Jahren betragen, hätte Johann/Hans 1917 noch nicht Soldat sein können und Otto hätte diese Karte niemals geschrieben. Wir hätten dann zwar auch die Geschichte der beiden erzählen können, aber es wäre eine andere geworden und wir hätten anders einleiten müssen.

Ist der Altersunterschied zwischen den Geschwistern Zufall? Schicksal? Ist es beides oder keines von beiden? Oder weder – noch?

Eine müßige Frage, werfen Sie ein, aber diese Frage interessiert.

Jetzt ist es an der Zeit, Sie, liebe Leserin, persönlich in unsere Geschichte einzuführen. Wir stellen Sie uns wie folgt vor: Eine hübsche, junge und intelligente Dame, die gerne liest. Soeben kräuseln Sie ihr entzückendes kleines Näschen und fragen sich, also uns: „Wann geschieht endlich etwas?"

Gemach, gemach. Diese Art Geschichte erzählen wir nicht, wir bieten keine Spannung pur. Jedoch, wir verraten etwas: Jahrzehnte später wird Otto einen Sohn haben, den er Jakob nennen wird. Dessen Sohn heißt dann Sebastian, Otto ist dessen Großvater. Jakob wird seinen alten Vater Otto im Schlaf beobachten und darüber nachsinnen, ob er ihn töten solle.

Reicht das, um Sie bei der Stange zu halten, die Aussicht auf einen Vatermord?

Nein, Sie haben den Chor aus einem anderen Grund unterbrochen. Sie sind kein hübsches junges Mädchen, sagen Sie, sondern ein alter Mann mit Glatze, Bauchansatz und falschen Zähnen. Oder eine ältere Frau mit Brille, wir korrigieren: Eine Dame in den besten Jahren, bebrillt, mit einem Doktorgrad in Germanistik.

Spielt das eine Rolle? Würde es Sie beleidigen, ein junges, hübsches Mädchen zu sein (das Näschen als Draufgabe nicht zu vergessen)? Wir haben Sie uns so vorgestellt.

Ihr anderer Einwand ist berechtigt. Wir haben die Zeit festgelegt, das Jahr 1917, aber nicht den Ort des Geschehens.

Es ist unsere Heimat, unser Land, Österreich-Ungarn, eine europäische Großmacht, die ein Literat mit dem Namen Kakanien verunglimpfen wird. Die exaktere Lokalisation ist die Reichshaupt- und Residenzstadt Wien. Noch genauer: Mitteleuropa, 48° 14' 54" nördlicher Breite und 16° 21' 42" östlicher Länge in einer Seehöhe von 171 Meter (bezogen auf das Zentrum, den Stephansplatz). Heute leben 1,9 Millionen Menschen in der Stadt, im Großraum Wien sind es etwa 2,6 Millionen, rund ein Viertel der österreichischen Gesamtbevölkerung. 1917 lebten in Wien über zwei Millionen Menschen.

Wien ist die zweitgrößte Stadt im deutschen Sprachraum sowie die siebtgrößte Stadt der Europäischen Union.

Wir sprechen Deutsch. Aber nicht deutsches Deutsch, sondern österreichisches Deutsch, denn Österreich ist nicht Deutschland, damals nicht, später schon, dann wieder nicht. Verwirrend.

Eindeutiger hingegen: Wien ist nicht Berlin.

S′ gibt nur a Kaiserstadt
S′ gibt nur a Wien,
S′ gibt nur a Räubernest
Und das heißt Berlin.

Interessant, dass der zwölfjährige Otto die Lage der Monarchie richtig einschätzte, im Gegensatz zu seinem Kaiser, der mit sechsundachtzig Jahren im November 1916 verstorben war und nicht hatte erkennen können, dass es unter allen Umständen notwendig war, Frieden zu schließen. Sofort! Jetzt ist immer die Zeit für den Frieden, nur vergessen wir Menschen das. Wie Gandhi sagte: Den Weg zum Frieden gibt es nicht. Der Frieden ist der Weg.

Aber wir können uns auch irren, wir sind nur der Chor. War es das Schicksal der k. und k. Donaumonarchie, im Jahre 1918 unterzugehen? Ein vorzeitiger Friedensschluss hätte diesem Schicksal im Weg gestanden.

Darf man sich dem Schicksal in den Weg stellen?

Was ist das, das Schicksal?

Sagt man nicht: Füge dich deinem Schicksal?

Das Schicksal des Menschen ist der Mensch.

Stimmt das? Oder ist das nur die Meinung des Herrn Brecht?

Das Schicksal mischt die Karten, wir spielen.

Wer sagt das? Der Herr Schopenhauer.

Wer hat recht?

Kommt es darauf an?

Vergessen Sie nicht, wir sind der Chor. Es liegt nicht an uns, über richtig oder falsch zu entscheiden. Wir sind die vielen Stimmen, die die vielen Meinungen von sich geben. Wir sind wir. Der Chor.

4 Kindheitserinnerungen und Quellen

Die Kindheit ist die Quellregion, in der der Fluss unseres Lebens entspringt. Daher tasten wir uns vom Delta des Lebens zurück, von der Mündung hinauf in die waldigen, höher gelegenen Bezirke, in denen die Quelle entspringt. Unscheinbar zwischen Fichten und Tannen, aus einer kleinen Aussparung des Berghanges, gesäumt von Steinblöcken, sprudelt es klar und hell hervor.

An die Postkarte konnte sich Otto nicht erinnern. Jakob fand sie in Ottos Nachlass unter allerlei Krimskrams. Otto hatte nur wenig weggeworfen. „Wer zwei Kriege hinter sich gebracht hat, der weiß, dass alles irgendeinen Wert hat. „Deshalb wirft man nichts weg“, sagte er gern.

Sebastian war anderer Meinung. Als Kind des Wirtschaftswunders ersetzte er Altes durch Neues. Das meiste ist Ballast oder Mist, meinte er. Die Postkarte aber hob er weiter auf. Warum, wusste er nicht. Während er in alten Schachteln stöberte, Staub schwängerte die Luft und zog sich schleierartig über Jakobs Kleider, kam ihm eine Kindheitserinnerung Ottos Sinn, die der Großvater ihm erzählt hatte. Ein Ausflug in die Wachau. Es war sehr schön gewesen, aber Otto hatte unbedingt nach Hause gewollt, heim zu den Eltern.

Warum fiel ihm das in diesem Moment ein? Weil es ihm ebenso banal erschien wie das Verfassen und Zeichnen einer Postkarte, die sein Großvater an den Bruder im Feld geschickt hatte?

Nein, weil die Erinnerung falsch war, denn Otto behauptete auch, er wäre elf Jahre gewesen. Aber, das wusste Sebastian, als der Großvater elf war, war Ottos Vater bereits Jahre tot. Es konnte sich so zugetragen haben. Also hatte Otto die Erinnerung entweder falsch datiert, oder er war sprachlich ungenau gewesen. Es hätte „lieber heim zur Mutter“ statt „heim zu den Eltern“ heißen müssen.

Können wir unseren Erinnerungen trauen?

Wie sicher sind unsere Erinnerungen?

Wenn man jemandem etwas überzeugend genug erzählt, dann wird er es glauben, sich daran „erinnern“.

Unsere Vergangenheit ist nur Erinnerung, wenn man von Schulden, Eheschließungen, Steuern und Besitz absieht. Denn da gibt es Dokumente anstelle von „Erinnerungen".

Was erhält die eine Erinnerung im Gedächtnis, die andere nicht?

Während der Strom von Ottos Leben in Erinnerungen versickert, wenden wir uns der nächsten Frage zu. Woher wissen wir das alles so detailliert? Haben wir alles erfunden?

Nein.

Es sind Mutmaßungen. Mutmaßungen über Verwandte, über Jakob, über Otto, über die Vergangenheit.

Wir wissen es auch aus Quellen. Quellen lügen nicht, sagt man.

Die ersten Erinnerungen sind oft auch die letzten. Sie prägen sich tief in unserem Gedächtnis ein. Anfang und Ende sind durch einen Kreis verbunden. Tod und Leben sind ein Kreislauf. Lebenskreis, sagt man nicht so?

Stimmt alles, was wir über das Leben der Familie Sturz erzählen werden, über Otto, Jakob und alle, die noch folgen? Oder nicht folgen?

Nun, eine Erzählung ist nie das Leben selbst, sondern eine mehr oder minder gelungene Beschreibung. Eine Erzählung lebt vom Vereinfachen, Konzentrieren, Verdichten. Irgendwo müssen ja die Dichter herkommen. Und wir meinen das nicht im Sinne Ottos, der zu seiner Frau in der Hochzeitsnacht sagte: „Liebe Emma, dein Arsch ist ein Gedicht." Da hatte er wohl anderes im Sinne.

Aber wir schweifen vom eigentlichen Knackpunkt dieser Erzählung ab. Wie verlässlich sind die Quellen?

Verschiedene Menschen erinnern sich an unterschiedliche Dinge und Ereignisse.

Aus dieser Antwort können wir etwas lernen. Es kommt nicht darauf an, wie viele Tote es gegeben hat, nicht auf die Zahl der Millionen von Gefallenen, auf Kriegschäden in Dollar, Reichskronen, Goldmark oder Francs, auch nicht auf Verbrechen, Gräuel oder den Holocaust. Die Antwort ist immer viel einfacher: Wie ging es mir damals? Wie erging es denen, die mir lieb und teuer waren?

Da haben wir die Erklärung.

5 Schicksalhafte Begegnungen

Was ist ein Schicksal?

Eine schwierige Frage mit ungewisser Antwort.

„Seele des Menschen, wie gleichst du dem Wasser? Schicksal des Menschen, wie gleichst du dem Wind?", schrieb der Dichter und meinte damit … nichts. „Das Schicksal behält immer recht, auch wo es manchmal Unrecht tut", sagte ein anderer Dichter. Ist es Zufall, dass er durch eigene Hand starb?

Das Schicksal hat es gut mit ihm gemeint. Das impliziert eine höhere Macht, die unser Leben bestimmt.

Man sagt aber auch, das sei das Schicksal dieser Generation gewesen, etwa der Krieg. Dann wird auf Ereignisse zurückgegriffen, die unabänderlich sind, unserem Einfluss entzogen, die das Leben entscheidend beeinflussen, ohne dass die Entscheidungsfreiheit des Menschen eine Rolle gespielt hätte. Bei diesem anderen Gebrauch von Schicksal benötigt man keine personifizierte Macht, es kann auch der Zufall sein, der bekanntlich blind sein soll. Warum ist er nicht taub? Unsere guten Worte oder Flehen ändern ja auch nichts.

Von oben betrachtet ist das Leben eine Art Gewebe, Muster und Fäden, und das Schicksal ist so etwas wie ein Knoten darin. Der Lauf des Fadens wird unterbrochen und könnte in zwei Richtungen weitergehen. Eine Entscheidung, ähnlich wie Weichen bei der Eisenbahn. Gleichzeitig gibt es aber auch immer eine Notwendigkeit. Stellen Sie es sich wie folgt vor: Sie weben und jemand anderer webt mit Ihnen mit. Erst die gemeinsame Arbeit schafft das Gewebe ihres Lebens. Der Name des einen Webers ist freier Wille, der seines Mitwebers Notwendigkeit oder Kausalität.

Auch Otto fand seinen Lebensmenschen, Emma. Wir kennen sie bereits, das heißt, ihren Arsch, der ein Gedicht ist. Außer ihren Arsch hatte Emma aber auch einen eigenen Kopf, und der tat, was ihm gefiel. Sie arbeitete in einer Molkerei in Meidling, bei Mader, einem Tiroler, melkte unzählige Kühe im Morgengrauen und trug die Milch aus. Emma war Waisenkind und arbeitete für zwei. Mader bezweifelte trotzdem, dass sie einen Ehemann finden würde.

„Die Emma arbeitet wie ein Pferd, aber sie hat eine Gosch´n wie ein Schwert“, behauptete er.

Das mochten etliche Männer nicht in den Jahren zwischen 1920 und 1940. Eine Dame war sie sicher nicht.

Der Schicksalsknoten: Der Tirolerball fand im Jahr 1933 statt. Mader als Tiroler hatte Ballkarten, die er seinen Angestellten schenkte. Obwohl Emma müde war, ließ sie sich überreden, zu diesem Ball zu gehen.

Otto und seine Geschwister hatten ebenfalls Ballkarten.

Otto und Emma tanzten miteinander. Dann gingen sie gemeinsam in ein Lokal in den Sofiensälen, die Gifthütte, um etwas zu trinken. Otto plauderte und hatte eine, die zuhörte, ihm nicht gleich ins Wort fiel wie die Geschwister.

So setzte es sich fort. Sein Sohn Jakob wird später in einer Tagezeitung Kurier eine Einschaltung bezahlen: „Medizinstudent, 21, sucht nette Dame“. Die nette Dame antwortete ihm, Schülerin und fünfzehn Jahre alt. Ihr Name sei Susanne. Jakob rief sie an und sie verabredeten sich in einem Kaffeehaus für den übernächsten Tag. An diesem Morgen war Susanne übel. Hatte sie etwas Schlechtes gegessen oder bekam sie ihre Tage? Wir wissen es nicht. Sie erwog, die Verabredung sausen zu lassen, ging aber doch. Das war der Knoten. Wäre sie nicht gekommen, die Geschichte hätte einen anderen Verlauf genommen.

Angeblich kann das Flügelschlagen eines Schmetterlings in Nordchina ein Erdbeben in Südkalifornien auslösen. Unglaublich, aber wahr.

Otto ging 1933 zum Tirolerball und traf das Fräulein Emma. Es war von Anfang an so. Otto dachte schon am ersten Abend ihrer Bekanntschaft, es müsste gut und selig sein, ein ganzes Leben unter dem Blick dieser schönen und ernsten Augen hinzubringen, es müsste unmöglich sein, jemals Schlechtes zu tun oder zu denken. Emma war ihm sogleich nah befreundet, wie es in solcher Schnelle und Selbstverständlichkeit nur jungen und wenig verdorbenen Menschen möglich ist.

Diesen Ballabend schloss Otto mit der natürlichsten Frage der Welt: „Fräulein Emma, darf ich Sie wiedersehen?“

Statt einer Antwort ein ernster Blick, Schweigen. Habe ich etwas falsch gemacht?, dachte er.

„Seit Jahren habe ich es allen verschwiegen, Ihnen sage ich es. Ich bin Jüdin.“

„Ja, und …?“

Otto war überrascht. Er hatte erwartet, ihr nicht zu gefallen oder dass sie einen Freund hätte. Aber das? Was sollte hier ein Problem sein?

„Wenn Sie das nicht stört, gerne. Ich bin getauft und gehe in die Kirche, aber …“

6 Irgendwo und irgendwann fängt alles an

So auch unsere Geschichte der Familie Sturz. Und alles hat einmal ein Ende.

Was sind aber nun jene beiden Zeiten, die Vergangenheit und die Zukunft, da die Vergangenheit nicht mehr und die Zukunft noch nicht ist? Lauter philosophische Fragen. Vor Kant waren wir in der Zeit, jetzt ist die Zeit in uns. Sind Zeiten nur Erinnerungen, Verinnerungen?

Woher weiß ich, dass die Geschichte der Sturz in einer Komplettfassung vorlag?

Zum einen hat sie Sebastian seinem Psychiater als komplette Fassung zum Lesen gegeben, zum anderen hat er sie vier Freunden, unter ihnen war auch ich, in seiner Wohnung vorgelesen.

Wir saßen in dem engen Zimmer, das er Bibliothek nannte, zu dritt bis fünft gedrängt auf einer durchgesessenen Couch, während seine Freundin bäuchlings auf dem Teppichboden lag und er im Arbeitssessel vor dem Tischchen mit dem Computer vorlas. Die Luft war geschwängert von Zigarettenqualm, wir rauchten alle und tranken reichlich Rotwein. Der Vorgang erstreckte sich über drei oder vier Abende, bis er mit seinem Vortrag fertig war.

Hätte ich gewusst, was sich später ereignen würde, oder dass das Originalmanuskript verschwinden würde, hätte ich sicher weniger getrunken und mehr aufgepasst Vielleicht mir sogar genauere Notizen gemacht.

Es war Sebastians Erstlingswerk und er wollte unsere Meinung dazu hören, ob es sich überhaupt lohnte, das Ganze an einen Verlag weiterzusenden. Ihm war klar, dass sich niemand um den Roman reißen würden und dass sein Text Schwächen aufwies. Und unsere Aufgabe als Freunde war, ihm zuzuhören, ihm den Rücken zu stärken und ihn möglicherweise darauf hinzuweisen, an welchen Textstellen Verbesserungen nötig wären.

Uns war nur vage klar war, dass er seine komplette Familiengeschichte vor uns aufrollte und damit etwas sagen wollte.

Ich kann zwar die Geschichte nicht mit seinen Worten nacherzählen, aber in groben Zügen den Inhalt zusammenfassen, Und natürlich durch den Text der „Notizen“ ergänzen.

Nur ein Wort dazu, was seinen Text ungewöhnlich und damit gewöhnungsbedürftig machte. Wie in der griechischen Tragödie hatte er einen Chor integriert, ihn jedoch modernisiert. Sebastian erklärte, auch wenn Personen physisch nicht mehr anwesend seien oder lebten, blieben doch Spuren von ihnen zurück, Datenströme, Gedächtnisspuren. Dabei verwies er auf die Datenspeicher in Computern, schriftliche Aufzeichnungen oder die DNA; dies alles hätte mit realen Menschen / Personen, also Organismen, nichts zu schaffen. Sein Chor seien bloß Datenspuren der verstorbenen Familienmitglieder.

Matheis oder Mathias, der erste Sturz und der „Stammvater“, kam aus einem böhmischen Dorf aufgrund der Napoleonischen Kriege nach Wien, erlernte den Beruf eines

Schusters, wurde aber dann Schreiber, zunächst Hilfsschreiber in einem Ministerium, dann „Geheimschreiber“, also einer der Untersekretäre des Fürsten Metternich. Dadurch erhielt er Einblicke in die Politik seiner Zeit und so nebenbei in die Gspusis seiner Durchlaucht. „Gspusi“ ist ein süddeutsches Wort für Liebesbeziehung so wie Techtelmechtel, abgeleitet aus dem italienischen Wort für gspuso, gleich Bräutigam. Mathias schrieb Liebesbriefe des Fürsten nach Diktat an dessen Geliebte, die Gräfin Lieven.

1848 war ein Schicksalsjahr, denn aufgrund der Revolution musste Metternich fliehen und Mathias verlor seine Lebensstellung. 1849 starb er.

Der Sohn Johann – die zweite Generation – wuchs in Schottenfeld auf und wurde zunächst Schuhmacher wie sein Vater. Seine Schwester Barbara, erst siebzehn Jahre alt, erlitt bei einem Brand tödliche Wunden. Sein Bruder August starb als Kleinkind an Halsentzündung (Diphterie). Johann, der letzte männliche Nachkomme, wurde nach dem Lehrabschluss Soldat bei den Hoch- und Deutschmeistern und einem Regiment zugeteilt, dass der damalige Thronfolger Franz Josef als Kind kommandieren durfte. 1846 kämpfte er beim Polenaufstand in Krakau und dann in Lemberg unter dem Kommando des Oberleutnants Messenhauser (der nach der 1848er Revolution am 18.11.1848 als Aufständischer erschossen wurde). Er erzählte oft, wie sie in Polen Aufständische, die sich beim Pfarrer versteckt hatten, aufstöberten und dass er im Nahkampf den einen mit dem Bajonett in den Bauch stach. Und wie dann der Pfarrer, der sich im Bett versteckt hatte, im Hof des Anwesens exekutiert wurde.

Nach der Abdankung des Kaisers Ferdinand und der Thronbesteigung Franz Josefs wurde Feldwebel Johann nach Wien verlegt und der Militärpolizeiwache, der Vorgängerin unserer Polizei, zugeteilt. Am 18. Februar 1853 hatte er Dienst in der Inneren Stadt, als eine Menschenmenge einen – Johanns Worte – „wüsten Gesellen" brachten, der ein Attentat auf den jungen Kaiser verübt hatte. Es war der ungarische Schneidergeselle Lybeni, der auf den Kaiser mit einem Küchenmesser eingestochen hatte (und später gehängt wurde).

1855, nach vierzehnjähriger Dienstzeit, trat Johann bei der Österreichischen Donau-Dampfschifffahrtsgesellschaft (DDSG) ein und heiratete 1858 Klara Snietiwy. Sie zogen in ein Holzhaus bei den Kaisermühlen, das der DDSG gehörte, und zeugten sechs Kinder, von denen drei in jungen Jahren verstarben. 1884 begannen sie, ein Haus in der Mendelssohngasse zu bauen, das 4.500 Gulden kostete, zum Teil auf Schulden. Der Geldgeber stundete, fallierte aber dann und die Schuldverpflichtung ging auf einen Nachfolger über, der die gesamte ausständige Summe, also samt Tilgungsraten und Zinsen, einforderte. Wenn das Geld nicht termingemäß zur Stelle wäre, müsste man es durch eine Zwangsversteigerung einbringen.

Ich erinnere mich, dass Sebastian an dieser Stelle das Vorlesen unterbrach und bemerkte:

„Das gab und gibt es in jeder Generation der Sturz, eine Entscheidung, die zu treffen ist, von der alles Weitere abhängen wird. Versteht ihr, wie ich das meine?"

Dann machte er – ungewöhnlich für ihn – einen ordinären Witz.

„Entscheidung kann immer zweierlei bedeuten. Entweder, man fasst einen Entschluss und zieht ihn konsequent durch, auch wenn es fatale Folgen hat. Oder man beschäftigt sich mit einer Scheide, mit einem Weib, ihr wisst schon, was ich meine. Die Möse einer Frau bestimmt dann unser weiteres Schicksal, unwiderruflich."

Ich glaube mich auch zu erinnern, dass Sebastian bei diesen Worten seine Freundin Maria Schreiber ansah und ihr zuzwinkerte.

„Wie ist das zu verstehen?", fragte einer von uns.

„Mathias' Scheideweg hatte sehr wohl etwas mit einer Scheide zu tun, mit der Scheide seiner zweiten Frau, die er ohne Liebe und nur deshalb heiratet, damit seine Kinder versorgt waren. Bei Johann war es eine Entscheidung der anderen Art. Sie hatten das Geld nicht und waren im Begriff, ihr mühsam erworbenes Haus zu verlieren. Johann war Kassier bei der DDSG geworden. Er entnahm den fehlenden Betrag aus der Kassa, zahlte die Schulden, fälschte die Bücher und glich mit seinem Monatslohn nach und nach den fehlenden Geldbetrag aus. Alles ging gut, aber hätte man die Kassa zu früh überprüft, wäre er mit Schimpf und Schande aus dem Amt gejagt worden und hätte wegen Unterschlagung vor den Schranken des Gerichtes gestanden. Ich habe euch gerade eines unserer Familiengeheimnisse enthüllt. So arbeiten wir, beugen das Gesetz und meistens geht das gut aus!"

„Das war die zweite Generation", sagte Sebastian, „kommen wir zur dritten, zu den Söhnen Ernest, Friedrich und Emanuel."

„Moment, wie hängt das zusammen, das mit Frau und Entscheidung", fragte einer von uns. „Welche Frau und welche Entscheidung betraf Mathias? Und bei Johann, da ging es doch nicht um eine Frau, sondern um ein Haus."

„Gute Frage", erwiderte Sebastian. „Bei Mathias war die entscheidende Frau nicht die Ehefrau, sondern die Mutter. Sie schickte Mathias in die Fremde nach Wien und änderte sein Leben. Bei Johann? Vordergründig ging es um das Haus, aber in Wirklichkeit drehte sich alles um Klara, seine Frau, der er ihr Lebenswerk, das gemeinsame Haus erhalten wollte. Unter hohem Risiko, füge ich hinzu. Außerdem hat er seine Entscheidung nach Absprache mit seiner Frau getroffen. Klara war die treibende Kraft hinter dem Betrug, und falls alles gut ausginge, gelobte die gläubige Frau dem Allmächtigen und der Gottesmutter eine Wallfahrt nach Mariazell. Von Maria am Gestade aus startete sie zu Fuß. Acht Tage dauerte es, über Brunn am Gebirge, Hohenmarkt, Lilienfeld, Wienerbruck, Mariazell und zurück über Hainfeld und Gaaden. Ich würde alles für Maria riskieren, darauf will ich hinaus … Familientradition!"

„Diese Generation hatte unzählige Kinder. Dann aber wusste keiner mehr, wie ihm geschah. Sie taumelten Sarajevo und dem Ersten Weltkrieg entgegen, der alles auf den Kopf stellte. Österreich wurde Republik und die Witwen, hatten alle Hände voll zu tun, sich und ihre Kinder durchzubringen. Viele Kinder, das war der Nachlass der Gebrüder Sturz. Sie waren fleißig im Bett, aber unaufmerksam."

Sebastians Freundin Maria unterbrach ihn: „Es gab noch keine Pille. Jetzt bring uns bitte mehr Rotwein."

„In der männlichen Linie blieb nur Otto, mein Großvater. Otto war ein Unentschiedener, ein Träumer, ein Hobbypoet. Aber dann kam auch seine Stunde der Entscheidung, als er

1933 seine zukünftige Frau Emma beim Tirolerball kennenlernte. 1933 war dann das Jahr der Machtergreifung der Nationalsozialisten in Deutschland und Otto bekam durch die Zeitungen mit, wie es den Juden in Deutschland erging. Als ihm Emma ihr Familiengeheimnis eröffnete, dass sie getaufte Jüdin wäre, gab er ihr das Versprechen, es niemandem zu verraten. Er ahnte, was das bedeuten konnte, aber er hatte nicht vor, diese Frau aufzugeben. Im Gegenteil, es war kein Zufall, dass er sie exakt am Tag des Anschlusses heiratete. Dabei kam ihm der Umstand zu Hilfe, dass er sich mit dem Cousin Josef angefreundet hatte. Josef, der Priester, ließ in der Pfarre Meidling die entsprechenden Taufunterlagen verschwinden, aus denen sich ergab, dass Emma und ihre Eltern konvertierte Juden waren. Offiziell waren diese Unterlagen verbrannt. Dann hatte Otto eine weitere Idee. Wo ist das sicherste Versteck für den Fuchs?“

„Keine Ahnung“, antworteten wir unisono.

„Im Hühnerstall“, sagte Sebastian. „Otto wandte sich an Felix, einem Jungnazi und trat gemeinsam mit ihm in der SS ein, als der Zweite Weltkrieg ausbrach. Er war wohl der einzige SS-Mann in der Geschichte, der eine jüdische Frau und Halbjuden als Kinder hatte. Das ist unser nächstes Familiengeheimnis.“

„Unglaublich“, kommentierte ich.

„Aber wahr“, sagte Sebastian, „Was ist schon Wahrheit? Wahrheit gibt es nicht, sie wird hergestellt.“

„Wer stellt sie her?“, fragte ich.

„Das weißt du nicht? Die Politik fabriziert das, was die Menschen für wahr halten.“

„Über meinen Vater erzähle ich wenig. Ich bin zu nahe dran“, erklärte Sebastian, „nicht objektiv genug. Das ist bereits Teil meiner Lebensgeschichte. So weit ich weiß, hat mein Vater zwei folgenschwere Entscheidungen getroffen. Die eine gegen meine Mutter, von der er sich nach sechzehn Jahren Ehe trennte, also ohne Scheidung. Ich bin also längere Zeit ohne Vater aufgewachsen. Andere Scheiden waren auch im Spiel, denn in meiner Erinnerung hatte mein Vater damals wechselnde junge Freundinnen. Das andere hat er mir Jahre später erzählt. Sein Vater Otto wurde nach dem Tod seiner Frau Emma depressiv und verfiel immer mehr. Die Demenz zeichnete sich ab. Als mein Vater auf seinen schlafenden Vater sah, kam ihm der Gedanke, es wäre ein Werk der Nächstenliebe und der Barmherzigkeit, ihn zu töten. Es wäre leicht zu machen gewesen, als Arzt konnte er jede Injektion oder jedes Medikament kinderleicht verabreichen. Außerdem würde man ihn, den Sohn, nicht verdächtigen. Er hat sich dann gegen diese Tat entschieden, aus egoistischen Gründen sagte er, weil er fürchtete, es würde ihn lebenslang belasten, nachts heimsuchen. So hat er seinem Vater ein Jahr im Pflegeheim nicht erspart, obwohl er es gekonnt hätte."

„Was für eine Geschichte", bemerkte Sebastians Freundin.

„Ja, wir und unsere Familiengeheimnisse."

Wir alle rauchten ein paar Joints und tranken. Bis Sebastian die entscheidende Frage stellte:

„Soll ich meinen Familienroman an einen Verlag schicken? Kann das Schreiben meine Zukunft sein? Das ist wichtig, denn unser Verein zur Freigabe von Cannabis ist ein Flop!"

„Mit Verlaub", sagte Günter Gmeiner, „Aber was du schreibst, ist Scheiße!"

Ich antwortete diplomatischer:

„Lieber Sebastian, dein Manuskript macht einen stark unfertigen Eindruck. Du hast viele Wiederholungen, der Text ist aufgebläht. Du wechselt wörtliche Rede mit indirekter Rede ab. Warum? Öfters bin ich gedanklich abgedriftet, also …"

„Was Toni dir sagen will, sage ich viel kürzer", unterbrach mich Maria Schreiber, „Vergiss das Schreiben. Reden kannst du, aber dein Geschreibsel war hauptsächlich Geschwätz. Vergiss es!"

„Tut mir leid. Das war gar nicht spannend!", bemerkte Gernot Blume.

„Schade. Dann müssen wir also eine politische Partei gründen", sagte Sebastian.

„Das werden wir. Ich habe schon einen passenden Namen. Die Patrioten! Eine Partei für Österreich und die Österreicher", krähte Güneter Gmeiner.

Kovacs, von dem wir dachten, er wäre zu betrunken, um uns überhaupt zuzuhören, rülpste laut.

„Die Patrioten, das sind wir, Scheiße noch einmal. Aber DIE PATRIOTEN in Blockbuchstaben. Darauf bestehe ich! Auf die Zukunft und alle saufen ex!"

Wir standen auf, hoben die Gläser und tranken uns zu. So gründeten wir diese Partei bei etwa zwei Promille Blutalkohol, ein Schicksalknoten. Hätten wir Sebastian hingegen zum Schreiben ermuntert, was wäre alternativ geschehen?

7 Der Pakt und die Familie

So entstand die neue Bewegung.

„Die Kommunisten plus haben bei den Landtagswahlen in Salzburg nur mit einem einzigen Thema die Anzahl ihrer

Stimmen verzehnfacht: Die Mieten müssen leistbar werden! Wir machen das gleiche, nur mit einem anderen Thema: Bedingungslose Grundsicherung für alle wahlberechtigten Österreicher, damit nicht nur die Mieten, sondern das ganze Leben leistbar wird. Die kriminellen Strom- und Gaspreise der Wien-Energie, mit der uns dieses sozialistische Unternehmen und der fette Wiener Bürgermeister abzocken, die Wucherpreise für Lebensmittel, mit denen uns die Supermarktketten auspressen, diese Zuschüsse für Ausländer und den Ukrainekrieg, was uns alle nichts angeht, Schluss damit! Das ist unsere Antwort: Kohle für alle!“

Das war das Programm, auf das Sebastian uns einschwor, das Kernthema, das alle überzeugen sollte.

„Ist das überhaupt finanzierbar?“, der Einwand kam von Kovacs.

„Deshalb habe ich euch diesen Freund mitgebracht, Magister Gernot Blume. Er hat Wirtschaft studiert und sagt ja. Wir haben einen riesigen Steuertopf, aus dem sich alle bedienen. Das muss aufhören. Die Parteien, die Beamtenschaft, die Unternehmer schöpfen den Rahm ab. Wir geben das Geld einfach dem Volk zurück, dem Mann auf der Straße. Blume hat das durchgerechnet, es geht sich aus.“

Gernot Blume lag mir nicht, ein Schnösel dachte ich. Ich trage auch Maßanzüge, aber bei ihm war alles übertrieben: Krawatte, Einstecktuch, Hosenträger, alles das gleiche Design. Ihr wisst sicher, was ich meine. Aber er hatte es drauf. Er hielt uns einen überzeugenden Vortrag, vor allem über die Möglichkeiten, die Staatseinnahmen über die USt und die Mehrwertsteuer zu maximieren. Er endete mit den Worten:

„Nach meinen Modellrechnungen können wir für jeden erwachsenen österreichischen Wähler 1.200 Euro locker machen. Dieses Geld wird nicht gespart werden, sondern zurück in den Konsum einströmen – mit 1.200 Euro im Monat kann man sich nichts ersparen. Das heißt, dieses Geld fließt zum größten Teil zu uns, dem Staat, zurück, wieder über die Mehrwertsteuer der Endverbraucher. Das ist unser Ziel, wir sind die kontrollierenden Politiker und Repräsentanten dieses Staates. In Zukunft wird sich jeder gut überlegen, Kinder zu haben, denn für Kinder gibt es nichts – Grundsicherung erst ab achtzehn Jahren, der Volljährigkeit mit Wahlrecht. Die Asylanten und Ausländer müssen wir alle loswerden, denn sie verschlingen eine Menge Geld, das sie uns Österreichern vorenthalten. Circa 20 Prozent in Österreich sind Ausländer, also 1,7 Millionen Leute, Kinder natürlich inklusive. Arbeitsloses Pack, viele davon. Wir sparen ein, diese Leute zu erhalten und durchzufüttern, die arabische Brut und Afghanen. Das wäre unbezahlbar, wenn wir jedem Nichtösterreicher unsere zwölfhundert Euro in die Hand drücken. Ich bin kein Ausländerfeind, aber das ginge sich nie aus."

„Wie sollen wir diese Bagage loswerden? Alle rausschmeißen und mit Gewalt über unsere Grenzen jagen?", sagte Gmeiner.

„Was soll das, du blöder Wixer?", fiel ihm Maria Schreiber ins Wort.

„Keinen Streit oder Grundsatzdebatten", antwortete Gernot Blume, „Das bringt nichts. Ausländer, die arbeiten, nicht kriminell sind, sind uns willkommen. Sie erhöhen unser Steueraufkommen und leisten dadurch ihren Beitrag, bekommen aber kein Grundeinkommen. Nur gibt es keine Almosen oder Unterstützungen mehr für Fremde und die Kriminellen fliegen sofort hinaus, rücksichtlose Abschiebung. Wenn es in Österreich nicht mehr staatliche Unterstützungen und Freiwohnungen gibt für die Ausländer und sie alle arbeiten müssen, um nicht zu verhungern, dann verlassen die meisten ohnehin unser Land und ziehen weiter. Beispiel Ungarn. Dazu braucht es keine Gewalt."

„Warum sollen die Österreicher arbeiten gehen, wenn sie ohnehin vom Staat Geld bekommen?", fragte Kovacs.

„Weil jemand, der 1.200 Euro Grundsicherung hat, und sich 1.200 Euro als Angestellter noch dazu verdient, doppelt so viel hat wie der andere. Neid ist menschlich. Jeder Mensch will mehr haben als sein Nachbar, das macht ihn glücklich. Er kann sich dann auch zwei Urlaube pro Jahr und den wöchentlichen Restaurantbesuch leisten", antwortete Blume.

„Außerdem gibt es Menschen, die gerne arbeiten und ihren Beruf lieben. So wie ich", sagte Sonja Karmin, „Ich mache gerne Meinungsumfragen. Meine Arbeit ist auch mein Hobby!"

„Was bringt mir das? Ich bin nicht arm und brauche keine Grundsicherung. Ich will auch kein politisches Amt." – warf ich in die Diskussion ein.

„Hört zu, für uns alle soll gesorgt sein. Natürlich für dich, Toni. Kovacs und ich wollen politisch etwas werden. Gernot Blume, denke ich auch. Maria will, dass wir politisch etwas für die Natur und den Veganismus tun…", begann Sebastian zu erklären …

„Das ist es! Schluss mit der Vernichtung der Natur und des Planeten! Die verschissenen Fleischfresser, die sich von Leichenteilen ernähren, gehören endlich gestoppt."

„Das wird alles geschehen, aber zuerst müssen wir in die Regierung, das ist unser Pakt. DIE PATRIOTEN an die Macht!", unterbrach sie Sebastian, „Darauf einigen wir uns, denn dadurch schaffen wir ein besseres Österreich. Das ist unser Ziel und der Weg dazu ist: Einer für alle und alle für einen! Gemeinsam sind wir stark. Wir sind alle Freunde! Auf die Freundschaft! Trinken wir!“

Wir hoben die Gläser und tranken wieder.

„Das ist unser Pakt!, sagte Sebastian, „Toni, was willst du? Was hättest du gerne?

„Einen Führungsposten in einem große Unternehmen. Ich wäre gerne ein CEO“, antwortete ich ohne lange zu überlegen.

„Das wirst du kriegen. Die Politiker bestimmen, wer wann und wo Chef wird. Das war immer so und wird immer so sein. Nimm nur als Beispiel den Strache, seine Frau kam in den Nationalrat. Weil sie so toll ist? Oder weil er ihr den Job verschaffte? Wir kennen die Antwort. Oder nimm nur als Beispiel den ORF! Wie die ihre Günstlinge belohnen. Jeder hier im Zimmer soll das kriegen, was er sich wünscht. Denn wir sind nicht nur Freunde, wir sind mehr als das. Wir sind Familie!“

Er prostete mir zu.

„Jeder hier wird das kriegen, was er will. So läuft es bei uns in Österreich … Toni, du kannst Novomatic haben oder auch die Voest, von mir auch sogar die verhurte Wien-Energie. Ist doch brunzegal, welches Unternehmen, CEO ist das, worauf es dir ankommt. Günter kriegt seine Truppe mit den schwarzen Hemden und ein Mikrofon in die Hand. Sie werden dir zujubeln! Sonja, du kriegst gut dotierte Meinungsumfragen zum Saufüttern, wann und wo immer du willst. Ihr alle seid Familie. Du, Toni, du bist Familie! Du kriegst hier alles, was du willst!“

8. Nachwort zum dritten Teil von Dr. Johann Missliwetz

Am Ende des dritten Teiles beginnt der politische Aufstieg von Sturz.

Das, was wir hier lasen, ist eine andere Geschichte, als Sie in Sebastian Sturz – Die Biografie, die im Herder-Verlag 2021 erschien, lesen könnten. Dieser Text wurde vom jungen deutschen Reporter Martin Runzelmayer verfasst, der sonst in umkämpften Regionen des Iraks oder Syriens beruflich unterwegs war und so seinen Ausflug in die ihm fremde Welt der Politik gestaltete. Das Buch demonstriert uns den bewundernden Blick eines Gleichaltrigen auf eine im internationalen Vergleich eindrucksvolle Karriere. Der Inhalt: Aufstieg eines Buben aus bescheidenen Verhältnissen zum Außenminister.

Was Runzelmayer über Sturz sagte: „Sturz ist wahnsinnig kontrolliert und legt eine beeindruckende Perfektion an den Tag.“ Und über Maria Schreiber: „Sie tritt öffentlich kaum in Erscheinung. Ich habe aber mit Freunden von ihm und von ihr gesprochen, die alle gesagt haben, zu Hause hat sie sozusagen das Heft in der Hand. Ich glaube, dass sie ihn auf den Boden zurückholt. Eine starke Persönlichkeit!“ Das ist das, was man vermitteln wollte.

Kein Wunder, dass diese Biografie in den Zeitungen von Walter Faller begeistert gelobt und gefördert wurde. Zur Information: Walter Faller, F oder mit der Vornamensverkürzung „Waltzi“ (Hinweis auf seine Leibesfülle) genannt, wurde zum Förderer von Sturz gegen von Ministerien bezahlten Inseraten in seinen zwei Gratiszeitungen, so wird es behauptet.

Chatverkehr Thomas Schmidl und Walter Faller 20.6.2022/ 15:06 Uhr

Schmidl: „Lieber F, Grüße an deinen Bruder. Ausgemacht war, ihr schreibt wie gut wir in den Umfragen sind! Vor allem Sebastian. Erschienen ist aber eine private Promistory, Schwachsinn. Das ist eine echte Frechheit und nicht vertrauensbildend. Wir sind echt sauer!!!!! Megasauer"

Walter Faller: „Versteh ich voll – melde mich in 3o Minuten. Mache jetzt Doppelseite über Umfrage am Mittwoch. Okay? Waltzi"

Walter Faller, F: Untreue als Beteiligter, Bestechung

„Waltzi" soll gemeinsam mit seinem Bruder gemeinsam die besagten Inserate- und Medienkooperationsvereinbarungen getroffen haben. Dabei soll es um „Einflussnahmemöglichkeiten hinsichtlich der Inhalte und Zeitpunkte von Veröffentlichungen im redaktionellen Teil" gegangen sein. Es gilt natürlich die Unschuldsvermutung.

Chatverkehr Toni Schmidl, Johnny Frisch 8.1.2022, 08:13 Uhr

Schmidl: „Gute Arbeit!!!"

Frisch: „Der C habe ich gestern noch angesagt, was bei der Meinungsumfrage herauskommen und was sie im Interview sagen soll."

Schmidl: „Super! So weit sind wir bisher nicht gegangen. F wird darüber schreiben, denn er ist Kapitalist. Geniales Investment!!"

Ich gehe davon aus, dass „meine" Biografie, also dieses Buch, in der Faller-Presse tot geschwiegen werden wird. Vielleicht werde ich sogar keinen Buchverlag finden, Morawa hat bereits abgelehnt. Dann bleibt mir nur der Eigenverlag als Ultima Ratio. So ist eben Österreich. Im Rahmen der Ermittlungen zur Causa Inseratenaffäre fanden auch am 6. Oktober die aufsehenerregenden Hausdurchsuchungen im Finanz- und Außenministerium und in der Parteizentrale der PATRIOTEN statt.

Was bedeutete es bei Sturz und Freunden „Familie“ zu sein? Was hatten die Personen davon, dass sie in der Wohnung von Sturz herumlungerten, Spagetti mit Tomatensauce aus dem Supermarktglas fraßen, billigen Rotwein schlürften und sich endlose langweilige Familiengeschichten von Sebastian Sturz anhörten? Nun, so einiges – drei Bundesminister gingen aus dieser „Familie“ hervor, dann ein hoch bezahlter Vorstand eines Großkonzerns und auch ein Wiener Kultur- und Kunststadtrat, nämlich Hardy Kovacs, MMA-Kämpfer, der von Kultur und Kunst so wenig verstand, wie ich vom Kühemelken (nämlich nichts).

Die „Sturz-Familie“ kann als eine Unterform der Mafia eingeordnet werden. Es handelte sich nicht um Familie im engeren Sinne einer reinen Blutsverwandtschaft, sondern um einen engen, streng hierarchisch gegliederten Gruppenverband aus wenigen Mitgliedern, die einem Codex folgten.

Dieser Codex lautete: Gegenseitige Hilfe und Unterstützung

Geben und nehmen – und nochmals nehmen; als Kapitelüberschrift würde ich den Begriff Reziprozität wählen (wenn ich das Thema vertiefen würde – aber das werde ich nicht).

Ich nenne das auch Do ut des – Ich gebe, damit du gibst

Die Phrase „do ut des“ beschreibt die Gegenseitigkeit als grundlegende Strategie sozialen Verhaltens. Dieses Verhalten beruht auf dem Gefühl des Verpflichtetseins und wird in allen menschlichen Gesellschaften gefunden, aber in der Regel nicht so wie hier als kriminelle Taktik.

IV. TEIL – EINE DIPLOMARBEIT, DIE KEINE WURDE

1 Die Aufklärung einer Verwirrung (Anmerkung 1)

Geschätzte Rezensenten und Begutachter meiner Diplomarbeit,
hochverehrte Leserinnen und Leser!

Ich möchte Ihre Verwirrung aufklären, denn ich gehe davon aus, dass Sie sich inzwischen fragen, wer hier eigentlich schreibt und was in aller Welt in diesem Text beschrieben wird.

Mein Name ist Toni Schmidl, geboren am 2. März 1996 in St. Pölten, also noch im vorigen Jahrtausend, Student der Philosophie an der Fernuniversität Bratislava. Das ist meine Diplomarbeit, in dem ich die Philosophie, die Biografie und das kurze öffentliche Wirken von Sebastian Sturz beschreibe und deren Zusammenhänge und gegenseitige Beeinflussungen zu rekonstruieren versuche.

Wie ich zu dieser Thematik kam?

Zunächst dadurch, dass ich ein enger Freund und Vertrauter von Sebastian Sturz war und ihn in seinen öffentlichen Kampagnen, die unterschiedlich erfolgreich verliefen, begleitete. Mein Bericht über diesen Mann stützt sich somit nicht nur auf fremde Quellen, sondern auf eigene gelebte persönliche Erfahrung. Aber noch wichtiger ist, dass ich den literarischen Nachlass Sturzs nach dessen Freitod erbte und hier nicht nur als sein Parteifreund, Weggefährte oder – wenn Sie so wollen – Kampfgenosse spreche, sondern weil ich mich durch diesen unverdienten Vertrauensbeweis geehrt und verpflichtet fühle, eine Zusammenschau der Fakten, Schriften und Anschauungen meines verstorbenen Freundes für die Nachwelt und Öffentlichkeit zu sichern. Die persönlichen Schriften Sebastian Sturzs sind es – die unbedeutende Meinung meiner Wenigkeit – unter literarischem und zeithistorischem Blickwinkel wert, erhalten zu bleiben.

Beginnen wir mit dem ersten Teil meines Buches, dem Romanfragment „Sebastian und seine Freunde“, Untertitel „Roman der Familie Sturz“.

Sebastian Sturz hat diesen Text zwischen 2007 und 2019 verfasst. Dafür führte er Recherchen zur Geschichte seiner Familie durch und versuchte zugleich, die historischen Hintergründe dieser verstrichenen Zeit zu erfassen. Schließlich hat er den Text immer wieder geändert, gefeilt, weil er mit seiner literarischen Form nie zufrieden war.

Diese romanartige Erzählung beginnt mit dem „Stammvater“ der Familie, Mathias bzw. Mattheis Sturz, der als Kind im Zuge der Napoleonischen Kriege nach Wien kam, dort Schuster und später Schreiber beim Fürsten Metternich wurde, und endet mit dem Vater. Das Romanfragment hat eine ungewöhnliche Form, nämlich in der Gestaltung des Erzählers. Es tritt nicht der zurzeit übliche auktoriale Erzähler auf, sondern – Sturz nennt es so – „der Chor“, gewissermaßen ein polyphones, nicht allwissendes Erzählerkollektiv. Dieser Chor im Hintergrund (dem griechischen Theater der Antike entlehnt) ist „die Stimme der Toten“, also bereits verstorbener Familienmitglieder. Anlass und Ideengeber dieses Chores ist das Faktum, dass Sturz in einem schizophrenen Schub in seiner Jugend Stimmen hörte. Diese akustischen Halluzinationen stellten sich ihm, so erzählte er mir, als die Stimmen der Toten seiner Familie vor.

Wesentlich ist der Umstand, dass sich Sturz im Großen und Ganzen an die Tatsachen seiner Familiengeschichte gehalten hat und diese authentisch wiedergibt, soweit ich das mit den mir zur Verfügung stehenden Quellen und Unterlagen beurteilen kann[2], wenn man von kleinen Ausschmückungen und literarischen Übertreibungen absieht.

Sturz erzählt in seinem Roman nicht über alle Familienmitglieder, sondern hauptsächlich über ausgewählte männliche Personen. Die von ihm erwähnten Familienmitglieder Josef, der Priester, und Felix, der SS-Mann, gehörten einer Seitenlinie der Familie an (ausgehend von Friedrich, dem Bruder von Emanuel), die keine männlichen Nachkommen hinterließ.

Sebastian war der letzte männliche Nachkomme der Sturz und der Auffassung, der Familienname und die Familie sollten mit ihm enden. Dass vor allem Männer im Roman vorkommen, erklärte mir Sturz so: „Die Stimmen, die zu mir sprachen, waren hauptsächlich die Stimmen von Männern. Die Frauen haben größtenteils geschwiegen."

Bekanntlich litt Sturz einige Zeit an Schizophrenie. Aber ihm wurde bescheinigt, dass sich sein psychischer Gesundheitszustand signifikant verbessert hätte, dass es keine Anhaltspunkte für das aktuelle Vorliegen einer Psychose gebe und er als geschäftsfähig einzustufen sei. Das ist einem Beschluss des Bezirksgerichtes aus dem Nachlass Sturzs zu entnehmen.

---

[2] Ob Emma Sturz, die Gattin von Otto und Großmutter von Sebastian, tatsächlich Jüdin war, konnte ich weder verifizieren noch widerlegen. Die Beweisdokumente sind tatsächlich vernichtet. Hingegen ist durch meine Recherche objektiviert, dass sowohl Otto als auch Felix in der Waffen-SS gedient haben.

Unmittelbar danach ließ er sich sterilisieren, ging eine Lebensgemeinschaft mit Maria Schreiber ein (die er im psychiatrischen Krankenhaus als Mitpatientin kennengelernt hatte) und begann seine kurze, aber erfolgreiche politische Tätigkeit. Die Auseinandersetzung zwischen Sebastian Sturz als Patient und seinem behandelnden Arzt Dr. Sigmund Freudenreich war für die Philosophie und spätere Biografie Sturzs von entscheidender Bedeutung.

Ich habe Dr. Freudenreich kontaktiert, brieflich und mündlich, erhielt aber keine Antworten auf meine Schreiben, und als ich ihn anrief und mein Anliegen und den Namen Sturz erwähnte, brach er das Gespräch ab und legte auf.

Mir ist bewusst, dass ich rechtlich gesehen von Dr. Freudenreich keine Zustimmung bekommen habe, seine E-Mail zu veröffentlichen. Meine, hoffentlich nicht falsche, Rechtsansicht ist, dass dieser Text und die damit verknüpften Rechte an den Adressaten Sturz übergegangen sind und dass ich als der Nachlaßverwalter von Sturz per Erbschaft auch das Recht erworben habe, diesen Text zu veröffentlichen.[3]

In einer Diplomarbeit haben persönliche Meinungen und Wertungen des Verfassers nichts verloren, objektive Mitteilungen sollen das Hauptgewicht darstellen. An dieser Stelle möchte ich mir selbst eine Ausnahme dieser Regel gestatten. Diese E-Mail hat mich sehr betroffen gemacht und ich kann nicht nachvollziehen, warum Dr. Freudenreich eine derartige Suada an meinen verstorbenen Freund schickte. Ich finde die Mitteilung im höchsten Maße unethisch, sie

---

[3] Rechtsanwalt Dr. Adrian Hollaender, den ich um juristischen Rat fragte, schließt sich meiner Rechtsansicht an.

widerspricht jedem Arzt-Patientenverhältnis, das das Wohl des Kranken in den Mittelpunkt stellt. Nicht umsonst heißt es: Salus aegroti suprema lex.

Dennoch habe ich dieses Dokument nicht unterschlagen, denn der Aufenthalt in der Psychiatrie stellte für Sturz einen besonderen Zeitpunkt dar. Kairos ist der richtige Ausdruck.

Die Griechen hatten drei Wege, ihre Zeit zu erfassen: Die übliche Zeit – Chronos, den Tag und schließlich Kairos, den besonderen Zeitpunkt. Erstmals wurde diese Besonderheit problematisiert durch einen Aufsatz von Hermann Fränkel[4] (1931). Kritisch weitergeführt wurde die Debatte u. a. von Michael Theunissen in einer Auseinandersetzung mit der Lyrik Pindars. Ich verweise hier auch auf die Radiodebatte Gadamers.[5]

„Wer bist du?
Ich bin Kairos, der alles bezwingt!
Warum läufst du auf Zehenspitzen?
Ich, der Kairos, laufe unablässig.
Warum hast du Flügel am Fuß?
Ich fliege wie der Wind.
Warum trägst du in deiner Hand ein spitzes Messer?
Um die Menschen daran zu erinnern, dass ich spitzer bin als ein Messer.

---

[4] *Die Zeitauffassung in der archaischen griechischen Literatur*. Beilagenheft zur Zeitschrift für Ästhetik und Allgemeine Kunstwissenschaft 25. Hamburg, 1931, S. 97–118.

[5] *Kairos. Ein Diskurs über die Gunst des Augenblicks und das weise Maß*. Radiointerview von Bernd H. Stappert, SWR 1989, Auditorium 'Netzwerk', Original-Vorträge, Jokers Hörsaal, auf der CD: Hans-Georg Gadamer: *Von der Lust am Dialog*. (2008).

Warum fällt dir eine Haarlocke in die Stirn?
Damit mich ergreifen kann, wer mir begegnet.
Warum bist du am Hinterkopf kahl?
Wenn ich mit fliegendem Fuß erst einmal vorbeigeglitten bin, wird mich auch keiner von hinten erwischen, so sehr er sich auch bemüht."

Dieser Text von Poseidippos (310 – 240 v. Chr.) fasst den wesentlichen Punkt zusammen: Sturz hatte während seines Psychiatrieaufenthaltes einmalige Gelegenheiten, seine Ideen einem Publikum vorzustellen, wesentliche Kontakte zu knüpfen (die Mitpatienten Günter Gmeiner und Maria Schreiber), sich zu profilieren und durchzusetzen. Er packte diese Gelegenheit beim Schopf, wie meine weiteren Ausführungen beweisen werden.

So wurde er der, der er war.

Toni Schmidl, Wien

2 Das Wesen des Menschen

Was ist der Mensch?
Wir sind Tiere.
Homo sapiens: Eine degenerierte vorübergehende Spezies, zum Aussterben bestimmt, nur ein Witz der Evolution. Der Mensch ist das besondere Tier, das vereinen kann und darf.

So definierte Sebastian Jakob Sturz das Wesen des Menschen in einem kurzen Artikel, der zwei Jahre vor Sturz Tod in der Zeitung DIE WELT (Jahrgang 2019,Ausgabe 6, Seiten 32ff.) erschienen war. Es ist der einzige gedruckte Beitrag, der jemals von ihm veröffentlicht wurde.

Der Philosoph Peter Sloterdijk antwortete im Feuilleton der nächsten Ausgabe mit einer umfassenden Kritik unter dem Titel: Die Philosophie der Verweigerung. Die Thesen Sturzs seien, so Sloterdijk, ein Paradebeispiel eines „falschen Bewusstseins“, beruhend auf einem Fundament von Zynismus. Hier sein Urteil in vollem Wortlaut:

„Zynismus ist das aufgeklärte falsche Bewusstsein. Es ist das moderne unglückliche Bewusstsein, an dem Aufklärung zugleich erfolgreich und vergeblich gearbeitet hat. Es hat seine Aufklärung gelernt, aber nicht vollzogen und wohl nicht vollziehen können. Gut situiert und miserabel zugleich fühlt sich dieses Bewusstsein von keiner Ideologiekritik mehr betroffen, da seine Falschheit bereits reflexiv gefedert ist. Ergo: Sturz und seine Philosophie sind Muster und Exempel dieses gelebten Zynismus zugleich.“

Sloterdijk umreißt die Positionen Sturzs als „ein Amalgam aus Weltangst, Weltverneinung, Faulheit, Selbstmitleid, Todessehnsucht und Depression“, eine Einstellung, die er unter dem Subtitel „Moriamus igitur. Zur Kritik der seelischen Endabsichten“ geißelt.

Außerdem zitiert er Sigmund Freud: „Das Leben zu ertragen, bleibt ja doch die erste Pflicht aller Lebenden“ (Sigmund Freud, Zeitgemäßes über Krieg und Tod, Studienausgabe Band IX, Frankfurt am Main, 1974 Seite 60).

Sind die Positionen Sturzs nur Ausdruck einer Weltflucht, oder, wie Sloterdijk treffend bemerkt, „[…] die westliche Umkehrung – Weltflucht nach vorn. […] Der moderne Westen hat keine Mönche und die letzten Mönche haben keine Wüste. Sturz hat keine Mönchszelle oder klösterliche Klause, sondern abwechselnd eine Altbauwohnung, deren Miete er von seiner Mindestabsicherung (Stiftung) bestreitet, und ein Patientenbett in der Psychiatrie auf Krankenkassenkosten. […] Insofern Menschsein in der Modernisierung primär Selbstvermittlung und Selbstannetzung bedeutet, lassen sich die guten alten Metaphysika Gott und Seele nur noch katastrophentheoretisch denken: als Entnetzungen, als Vermittlungsabbrüche, als Schock, als Pause. […] So auch Sturz, und er treibt die Verweigerung und Verneinung auf die Spitze, er verweigert praktisch alles: Beruf, Arbeit, Konsum, Information, die Zukunft der Menschheit, Sexualität, Liebe, Fortpflanzung, ja sogar das Menschsein an sich, als ultima ratio in einer Empfehlung zum Suizid endend, verweigert er die Existenz."?

Ich will keine langen Umschweife machen. Vom Standpunkt der Wissenschaft und aus der Perspektive des Philosophiestudenten ist die Herausgabe des vorliegenden Manuskripts als Diplomarbeit zur Erlangung des Magistergrads der Philosophie nicht zu verantworten. Mehr als eine Marginalie in der Geschichte der Philosophie wird Sturz nicht sein, lediglich erwähnenswert wegen seines ansatzweise erfolgreichen Einsatzes für die Legalisierung von Cannabis in Österreich, seines erfolglosen Versuches, per Volksbegehren ein bedingungsloses Grundeinkommen durchzusetzen, und schließlich wegen Sloterdijks Kritik bzw. aufgrund seines Suizides.

Sein Lebensende durch Suizid ist schwer einzuordnen. Konsequenter Ausdruck seiner Philosophie? Scheitern eines psychisch Kranken am Leben? Erlösung oder Entsühnung? Ahnte er, dass allein der Tod seinen Wahnvorstellungen, allein das Nichts seinem verfolgten Dasein ein Ende bereiten konnte? Vielleicht so: die Kreise wurden enger und enger, die Assoziationen und Wahnvorstellungen mehrten sich und am Ende blieb kein Ausweg als der Tod.

Wie auch immer – ich möchte nicht missverstanden werden. Ich halte Sturzs hinterlassenes Werk für wichtig und beachtenswert. Und so mögen die kritischsten Kollegen niemals vergessen, dass die vorliegende Studie nur Fragment eines Fragments ist. Aber ich muss dieses Buch schreiben. Ich muss zu erklären versuchen, warum gerade mich dieser Mann so beeindruckt hat wie kein anderer, obgleich er nur einen kleinen Essay in einer Zeitung schrieb, in keiner Literatur- oder Philosophiegeschichte genannt wird und nur über Beiträge auf YouTube aufzufinden ist. Reizt es mich nur, den Lesern zu beweisen, sie seien Toren, weil sie diesen Mann vergessen haben?

Lockte mich das Wissen, ganz allein im Besitz der unveröffentlichter Schriften und Korrespondenzen dieses Mannes zu sein? Ist es dieser privilegierte Zugang zum Verständnis seiner Gedanken, der mich das Wagnis zu dieser Studie eingehen ließ? Oder erblickte ich nur mich selbst in seinem Werk, meine unerfüllten Hoffnungen, blinden Träume, nie gestillten Wünsche?

Ich weiß es nicht. Und zugleich: Darauf kommt es nicht an.

Bericht unseres ersten Treffens.

Ich suchte das ebenerdige Gassenlokal in der Garnisongasse auf, das aus drei Zimmern bestand, weil ich im Internet gelesen hatte, die Bürgerinitiative zur Legalisierung von Cannabis suche einen Mitarbeiter. Sturz war allein, er saß hinter seinem Schreibtisch und las Walden von Henry David Thoreau.

Kaum hatte ich gegrüßt, meinen Namen genannt und mein Anliegen vorgebracht, fragte er unvermittelt: „Hast du was zum Rauchen dabei?“

„Na klar. Willst du was?“

Ich ging davon aus, dass er nicht Zigaretten meinte, sondern Cannabis, immerhin war ich im Büro der Leute, die die Legalisierung dieses Stoffes auf ihre Fahnen geschrieben hatten.

„Pass gut auf. Geh durch diese Tür, rechter Hand ist das Klo. Du gehst in die Toilette und spülst alles hinunter, was du bei dir hast. Jedes Krümelchen, ist das klar? Die Polizei ist in drei Minuten hier.“

Ich tat wie geheißen und tatsächlich kam die Polizei zwei bis drei Minuten später. Mein Ausweis wurde verlangt und der Beamte fragte mich, ob ich einer freiwilligen Durchsuchung zustimme, sonst würde er mich auf das Kommissariat mitnehmen. Ich stimmte zu und er fand natürlich nichts.

Kaum war die Polizei wieder verschwunden, sagte Sturz ernst: „Ich weise dich darauf hin, dass der Gebrauch und der Besitz von Cannabis noch gegen das Gesetz verstoßen. Wenn du für uns arbeitest, verpflichtest du dich schriftlich dazu, ab Datum der Unterschriftsleistung kein Cannabis mehr zu konsumieren und dich freiwillig jede Woche einem Drogentest im Urin zu unterziehen. Wenn du gegen diese Bestimmungen verstößt, fliegst du augenblicklich.“

Ich fand das ziemlich paradox, wollte ich doch gerade bei der Organisation anheuern, die sich offiziell gegen das veraltete und unsinnige Verbot von Cannabis einsetzte.

„Gerade deshalb“, erklärte er mir. „Es war kein Zufall, dass eben die Polizei hier war, kaum hattest du den Laden betreten. Sie warten gegenüber. Die suchen nur nach einem Anlass, uns als unglaubwürdig hinstellen zu können. Frei nach dem Motto: Süchtige, die ihre eigene Sucht kaschieren.“

So begann meine Mitarbeit bei dieser Kampagne, die nach einem halben Jahr zu einer Volksbegehren führte, die sich mit 51,4 Prozent für ein Gesetz aussprach, das den freien Verkauf von Cannabis erlaubte und ein staatliches Monopol für Anbau, Verarbeitung und Vertrieb schuf. Dieser Erfolg war zum Teil unserer Öffentlichkeitsarbeit zu verdanken, zum größeren Teil aber zweifellos dem Umstand, dass sich die Regierungskoalition unserer Agenda bemächtigte, die zugleich jugendlichen Wähler ansprach und den Steuersäckel mit erstaunlichen Summen aus der neuen Einnahmequelle füllen könnte. Wie so viele andere Volksbegehren zuvor, erging es auch diesem: Das Gesetz wurde konzipiert, aber der Entwurf gelangte nie zur Abstimmung.

Sturz sagte zu mir: „Eine Bürgerinitiative mit Volksbegehren ist zahnlos. Wir müssen eine politische Partei gründen!“

So geschah es und DIE PATRIOTEN traten in Erscheinung.

Lange arbeitete ich mit Sturz zusammen. Wir gingen einige Male aus, unsere Beziehung schwankte zwischen Bekanntschaft und Freundschaft. Danach verloren wir uns zum Teil aus den Augen. Ich verfolgte seine weitere Laufbahn über YouTube und seine Auftritte in Fernsehdiskussionen, bis es schließlich im letzten Jahr vor seinem Tod still um ihn wurde.

Dann erhielt ich einen Brief des Notars Fleischhacker, Wien 22, Wagramer Straße. Darin wurde mir in schlichten Worten mitgeteilt, dass Herr Sebastian Sturz seinem Leben ein Ende gesetzt habe (was allgemein bereits bekannt war). Der erste Punkt seines Testaments beträfe seine gesamten Aufzeichnungen, Tagebücher, Briefe und einen unvollendeten Roman mit dem schon angeführten Titel. Er, der Notar, habe die Ehre, mir mitzuteilen, dass alle diese Papiere durch den Willen des Verstorbenen in meinen Besitz übergegangen seien. Der Verstorbene habe weiters fixiert, ich könne mit diesen Unterlagen nach Gutdünken verfahren, egal, ob durch Veröffentlichung, durch Vernichtung oder auf beliebige andere Weise.

Aus diesen Notizen, einem Konvolut von Schmierzetteln, rekonstruierte ich den philosophischen Ausgangspunkt Sturzs, die klassische Meditation Descartes', das cogito ergo sum.

Sturz notierte dazu: Descartes liegt falsch. Er liefert zuvörderst ein gedankliches Endprodukt, eine Summe abstrakter Gedanken in einem Raum, der die Welt ausblendet. Am Anfang stand nie eine Erkenntnis, sondern das schiere Da-Sein, ein Etwas war vorhanden. Im konkreten Fall war dieses „Etwas“ = Rene Descartes. Da diese/meine Philosophie nicht von Steinen oder Sternen handelt, muss dieses „Etwas“ als organisches Lebewesen = lebendes Tier gedacht werden. Die richtige Reihenfolge also lautet so: Zuerst Leben, bedingt durch ein Sein (Da-Sein, So-Sein). Irgendwann kommt ein Bewusst-Sein hinzu, emergent aus dem tierischen Leben und spezialisierten [Nerven-]Zellen), dann ein Selbst-Bewusstsein mit Sprache und Sprechwerkzeugen, das das Selbst „Ich“ nennt. Am Schluss dieser Kette steht / entsteht der Satz cogito ergo sum.

Wenn man nun von menschlicher Selbstüberschätzung, narzisstischer Aufblähung und Hybris absieht, so gibt es kein tragfähiges Argument, den Homo sapiens von anderen Spezies abzugrenzen, mit denen ihn mehr verbindet, als ihn von ihnen trennt.

Der Mensch als Neugeborener hat weder Sprache noch ein Ich. Das Ich wird im Umfeld des zweiten Lebensjahres geboren – die psychische Geburt des Menschen. Wann tritt sie ein? Manche meinen, wenn das Kind erstmals sein eigenes Spiegelbild erkennt (das können manche Affen auch), andere, wenn das Kind erstmals von sich nicht mehr in der dritten, sondern in der ersten Person spricht, das Wort „Ich" gebraucht. Alles richtig, aber ich meine, dieser Punkt ist erreicht, wenn das Kind erstmals das Wort „Nein" gebraucht. Das ist seine geistige Unabhängigkeitserklärung, die Entdeckung, nicht protestlos den elterlichen Willen vollziehen zu müssen, sondern als eigenständiger Mensch einen freien Willen zu besitzen. Das zeichnet den Menschen aus, mehr als seine (angebliche) Vernunft.

Verweigerung ist auch der erste Ansatz, der aus dem Menschen ein moralisches (ethisches) Wesen macht. Unter der Annahme, es gäbe das Gute, setzt ethisches Handeln zweierlei voraus: Die Möglichkeit einer Wahl und die Möglichkeit, diese Wahl zu vollziehen. Das Besondere am Menschen gegenüber anderen Spezies ist, diese Verweigerung auf die Spitze zu treiben – Verweigerung der Existenz. Die Option des Suizides ist das ultimative Nein, die größte Verweigerung von allen, zugleich das eigentliche Humanum.

Was nun die Gesellschaft betrifft (die wir in erster Näherung mit dem Staat gleichsetzen wollen, auch wenn dies falsch ist), so hat sie keinerlei Interesse am sog. mündigen Bürger, sondern primär an funktionierenden Befehlsempfängern, die möglichst aus eigenem Antrieb und unter der Selbsttäuschung, sie hätten selbst entschieden, ihre Rollen erfüllen. Daher meine ethische Forderung an den Staat: Aus der abstrakten Möglichkeit der Verneinung/Verweigerung ein Recht zu gestalten, diesen Freiraum zu ermöglichen und zu garantieren, das sich dem „Können" ein „Dürfen" hinzugesellt.

In diesen Zeilen ist der Kern Sturzs gesamten Philosophie enthalten. Deshalb stimme ich auch mit der Kritik Sloterdijks in dem Punkt überein, die Philosophie Sturzs enthielte nichts Neues, auch wenn ich sie nicht als „durch und durch epigonenhaft" einstufe. Aber es ist richtig, dass alle diese Ansätze schon vorhanden und größtenteils meisterhaft ausformuliert sind: Das Primat des Lebens, Vitalismus, Ortega y Gasset und Albert Schweitzer; das Ich als philosophischer Ausgangspunkt nach Descartes; die Welt als meine Vorstellung und Wille nach Schopenhauer; die Existenz nach Sartre, Jaspers, Heidegger etc; der Pessimismus als Reifestadium nach Marcuse; das Leben als Leiden nach Buddha und Schopenhauer; sogar die Überhöhung und Verherrlichung des Suizides nach Jean Amery und schon viel früher nach Philipp Mainländer.

Mainländer war Philosoph und Verrückter zugleich, nicht zu Unrecht vergessen. Am 5. Oktober 1841 „als Kind ehelicher Notzucht" in Offenbach am Main geboren, so hat er es selbst beschrieben, wächst Philipp Mainländer als jüngstes von sechs Geschwistern in einer Fabrikantenfamilie auf, in der ein bedrückendes Klima geherrscht haben muss: Drei der sechs Geschwister werden später Selbstmord begehen. So auch 1876 Mainländer, der sich in seinem Wohnzimmer erhängt. „Nicht durch Fichte, Schelling und Hegel vergiftet, sondern vielmehr durch Schopenhauer kritisch gestählt", ein weiteres Zitat, konzipiert er die „Philosophie der Erlösung", die unmittelbar vor dem Suizid druckfertig wird. Der Inhalt, verkürzt wiedergegeben: Dass dem menschlichen Dasein kein Wert innewohne, „von der Erkenntnis, dass

Nichtsein besser ist als Sein“ und dass die Lösung und zugleich Erlösung der Suizid ist.

Allerdings fand ich in den Unterlagen und bei meiner Recherche keine Anhaltspunkte dafür, dass Sturz den Namen oder das Werk Mainländers gekannt hätte.

3 Erste Begegnungen

Ich bin jetzt zeitlich vorgeprescht, das alles war damals noch Zukunft. Nach der denkwürdigen Begegnung mit der Polizei zogen Sturz und ich los, um die anderen der Gruppe zu treffen und ihre Meinung bezüglich meiner Mitarbeit einzuholen. Wir gingen in ein naheliegendes Kaffeehaus in der Universitätsstraße.

Es ist an der Zeit, einen Irrtum aufzuklären, der durch die Medien geistert. Gerne wird der falsche Eindruck erweckt, die Initiativen Sebastian Sturzs hätten eine Art Massenbewegung gestartet. Journalisten, die uns nicht wohlwollend gegenüberstanden – das war die Mehrheit – zeichneten auch das Bild einer reaktionären neofaschistischen Bewegung. Nichts könnte mehr falsch sein.

Es mag unglaublich erscheinen, aber tatsächlich bestanden die Initiativen Sturzs anfangs nie aus mehr als fünf bis sieben Aktivisten, wenn ich meine Wenigkeit dazuzähle. Alles andere war Staffage, Show, Mitläufer, die dabei waren, wenn es Freibier, Remmidemmi oder Ähnliches gab.

Im Kaffeehaus trafen beinahe zeitgleich „die anderen“ ein. Es waren zwei Personen, ziemlich auffällig. Zunächst eine junge Frau blutjung, also etwa achtzehn Jahre alt. Eine Figur zum Niederknien, ein Madonnengesicht und überall Piercings und Tattoos, eine sehr auffällige Erscheinung.

Zwei junge Burschen an einem Nebentisch, vermutlich Studenten, glotzten sie mit offenem Mund an.

Außerdem ihr Begleiter, ein großer, breiter Kerl, der nur aus Muskeln bestand. Seine Nase war schief wie die eines Boxers, das rechte Ohr blumenkohlartig deformiert und ihn umgab eine Aura der Gewalt. Definitiv nicht der Typ, dem man in einer dunklen Gasse begegnen wollte.

Das war also die Bürgerinitiative. Alle bestellten Kaffee, Cognac und Käsetoast.

„Wenn du Schinkentoast willst, kannst du gleich wieder abhauen. Fleischfresser haben bei uns nichts verloren", blaffte mich das Mädchen an.

Was für eine freundliche Begrüßung. Ich erklärte, Vegetarier zu sein, und hatte offenbar bei ihr bestanden. Sie hieß Maria Schreiber und war Sturzs Freundin. Der Schläger stellte sich als Harald Kovacs vor, die anderen nannten ihn abwechselnd Hardy oder den getreuen Ekkehard. Er hatte, ganz im Gegensatz zu seinem Äußeren, eine ruhige, freundliche Stimme und war, wie ich später mitbekam, einer der friedlichsten Menschen, die ich je getroffen hatte. Körperlichen Auseinandersetzungen ging er grundsätzlich aus dem Weg.

Nachdem ich mich als Vegetarier geoutet hatte, stand meiner Mitarbeit nichts mehr im Wege. Wie ich aus ihrer weiteren Diskussion erfuhr, waren sie an einem toten Punkt angekommen. Sie hatten ein Konzept für die Legalisierung von Cannabis im Parlament eingebracht und sich als Bürgerinitiative registrieren lassen, nachdem sie etwa dreitausend Unterschriften für ihr Projekt gesammelt hatten. Weiters hatten sie Flugblätter verteilt und brauchten Geld für das Porto von Kettenbriefen, die sie zu Tausenden verschicken wollten. Sturz hatte sie mit einer kleinen Erbschaft finanziert, alle drei und das Projekt, sie hatten alle, wie ich weiter erfuhr, keine Jobs. Und es war absehbar, dass das Geld für Aktionen dieser Art in zwei bis drei Monaten am Ende sein würde.

„Wir werden uns an Günter wenden müssen“, erklärte Sturz. „Er hat mir von Anfang an zugesagt, mich, das heißt uns, zu unterstützen.“

Die anderen widersprachen.

„Wir sollten dieses Arschloch auf jeden Fall heraushalten, so, wie wir es ausgemacht haben. Du weißt, wie er ist. Ein Kellernazi! Wenn er uns Geld gibt, wird er alles bestimmen. Wer das Gold hat, hat das Sagen. Du kennst seinen Spruch“, argumentierte Schreiber.

Auch Hardy hatte Einwände.

„Er ist durchgeknallt, ein Psychopath. Dass die Polizei hinter uns her ist, verdanken wir nur ihm und seinen Drogengeschichten. Die scheißen auf Cannabis, aber dieser Typ hat beide Hände im Geschäft mit Kokain. Außerdem sind sie hinter ihm her, weil sie sauer sind, dass sie einen potenziellen Mörder laufen lassen mussten.“

Sturz erzählte den beiden unser Erlebnis mit der Polizei.

„Da hast du es“, sagte Hardy. „Zuerst haben sie sich nur draußen herumgetrieben, wie bei verdeckten Ermittlungen. Von mir aus, sie werden dafür bezahlt. Aber das ist jetzt das dritte Mal, dass sie ins Büro hereinplatzen und unsere Besucher durchsuchen. Sie wollen uns schikanieren. Und das alles verdanken wir Günter.“

Wer war dieser ominöse Günter Gmeiner? Ein Killer und Drogenboss?

Ich fragte Hardy, als sich Schreiber und Sturz unterhielten. Der war überrascht.

„Was, du kennst Günter Gmeiner nicht? Gib seinen Namen in Google ein. Dann erfährst du alles über ihn."

Was ich an diesem Abend noch erfuhr, bevor wir zu betrunken waren, um uns weiter sinnvoll zu unterhalten, war das Folgende: Sebastian Sturz, Maria Schreiber und Günter Gmeiner waren gleichzeitig Patienten in einem psychiatrischen Krankenhaus gewesen und hatten sich dort kennengelernt. Harald Ekkehard – Ekkehard war sein zweiter Vorname – war in diesem Krankenhaus als Krankenpfleger angestellt. Zeitgleich mit der Entlassung dieser drei Patienten kündigte er seinen Job, um mit Sturz an dessen Projekt mitzuarbeiten.

„Sebastian muss ein ziemlich überzeugender Mensch sein", bemerkte ich.

„Das kann man so sagen", erwiderte er, „Ich bin noch niemanden wie ihm begegnet. Warte nur ab, bis er zu Reden beginnt. Er hat die Gabe! Das sind richtige Auftritte! Er hat Charisma und wird richtig wütend."

„Furor?", fragte ich.

„Genau, das ist es. Er schreit herum, gestikuliert. Aber alles, was er sagt, ist so und nicht anders. Er könnte Eskimos auf Grönland Eiskästen verkaufen."

Also das ist er, ein Agitator, dachte ich. Ein Verführer? Ich war gespannt und skeptisch, bis ich es erlebte. Dann war ich nur noch von den Socken, überwältigt, oder wie soll ich es anders ausdrücken? Man muss es selbst erlebt haben. Er war ein anderer Mensch, wenn er auftrat, nicht dieser unscheinbare junge Mann, den ich kennengelernt hatte, sondern ein Volkstribun.

Immer wieder haben sich Menschen darüber gewundert, dass eine so durchschnittliche Persönlichkeit wie Sturz eine so große Rolle in der österreichischen Geschichte spielen konnte. Wie konnte ein Arbeitsloser, Psychiatriepatient und Verlierer in so kurzer Zeit kometenhaft aufsteigen?

Hanfstaengl vom Falter etwa bestreitet, dass Sturz ein Mann ohne Talente war. So nannte er ihn einen „Virtuosen auf der Klaviatur der Massenseele". Er traf den Nerv der Zeit und er nutzte die Gunst der Stunde. Nach seiner Ansicht war es die Mischung aus „rhetorischer Überwältigungsmacht, trickreicher Verstellungskunst und taktischer Schläue", der Sturz seinen sagenhaften Aufstieg verdankte.

Sebastian Sturz konnte starke Gefühle in anderen Menschen hervorrufen. Positive wie Faszination und Zuneigung wie bei mir, aber auch negative.

Lesen wir, was Dr. Freudenreich über seine erste Begegnung mit Sturz schrieb:

Das Erste, was mir an Sturz aufgefallen war: der Blick eines hervorragenden Verstandes aus großen blauen Augen, zugleich die barsche Rauheit seiner Stimme. Die zweite, sich sogleich einstellende Empfindung war aber unabweisbar dies: Zwischen diesem Menschen und mir würde niemals eine Brücke des Verständnisses zu schlagen sein. Es war bei mir die Empfindung eines Menschen, der nach seiner Veranlagung dem anderen nicht anders gegenüberstehen konnte als von Grund auf befremdet, und ich möchte gleich gestehen, dass ich über diese Befremdung – ich sage Befremdung, nicht Abneigung – niemals hinweggekommen bin. Ob Sturz mir gegenüber damals dasselbe empfand, weiß ich nicht, doch vermute ich nach späteren Eindrücken, dass Menschen wie ich für ihn nicht mehr sein konnten als Steine auf seinem Schachbrett. Wer aber wollte ihm daraus einen Vorwurf machen?

Sturz wurde bei seinem Aufstieg von aller Welt bewundert und gelobt, nach seinem Fall verlacht, verleugnet und negativ bewertet. Dieses Schauspiel war degoutant. Welcher auch nur halbwegs anständige Mensch hätte sich zu denen gesellen wollen, die vor seinem Scheitern Sturz als den „größten Reformer und Politiker aller Zeiten“ laut gepriesen hatten, nach seinem Flop mit dem Grundeinkommen aber erst leise, dann vernehmlicher äußerten: „Ich habe ja schon immer gesagt …“, zuletzt jedoch mit Hetzgeschrei auch der „siegreichen“ Presse gegenüber Sturz als „den größten Geisteskranken aller Zeiten“ in die Hölle verdammten?

Warum hatte man ihm zugejubelt? Massenhypnose? Um sich hypnotisieren zu lassen, gehört eine, vielleicht verborgene, innere Bereitschaft, sich hypnotisieren zu lassen.

4 Wer bin ich? Und wenn ja, wie viele?

Etliche Philosophen der Antike schrieben nicht, sondern lehrten ausschließlich mündlich. Sokrates, Jesus, Pythagoras, Buddha, um nur einige Namen zu nennen. Sturz griff diese Tradition auf. Auch die Unterlagen, die ich von ihm erbte, waren nie für eine Publikation gedacht, sondern rasch zu Papier gebrachte Einfälle, um einen flüchtigen Gedanken zu fixieren.

Im Cafe Drechsler (rechtlich ein Klub!) hatten wir einen Ecktisch im Raucherbereich mit Blick auf den Naschmarkt ergattert. Raucherbereiche im Kaffeehaus gibt es heute nicht mehr, sie waren das einzige Gute in jener Zeit, die uns die Regierung Kurz-Strache brachte, aber ich schweife ab.

Sturz sah mich an.

„Wer bist du?“

„Ich bin dein Freund“, antwortete ich.

„Erstaunlich, aber nicht überraschend, deine Antwort.“

„Dass ich dein Freund bin?“, fragte ich verwirrt.

„Nein, sondern dass du auf die Frage, wer du bist, mir antwortest, was du tust. Wir lernen zweierlei. Erstens, dass Philosophie darin besteht, die falschen Fragen auszusondern, zweitens, dass du der Denkkategorie unserer Zeit erliegst, ihrem typischen Denkfehler.“

„Die falschen Fragen?“

„Wittgenstein, Verwirrung durch Sprache et cetera. Herr Ober, zwei Melange bitte. Und einen Aschenbecher.“

„Wer bist du?“, nahm ich seinen Faden auf.

„Gute Frage. Schwierige Frage. Ich weiß es nicht. Wer bin ich? Und wenn ja, wie viele? Insofern wäre die präzisere Frage doch: Was bin ich? Darauf gibt es eindeutige und definierte Antworten. Ich bin ein Tier der Gattung Homo sapiens, männlich, denn ich besitze ein X- und ein Y-Chromosom, werde von dir und anderen Sebastian Sturz genannt, wie es sich aus meinen Geburtsunterlagen ergibt.“

Der Kellner brachte unseren Kaffee und den gewünschten Aschenbecher und ich ging auf den Blödsinn mit der Geburtsurkunde nicht ein, sondern griff das Thema Freundschaft weiter auf.

„Was willst du mir sagen? Dass ich nicht dein Freund bin?“

„Nein, sondern dass Freundschaft kein Sein, sondern ein Tun ist, eine Tätigkeit, die sich in der Art ausdrückt, wie wir unsere Beziehung gestalten. Und was ist das Sein? Eine Substanz? Wenn das so ist, wäre die Freundschaft nur eine Eigenschaft dieser Substanz, ein Accedens.“

Aus früheren Erfahrungen wusste ich, dass wir beim mittelalterlichen Universalienstreit enden würden, wenn ich jetzt weiterbohrte. Stattdessen griff ich seine andere Bemerkung auf.

„Was meinst du mit dem typischen Denkfehler unserer Zeit? Und außerdem: Ist die Frage ‚Wer bist du?' der Frage ‚Wer bin ich?' gleichzuhalten? Sind es nur die zwei Seiten der gleichen Münze oder zwei verschiedene und völlig unterschiedliche Fragen?"

Sturz lachte anerkennend, während er eine Zigarette aus meiner Packung stibitzte.

„Nicht schlecht, lieber Watson, ein durchaus stichhaltiger Einwand. Sie lernen von mal zu mal dazu." Er zündete seine Zigarette an und blies den Rauch durch die Nasenlöcher aus. „Natürlich sind das zwei völlig unterschiedliche Fragen. Es gibt nur eine einzige Ausnahme, nämlich wenn ich mir diese Frage selbst stelle."

„Ich kann dir nicht folgen", gab ich zu.

„Aber das ist doch klar. Wenn ich im Selbstgespräch frage, wer bin ich, ist es das Gleiche, wie wenn ich frage: ‚Wer bist du?' Ich erwarte in beiden Fällen eine identische Antwort und der Adressat der Frage ist der gleiche. Die Möglichkeit, diese Frage unterschiedlich zu stellen, ist Teil meiner persönlichen Freiheit."

„Du meinst also, dann wäre es dieselbe Frage?"

„Nein, nicht dieselbe, aufgrund ihrer unterschiedlichen Wortlaute, sondern die gleiche, aufgrund ihres Inhaltes und ihrer Struktur."

Manchmal konnte Sturz nerven, wenn er so pitzelig, pingelig und schulmeisterhaft wurde. Es war am besten, man ignorierte das. Man musste nur lange genug schweigen, dann redete er weiter, denn wenn er einmal zu philosophieren begonnen hatte, war er nicht zu bremsen. So war es auch diesmal.

„Um mein Argument zu verkürzen. Die Motivation dieser Frage an mich selbst ist das klassische Gnothi seauton, das Erkenne dich selbst. Aber die Motivation einer Frage oder ihr Anlass ist streng von ihrem Inhalt zu trennen. Sie steht hinter der Frage, oder neben ihr, wen du so willst, von mir aus auch außer ihr. Darauf einzugehen wäre ein Regress. Lassen wir das also beiseite."

„Vorerst", warf ich ein, denn ich kannte seine Art zu argumentieren bereits.

„Richtig, vorerst", erwiderte er und nahm einen Schluck aus der Kaffeetasse. „Die Antwort, ich schicke voraus, es gibt mehrere und sehr unterschiedliche Antworten, aber die Antwort ist ungleich wichtiger als die Frage, denn sie definiert mich, mein Ich also, beantwortet die Frage nach meiner Identität."

„Oder, wer ich bin. Meiner Meinung nach ...", fügte ich diese drei Worte hinzu: Meiner Meinung nach.

„Gibt es da einen Unterschied? Unsere Antworten spiegeln doch nur immer das Stadium unserer Verwirrung wieder und in welchen Irrtümern unserer Erkenntnis wir in diesem Moment Glanz finden, nicht wahr? Wer bin ich also? Ein Schnorrer, Schmarotzer, entbehrlicher Sesselfurzer?"

Ich ging nur bedingt auf sein Spiel ein. Oder war es kein Spiel, stellte er sich eben selbst diese Fragen? Ich weiß es nicht. Auf jeden Fall sagte ich: „Du meinst, du fragst nach deiner Identität?"

„Richtig. Identität ist vielschichtig und kompliziert. Bin ich der Typ, der sich von dir und anderen Zigaretten schenken lässt? Oder bin ich der Aktivist, der die Lohnsklaverei abschaffen will und diese Causa bis zum Ende durchdenkt? Du kennst mich als der eine oder das eine bezeichnen oder“, er zeigte auf drei Typen in dunklen Anzügen, die an einem anderen Tisch über Unterlagen und vor einem Laptop gebeugt saßen, „wie die dort drüben, mich als das andere sehen. Das nur, weil ich Jeans und eine Kapuzenjacke, sie aber Maßanzüge tragen. Wer hat recht? Das ist gar nicht so leicht zu entscheiden. Ich selbst bin ja nicht einmal immer gleich. Ich bin anders, wenn ich zwei Tage nichts gegessen habe, dann wieder ein anderer mit einem vollen Bauch nach einer deftigen Mahlzeit mit drei Bier, nachdem ich ein bestimmtes Buch gelesen habe. Wer bin ich also zum Kuckuck? Ich bin viele. Aber wie viele bin ich eigentlich?“

„Ich sehe, worauf du hinaus willst“, sagte ich.

„Bleiben wir bei kurz diesen drei schwarzen Anzugkleiderbügeln am Nebentisch“, fuhr er fort. „Für die ist klar, wer ich bin. Ich bin ihrer Meinung nach ein arbeitsloser Loser in einer Welt, in der sich die Superstars bejubeln lassen. Die haben kein Problem mit ihrer Identität. Wenn du sie fragst, wer sie sind, antworten sie mit ihren Jobs. Wir sind CEOs, werden sie dir sagen. Geschäftsführer, Abteilungsleiter, so was in der Art. Und ich bin ein Arbeitsloser oder Geisteskranker, den sie mit ihren Steuergeldern durchfüttern müssen. Was ein Fehler ist. Wenn der Staat mich nicht erhalten würde, würde ich arbeiten, weil ich nicht verhungern will und das Essen seinen Preis hat. Das wäre die Lösung. Wenn ich dann noch immer nicht arbeiten will, sollte man mich in ein Arbeitslager sperren, das wäre auch eine Lösung. Die Welt ist eben so, wie sie ist. Fast alles ist ökonomischen Zwängen unterworfen. Warum bilde ich mir also ein, die Ausnahme sein zu können? Alles und jedes hat seinen Preis. Wie komme ich also zu dieser Anmaßung?"

„Das denkst du?", fragte ich, nur um mich zu vergewissern.

„Nein, das denken die dort drüben", antwortete Sturz. „Sie sind sauer, weil wir hier im Kaffeehaus sitzen, rauchen und Kaffee saufen, genau wie sie, während sie arbeiten müssen und wir – ihrer Meinung nach – dumme und sinnlose Gespräche führen dürfen. Und ihre Identität? Das ist ihr Job. Nimmst du ihnen ihren Job weg, ist das, als wenn man eine Nadel in einen Luftballon sticht. Sie zerplatzen. Außer ihrer Lohnprostitution haben sie keinen Kern ihrer Identität. Das meinte ich mit dem Irrtum unserer Zeit. Menschen, die sich über ihre Arbeit definieren und sich mit ihr identifizieren."

5 Die Illusionen der Philosophie

Will man Sturz bzw. seine durch und durch autodidaktische Philosophie einordnen, tut man sich schwer. Vom Cogito ausgehend und auch in anderen Fragen, zum Beispiel die der Freiheit, vertrat er eine ähnliche, wenn nicht gar gleiche Positionen wie Jean Paul Sartre. Ich zitiere die These Sartres, die er am 2. Juni 1947 in der Sitzung der Societè Française de Philosophie zur Diskussion stellte:

„1. Das ‚cogito' ist ein Abstraktum, eine reine Form, insoweit man es von seinem ‚cogitatum' isoliert.

2. Es kann nicht eine einzige Wahrheit begründen, weil die Wahrheit, wie Hegel sagt, ‚geworden' und synthetisch ist: Sie impliziert eine zeitliche Entwicklung und das augenblickhafte cogito kann nicht die Zeitlichkeit fundieren. […]"

Ähnlich erblickte Sturz in Descartes Prozess des systematischen Zweifels und der Abtrennung des cogito, der Erkenntnis, von der Welt, die erkannt werden soll, einen unzulässigen Vorgang, weil der Erkennende und die Erkenntnis gleichfalls Teil der Welt sind und nicht unabhängig von ihr existieren können, sondern erst durch die Existenz der Welt ins Sein gelangten. Trotzdem lässt sich Sturz nicht als reiner Existentialist einordnen, weil er zwischen Existenz und dem cogito als unverzichtbare Zwischenglieder die Phänomene des Lebens und der Entwicklung einer Persönlichkeitsstruktur – kurz Ich – setzte. Somit könnte man mit Einschränkung seine Philosophie der Lebensphilosophie zurechnen, die in der heutigen modernen Philosophie als veraltet betrachtet wird. Die herrschende Meinung ist, dass sie ihre hohe Zeit im 19. Jahrhundert hatte – Schopenhauer und Nietzsche – und dann im 20. Jahrhundert unter Ludwig Klages verfiel, schließlich in Mystizismus, Esoterik und Nationalsozialismus einmündete.

Dies alles kann man Sturz nicht vorwerfen. Von Schopenhauer unterschied ihn auch, dass er jedem Organismus nicht nur einen Willen zum Leben (siehe Die Welt als Wille und Vorstellung), sondern auch ein cogito unterschiedlicher Ausprägung unterstellte, also nicht zwischen Mensch und Tier unterschied. Die Annahme einer Sonderstellung des Menschen, einen Unterschied zum Tier nannte Sturz „die zweite grundlegende Illusion der Philosophie“.

Von Sartre unterscheidet Sturz auch seine völlig andere Stellung zum Begriff des Nichts. Bekanntlich verfasste Sartre sein grundlegendes philosophisches Werk unter dem Titel Das Sein und das Nichts. Sturz weigerte sich beharrlich, dieses Buch zu lesen, benannte das Nichts als dritte Illusion der Philosophie und wurde nicht müde zu predigen, dass das Nichts nicht existiere. Es gäbe kein reales Nichts, denn irgendwo und irgendwann sei immer etwas, und wenn im Weltraum zum Beispiel „nichts“ existierte, so sagten wir damit, dass dort keine Materie wäre. Es existierten aber immer noch (leerer) Raum und Zeit. Also gäbe es das Nichts nicht.

Und weiter: „Es ist sinnlos, sich mit etwas zu beschäftigen, das es erstens nicht gibt, also nicht existiert, zweitens gar nicht existieren kann, weil es die logische Abwesenheit von Existenz beinhaltet und darstellt, drittens auf sprachliche Ungenauigkeiten zurückzuführen ist, die ausgemerzt werden sollten, und viertens nichts bringt, also in pragmatischer Sicht sinnlos ist. Das Nichts ist reine Hirnwichserei, geistige Onanie. Was soll der Satz bedeuten: ‚Das Nichts nichtet‘? Das ist genau so sinnvoll, wie wenn ich Wimbelklick krümelknatsch unner sage.“

Unter diesem Aspekt könnte man die Philosophie Sturzs jener von Wittgenstein als verwandt bezeichnen. Sturz sah in einigen Grundproblemen der Philosophie sprachliche Probleme, nämlich Wörter und Begriffe, denen nichts in der realen Welt entsprach. Das Nichts sei ein anderes Wort für Bewusstlosigkeit, meinte Sturz, nämlich unsere Vorstellung des Todes oder des Tiefschlafs. Oder der Leere, so sage man auch über ein leeres Zimmer: Hier ist nichts.

Das Nichts wäre der Versuch des Geistes, einen Überbegriff zu schaffen; so, wie man aus einzelnen konkreten Menschen in ihrer Gesamtheit das Abstraktum Menschheit schafft, so sei das Nichts der Versuch, das Wort nicht zu überhöhen. Das ergäbe sich bereits etymologisch, denn die Wortwurzel des Nichts wäre das Wort ‚nicht‘ im Deutschen, oder im Englischen wäre nothing von dem Wort ‚not‘ auszudrücken. Daher sei das Nichts nicht eine Form der Nichtexistenz, sondern eher ein Gegensatz zum Tun, eine Sonderform der Unterlassung.

Ich will mich hier nicht einlassen, ob diese Argumente stichhaltig sind, sondern nur die Vorstellungen Sturzs skizzieren.

Das hier das Unterlassen, dessen voluntative Komponente das Verweigern ist, und uns begegnet, ist kein Zufall. In der Philosophie Sturzs sind Unterlassung und Verweigerung kardinale Elemente, weil sie seine Theorie der Willensfreiheit begründeten. Hier ging Sturz, ganz modern, von der Neurophysiologie aus, davon, dass jeder Willensentscheidung elektrische Erregungen im Nervensystem zeitlich vorausgehen, die uns nicht bewusst sind.

Bekanntlich machte im Jahr 1979 der amerikanische Physiologe Benjamin Libet eine Entdeckung, die Natur- und Geisteswissenschaftler in Aufruhr versetzte. Er maß die Aktivität des Gehirns vor und während der motorischen Reaktion eines Menschen und stellte Erstaunliches fest. Schon bevor die Entscheidung zur Ausführung einer Bewegung ins Bewusstsein dringt, wird diese im motorischen Kortex vorbereitet. Libet folgerte, die Handlungen eines Individuums wären nicht auf dessen Willen zurückführbar, doch obwohl bald heftige Kritik an der Durchführung des Experiments geübt wurde, konnten die Zweifel an der Willensfreiheit bis heute nicht zerstreut werden. Allerdings zeigte sich in einem späteren Experiment, dass zwar diese Potenziale entstehen, dass aber die Versuchspersonen willentlich die intendierte Bewegung unterdrücken konnten.

Daraus schloss Sturz, dass Willensfreiheit nicht darin bestehe, was wir tun, sondern in dem, wofür wir uns entscheiden, es zu unterlassen und nicht zu tun. Kurz in der Verweigerung.

Und was sollte ein Mensch legitim nach Sebastian verweigern? Zunächst die Arbeit, weiters die Zumutung, keine Drogen oder psychoaktive Substanzen einzunehmen, wie Alkohol, Nikotin und vor allem Cannabis, weiters Konsum, Schulden und Werbung verweigern, weil diese drei Vorgänge uns an die Arbeit ketten und den schädlichen Arbeits-Konsum-Kreislauf perpetuieren, den Staat auch verweigern, der nur ein System der Unterdrückung sei, weiters die Fortpflanzung ausschalten, um das Elend der menschlichen Existenz zu durchbrechen und die Spezies Mensch, die nur Unglück über den Planeten und ihre Mitmenschen bringt, gewaltlos zum Aussterben zu führen, schließlich die Verweigerung des eigenen Lebens, also ein Eintreten für den Suizid.

Die öffentliche Wirksamkeit der Vorstellungen Sebastian Sturzs zeigte sich daran, dass er durch sein Volksbegehren „Cannabis-Legalisierung" tatsächlich eine Gesetzesänderung und freien Verkauf erreichen wollte und beinahe Erfolg hatte.

Ebenso ist bekannt, dass er mit der Initiative zu seinem zweiten Volksbegehren „Bedingungsloses Grundeinkommen für jeden erwachsenen Österreicher" scheiterte. Dieses hatte fulminant gestartet, von Null auf beinahe 100.000 Unterschriften in nur zwei Tagen. Letztendlich unterschrieben zwar 591.146 Menschen dieses Volksbegehren, scheiterte aber trotzdem. Das Ziel, 900.000 Unterschriften zu erreichen, was eine bindende Volksbefragung der Wähler nach sich gezogen hätte, wurde klar verfehlt.

Kanzler und Vizekanzler, die sich vor den Wahlen vehement für Basisdemokratie ausgesprochen hatten, lehnten eine Volksabstimmung ab. Vor 2029 werde es keine Volksabstimmung geben, erklärte der Vizekanzler vor dem Ministerrat. Geschuldet sei dies dem Regierungsprogramm. Damit war die Initiative „Bedingungsloses Grundeinkommen für jeden erwachsenen Österreicher“ gestorben.

Ich als Verfasser dieser Diplomarbeit bin aber der Ansicht, dass diese öffentlichen Vorgängen hinreichend rechtfertigen, sich mit der Philosophie von Sebastian Sturz ausgiebig auseinanderzusetzen, immerhin hatte er mehr erreicht, als die meisten universitären und beamteten Berufsphilosophen mit ihren Spitzfindigkeiten, Monografien und fruchtlosen Streitereien um Beistriche und Nebensächlichkeiten in den Werken von Kant oder Hegel, ihren Scheingefechten, die sie fernab von der wirklichen Welt in ihren bequemen Elfenbeintürmen vollziehen.

6 Wer ist der freieste Mensch im Supermarkt und wann ist der Whisky noch ein Whisky? Ein sokratischer Dialog

ELEUTHERIA

Personen des Gesprächs: Sebastian Sturz und Toni Schmidl

STURZ: Ah! Mein lieber Toni! Woher und Wohin?

SCHMIDL: Ich komme von der Uni und gehe heim. Komm mit mir und lass uns in diesem Supermarkt eine Flasche Whisky kaufen. Ich habe zu Hause nichts Alkoholisches zu trinken.

STURZ: Ja, Freund, da hast du recht. Ich liebe Whisky genau so sehr wie du. Darf ich dir eine Frage stellen, jetzt im Geschäft, die den Supermarkt betrifft.

SCHMIDL: Gerne, nur zu. Welche?

STURZ: Wer, meinst du, ist der freieste Mensch in diesem Supermarkt?

SCHMIDL: Alle Menschen in diesem Supermarkt sind mehr oder minder frei.

STURZ: Eben, auf dieses Mehr oder Minder kommt es an. Diese Kassiererin vorne an der Kassa, ist sie mehr oder weniger frei als wir?

SCHMIDL: Ich denke, weniger. Sie muss hier in ihrer Dienstzeit bleiben, sogar hinter der Kassa, während wir nach Hause gehen können. Wenn sie die Toilette aufsuchen will, muss sie zuerst einer Kollegin klingeln, damit diese eine andere Kasse eröffnet und die Kunden weiterbedient.

STURZ: Ihre Arbeit macht sie also unfrei?

SCHMIDL: Das könnte man sagen. Ich weiß, dass wir in diesem Punkt übereinstimmen. Jede Arbeit bedeutet Zwang und macht unfrei.

STURZ: Wie wahr, aber diese Dame könnte es anders sehen. Sie könnte dir erwidern, sie muss arbeiten, weil sie das Geld braucht, und sie will arbeiten. Sie arbeitet freiwillig.

SCHMIDL: Wo ist der Widerspruch? Eben dass sie arbeiten muss, und sei es nur des Geldes wegen, zeigt, dass sie unfrei ist. Ein Müssen bedeutet immer einen Mangel an Freiheit.

STURZ: Im Prinzip hast du, wie so oft, recht. Aber liegt hier nicht ein Sonderfall vor? Wenn das Sollen sich mit dem Wollen deckt?

SCHMIDL: Das gestehe ich zu. Wie immer gelingt es dir, mich zum Nachdenken zu bringen.

STURZ: Ich, mein Freund, würde unsere Kassiererin einen gemischten Fall nennen. Sie ist frei, den Punkt betreffend, dass sie arbeitet. Sie hat die Arbeit gewählt. Aber sie ist unfrei, das Geld betreffend. Das Geld zwingt sie, besser gesagt der Mangel an Geld.

SCHMIDL: Wenn ich dich richtig verstehe, besteht Freiheit also darin, wählen zu können? Freiheit ist Wahlfreiheit? Und du meinst, sie ist also frei und zugleich unfrei?

STURZ: Genau, darauf will ich hinaus. Die arme Kassiererin, sie ist frei und zugleich unfrei. Wie immer sind es hier nicht die äußeren Umstände, die uns verwirren, sondern es ist unsere Sprache. Wir im Deutschen haben nur ein deutsches Wort, die Freiheit. Das kann völlig Gegensätzliches ausdrücken. Die freie Wahl zu haben und zu tun oder zu lassen, was man will. Das nenne ich Freiheit-für-Etwas. Und etwas anderes, eine Form der Unabhängigkeit, der inneren Einstellung, die sich im Äußeren manifestiert, so wie sie die Stoiker und noch mehr die Kyniker besaßen. Das nenne ich die Freiheit-von-Etwas, eine Art der Unabhängigkeit, die sich in Bedürfnislosigkeit, Verweigerung, Askese oder Verzicht äußert. Im Altgriechischen wird unterschieden, denn es gibt zwei Formen der Freiheit, die Eleutheria, eine Unabhängigkeit, und eine Art Vorrecht, Pronomio. Mit der Beschäftigung anhand zeitloser Gedanken der Antike lernt man ganz von alleine den Begriff der Freiheit zu deuten und zu leben. Wer Griechisch lernt, hat die Chance, von der ersten Stunde an eine geistige Orientierung zu erwerben, die ihn gegen gewisse Zeitkrankheiten immun macht.

SCHMIDL: Das ist mir alles zu abstrakt und Altgriechisch werde ich auch nicht mehr erlernen. Welchen Whisky sollen wir kaufen?

STURZ: Bleiben wir noch kurz bei der Geschichte der Kassiererin. Verglichen mit ihr hat der Filialleiter mehr Freiheit, denn er gibt ihr die Anweisungen und kann selbst aufs Klo gehen, wann immer er will. Trotzdem kann er morgen seinen Job verlieren, denn der Eigentümer dieser Ladenkette kann die Filiale schließen und ihn auf die Straße setzen. Dann ist die relative Freiheit des Filialleiters wieder am Ende. Kurz, wer die meiste Macht hat, in diesem Fall die Firmenleitung, und das Geld, hat das Sagen. Das ist Freiheit.

SCHMIDL: Das klingt für mich nach Karl Marx und Kapitalismuskritik. Der Eigentümer besitzt die Produktionsmittel, Kassiererin und Filialleiter nur ihre Arbeitskraft.

STURZ: Warum nicht? Ist ein Supermarkt nicht die geeignete Metapher für diesen Sachverhalt und unsere Konsumgesellschaft? Und jetzt gehen wir aus dem Laden raus, ohne etwas zu kaufen.

SCHMIDL: Warum das? Was ist mit dem Whisky?

STURZ: Mir ist eben eingefallen, wir brauchen ihn nicht. Meine Cousine hat mir eine Flasche zum Geburtstag geschenkt, die in meinem Kleiderschrank liegt. Auf einer anderen Ebene gebrauchen wir jetzt unsere Freiheit und sind die freiesten Menschen in diesem Supermarkt.

SCHMIDL: Wie das?

STURZ: Wir steigen aus dem Konsumkreislauf aus. Damit sind wir dem Ladeneigentümer ebenbürtig, wenn nicht gar überlegen. Wir brauchen ihn nicht, aber er uns. Stell dir vor, wenn das alle machten, bleibt er auf seinem Whisky und seinem ganzen Dreck sitzen, muss in Konkurs gehen.

SCHMIDL: Oder billiger werden, den Preis heruntersetzen.

STURZ: Wenn das so ist, kommen wir vielleicht wieder. Stell dir vor, drei Flaschen für den Preis von einer.

SCHMIDL: Jetzt habe ich eine philosophische Frage an dich. Oder ist es eine linguistische? Wann ist ein Whisky noch ein Whisky? Wenn ich zum Beispiel Wasser hineingebe oder Coca-Cola? Und ab welcher Verdünnung?

STURZ: Eine gute Frage! Du weißt mich auf den klassischen Denkfehler der Logik, den Satz vom ausgeschlossenen Dritten, hin? Etwas ist A oder Nicht-A als Axiom. Richtig, so funktioniert es nicht. Was ist mit Whisky, den ich homöopathisch verdünne, ein Whisky in der Potenz D 12? Ist das nur noch Wasser? Oder was geschieht, wenn ich zum Whisky noch Cola, Rum und Kirschlikör hinzufüge?

SCHMIDL: Das müsste Rum-Whisky-Kirschlikör-Cola sein. Oder vereinfacht ausgedrückt, ein Cocktail.

STURZ: Wir sollten eine rauchen, wenn wir aus dem Geschäft draußen sind.

SCHMIDL: Gewiss. Aber das Thema, über das wir uns unterhielten, war die Freiheit. Nun, weiser Sebastian, sage mir, ist dieser Akt des Zigarettenrauchens ein Akt der Freiheit oder der Unfreiheit?

STURZ: So höre denn, da ich die Wahl habe, zu rauchen oder nicht zu rauchen, und ich wähle, übe ich gemäß meinem Willen meine Wahlfreiheit aus, so ist es ein Akt der Freiheit. Da ich aber das Verlangen nach Nikotin verspüre, das durch den Genuss vieler früherer Zigaretten ausgelöst wurde, weil mein Nikotinspiegel im Blut absinkt, weiters, weil ich durch die Werbung mit dem Wunsch nach Zigaretten infiziert und mir eingetrichtert wurde, dass Rauchen cool ist, hat sich ein innerer Zwang aufgebaut und diese Zigarette ist ein Symbol meiner Unfreiheit.

SCHMIDL: Gerätst du nicht hier mit dir selbst in Widerspruch? Wie kann ein Etwas etwas und zugleich sein Gegenteil sein?

STURZ: Erinnere dich an die Illusion des Satzes vom ausgeschlossenen Dritten. Er verleitet uns zum Dualismus, zum Schwarz-Weiß-Denken und zur unzulässigen Vereinfachung. Bist du nicht für mich, so bist du wider mich. Aber das stimmt nicht, ich kann auch neutral sein. Ich würde sogar sagen, dass Wahlfreiheit erst ab mindestens drei Möglichkeiten entsteht, sonst ist es wie die Entscheidung zwischen Pest und Cholera. Weg also vom Entweder-oder-Denken zum Sowohl-als-auch-Denken. Rauchen ist zugleich frei und unfrei, vieles im Leben ist vermischt. Durch das Vermischte entsteht etwas Neues, Anderes, nämlich das Weder-Noch, dem wir erst einen Namen geben müssen. Das, was wir Menschen im Westen leben, ist weder Freiheit noch Unfreiheit, sondern ein Sowohl-als-Auch. Ein reines Dazwischen.

SCHMIDL: Wie würdest du also Freiheit definieren?

STURZ: Freiheit ist die Summe aus unseren eigenen Wahlmöglichkeiten und zugleich der Wahlmöglichkeiten, die uns andere erlauben.

Diesen pseudophilosophischen Dialog haben Sebastian Sturz und ich gemeinsam verfasst. Wie leicht zu erkennen, in der Absicht, uns über Platon lustig zu machen, seine oberlehrerhafte und altkluge Art zu philosophieren. Viel Geschwätz, weil Platon nicht imstande war, anständige philosophische Essays zu schreiben. „Alle diese Bücher“, sagte Sturz zu mir und zeigte auf die Berge von philosophischen Werken in seiner Wohnung, „lauter totes Holz.“

Wenn man ihn beleidigen wollte, musste man ihn nur einen Philosophen nennen. Er hielt das alles für Haarspalterei und für eine Karikatur von Wissenschaft. Einmal sagte er zu mir: „Die Philosophen befassen sich mit einem Wolkenkuckucksheim, das keinen Berührungspunkt zum tatsächlichen Leben von Politikern, Wissenschaftlern und Leuten wie uns aufweist. Außerdem schreiben sie nur für eine kleine Gruppe von ihresgleichen, die durch Gehälter, Pensionsansprüche und universitäre Laufbahnen definiert sind. Sie können keine einzige Zeile schreiben, ohne Heidegger, Nietzsche oder Derrida zu zitieren und zwischen den Jahrhunderten der Philosophiegeschichte hin und her zu pendeln. Das alles hat mit Philosophie nichts zu tun. Wer liest schon über Logik, Ethik oder Ästhetik? Das hat mit dem richtigen Leben nichts zu tun. Menschen werden geboren, rauchen, verlieben sich, fressen, saufen und ficken, schreiben Gedichte, Romane oder komponieren Songs, spielen Computerspiele, bringen Tiere oder andere Menschen um, tanzen, argumentieren, schreiben SMS, fahren Auto, werden krank und sterben. Das ist das echte Leben!

Es gibt keine philosophischen Probleme im Leben der Staatsbürger, alles erscheint klar, so lange es Routinen gibt und der Kreislauf Arbeit – Konsum bleibt, sie ihr Auto, ihren Fernseher und ihr Schnitzel haben. So lange Texte auf herkömmliche Weise gelesen werden, noch besser, gar nichts gelesen wird, und keine unangenehmen Fragen gestellt werden."

„Warum sind diese Dialoge schlecht, warum willst du deine Ideen nicht so vorstellen?", fragte ich ihn.

„Weil dann alles wieder nur auf dem Papier geschieht, nicht in Aktion und mit lebenden Menschen. Das ist wieder eine Einladung zum Mitdenken, der keiner nachkommen wird. Deshalb spreche ich über YouTube zu echten Menschen und lasse Plakate drucken und aufkleben, die echte Menschen lesen, keine erfundenen Dialogpartner."

In der ZIB-2-Fernsehdiskussion zum Thema Bedingungsloses Grundeinkommen für erwachsene Österreicher hatte ein Diskussionsteilnehmer zu Sturz gesagt: „Wir haben Ihre Argumente gehört und verstanden. Sie, als Philosoph meinen …“

Sturz fiel ihm ins Wort: „Nein! Das sage ich zu ihnen, Sebastian Sturz, dieser Mensch, der jetzt vor Ihnen sitzt. Kein Philosoph.“

„Aber wenn Sie Ihre Argumente nicht philosophisch verstanden möchten, warum sollte Ihnen dann irgendjemand zuhören?“

„Warum sollte überhaupt irgendjemand einem anderen zuhören? Sie scheinen ja zu glauben, Worte hätten nur dann Substanz, wenn sie von einem bestimmten Berufsstand benutzt werden. Hat ein Arbeitsloser Ihnen nichts zu sagen? Wachen Sie endlich auf! Sie dreschen nur leere Phrasen und wiederholen abstrakte Argumente. Hier geht es aber um wirkliche Menschen. Die sind nicht so, sie hoffen auf ein besseres Leben, wenn schon nicht für sich selbst, dann wenigstens für ihre Kinder. Und diesen einfachen Menschen kann mit dem, was ich propagiere, zu einem Leben in Freiheit und Würde geholfen werden.“

Nach dieser Diskussion sagte er zu mir: „Ich will die Menschen nicht durch Argumente überzeugen, sondern zu meinen Ansichten bekehren.“

Ein anderes Mal meinte er: „Ich bin kein Philosoph und ich möchte auch nicht so genannt werden, nur weil ich denke: Was für ein Wahnsinn, aus dem Denken ein Geschäft zu machen. Der Mensch ist ein denkendes Tier. Wie wir alle wissen, gibt es zwei Prozesse, die der Mensch während seines Lebens nicht anhalten kann: zu atmen und zu denken.“

Dann fügte er mit einem feinen Lächeln hinzu: „Aber das Denken macht mich traurig. Leider. Wenn du Genaueres darüber wissen willst und warum das so ist, kannst du es bei Schelling Über das Wesen der menschlichen Freiheit nachlesen."

Ich würde also sagen, diese Freiheit nehme ich mir hier in dieser meiner Diplomarbeit, dass Sebastian Sturz der Philosoph war, der dies abstritt und sich weigerte, ein Philosoph zu sein.

7 Die Illusion der Zeit und der Wendepunkt der Physik

„Es gibt keine Zeit, es gab sie nie und es wird sie nie geben." Das waren Sturzs Worte.

„Was meinst du damit?", fragte ich nach.

„Es gibt nur den Raum, das ist unsere Matrix, in der wir uns und alles sich bewegt. Raum ist messbar, Längenmaße, und spürbar, indem du dich bewegst, ihn einnimmst. Kannst du Zeit einnehmen? Es gibt Dinge, die dir nah sind im Raum, andere sind weiter weg. Aber dass die Zeit an dir vorüber fließt ist genau so absurd wie die Vorstellung, dass der Raum an dir vorbeifließt. Du bewegst dich nur hin und her."

„Aber Zeit misst man doch, nimm die Uhr, den Sekundenzeiger."

Wie immer ließ ich mich auf seine Gedankenexperimente ein.

„Und was misst du da? Den Weg des Sekundenzeigers von A nach B. Auch das ist ein Längenmaß, also ein Raummaß. Du misst Veränderung, nichts anderes."

„Das ist absurd", antwortete ich. „Wenn der Zeiger stillsteht, dann ändert sich auch der Augenblick nicht mehr, nach deiner Argumentation. Die Zeit stünde still."

„Genau so ist es“, erwiderte er triumphierend. „Die Zeit steht still und das nennen wir Gegenwart. In die Vergangenheit gelangst du nur in deinem Kopf und durch räumliche Prozesse, indem du andere Verschaltungen in deinem Großhirn aufrufst, also neue elektrische Abkürzungen nimmst.“

„Blödsinn“, rief ich.

„Du kannst durchaus mit einem roten Punkt markieren, wovon du denkst es sei ‚jetzt‘, aber es gibt nichts, das diesen Ort unterscheidet von jedem anderen, außer dass du dort bist. Hast du es endlich begriffen? Parmenides und die Schildkröte.“

Darauf ließ ich mich nicht ein, auf Parmenides meine ich. Das verwirrt nur. Wir stritten hin und her, wobei es sinnlos war, auf Physik zurückzugreifen. Wir beide verstanden nichts von Physik.

Sturz stellte folgende Theorie auf: Die Zeit ist nur eine weitere Funktion des Raumes. Raum und Zeit sind eines. Ich bewege mich gleichzeitig von A nach B im Raum und in der Zeit, denn ein anderer Ort vermittelt uns die Illusion „in einer anderen Zeit zu sein“. Die „Reise in Vergangenheit oder Zukunft“ nannte Sturz es und beschrieb es wie ein Schachspiel: Der Springer zieht von B1 nach C3 und erlebt es als unterschiedliche seelisch-geistige Zustände, als vorher und nachher.

„Wenn ich also in den Nebenraum gehe, in dem ich vor einer Stunde war, dann befinde ich mich in der Vergangenheit?“

Ich dachte, damit hätte ich die Unsinnigkeit seiner Theorie ausgehebelt, doch er sah mich an wie einen Schwachsinnigen.

„Natürlich nicht! Du übersiehst den Punkt, dass du nicht an denselben Ort zurückkehrst, das du es gar nicht kannst. Die Zeit beginnt mit dem Urknall, das heißt, die räumliche Zeit, wenn du so willst und ohne Zeitbegriff nicht auskommen kannst. Seitdem dehnt das Universum sich aus. Als Expansion des Universums wird die von Beobachtungen abgeleitete Zunahme der räumlichen Ausdehnung des Universums bezeichnet. Diese wird über die stetige Zunahme der Entfernung weit voneinander entfernter Objekte im Raum definiert. Das heißt, wenn du in einer Stunde in dein Klo gehst, bist du räumlich ganz woanders als damals, als du das letzte Mal aufs Klo gingst. Das Raumschiff Erde hat dich als Passagier zu einem neuen, vom ursprünglichen Mittelpunkt des Universums noch weiter entfernten Punkt gebracht."

„Das heißt also?" Ich versuchte, seine absurde Theorie zu verstehen.

„Gesetzt den Fall, du hättest ein Raumschiff und könntest in deiner Vergangenheit landen. Zeitreise. Unser Planet hat einen Ort im All, der 2018 genannt wird, einen anderen, den wir 2019 nennen, und so immer fort, bis zum Ende der Zeit. Oder um beim Schachbeispiel zu bleiben, wenn das Schachspiel am gleichen Ort verbliebe, so wäre der nächste und zweite Zug Sc3 auf Sb1 zugleich ein Rösselsprung in die Vergangenheit dieser Schachfigur. Zurück zum Ursprung."

„Wobei als logische Folge zwei Schachfiguren, zwei Springer auf b1 stehen müssten."

„Guter Einwand", sagte er, „so genau habe ich es noch nicht durchgedacht. Aber ich gehe von einem sehr großen Schachbrett aus." Dann fügte er noch eine rätselhafte Bemerkung hinzu: „Die Katze, die springt, ist nicht die gleiche Katze, die landet."

„Wieso das?"

„Während wir leben, scheinen wir uns durch eine Aneinanderreihung von Jetzt-Momenten zu bewegen. Die Jetzt-Momente kann man sich vorstellen als Seiten eines Romans, die vom Buchrücken gerissen und wahllos auf den Boden geworfen wurden. Jede Seite ist eine getrennte Einheit, die ohne Zeit existiert. Wenn man die Seiten nach einem bestimmten Muster ordnet und sich Schritt für Schritt durch sie hindurchbewegt, wird sich die Geschichte entfalten. Jedoch, egal wie wir die Seiten anordnen, ist jede Seite vollständig und eigenständig. Die Zeit ist eine Illusion, weil wir uns erinnern, also alle Jetzt-Momente gleichzeitig in unserem Kopf erleben können, oder die Zukunft antizipieren, sie ist nichts anderes als die geschriebene Geschichte, der Inhalt, aber nicht die physische Substanz des Buches."

Heute noch, wenn ich seinen damaligen Gedanken folge, schwindelt es mir. Alles geschieht gleichzeitig? Wirklich?

Bin ich zugleich der Säugling, der aus dem Geburtskanal meiner Mutter gepresst wird, der kleine Toni an seinem ersten Schultag, der Toni Schmidl, der in diesem Moment in seinen Computer tippt, der Vater meiner zukünftigen Kinder und zugleich der alte Mann, der am Ende stirbt? Ich kann es mir nicht vorstellen.

Sturz sagte, es wäre denkbar. Die Zeit hätte nur die Funktion, dieses wirre Ganze zu ordnen.

Kant behandelte Raum und Zeit nacheinander, verwendete aber deckungsgleiche Argumente. Unter metaphysischer Erörterung verstand er eine Argumentation, die zeigt, dass der untersuchte Gegenstand a priori ist. Seine Gedankenkette: Man kann sich kein Aufeinanderfolgen vorstellen, wenn es nicht die Zeit gibt. Man kann sich nicht vorstellen, dass es keine Zeit gibt. Die Zeit an sich ist etwas Ungeteiltes. Einzelne Zeitabschnitte sind immer Teil der einen Zeit an sich. Die ursprüngliche Vorstellung von Zeit ist uneingeschränkt.

Kant wollte somit zeigen, dass diese reinen Anschauungen Bedingungen der Möglichkeit von Erkenntnis sind. Mir scheint, wenn ich Kant richtig verstanden habe, dass er etwas Ähnliches oder gar das Gleiche wie Sturz behauptete.

Peter Slojterdijk übrigens auch, denn in seinem Essay nannte er Sturz einen „verständnislosen und unverstandenen Postkantianer", der „die Hochschätzung der Tat, der Bewegung um der Bewegung willen, das Vermeiden jeder objektiven Orientierung irgendwelcher Art als Königsweg ansieht. Das Ziel ist die Handlung als solche; die Freiheit der Handlung ist Selbstzweck."

Die Zeit: „Wenn man so hinlebt, ist sie rein gar nichts. Aber dann auf einmal, da spürt man nichts als sie. Sie ist um uns herum, sie ist auch in uns drinnen. In den Gesichtern rieselt sie, im Spiegel da rieselt sie, in meinen Schläfen fließt sie. Und zwischen mir und dir da fließt sie wieder, lautlos, wie eine Sanduhr."[6]

Aristoteles zufolge ist alles nur in der Gegenwart wirklich, die die „Vergangenheit und Zukunft verbindet", die beide nicht existieren: „Ein Teil der Zeit war und ist nicht, während der andere sein wird und noch nicht ist." Doch diese Auffassung hat die paradoxe Konsequenz, dass Aussagen über Aristoteles, der vor gut 2300 Jahren lebte und die Zeit als „Zahl der Bewegung nach dem Früher oder Später" definierte, eigentlich sinnlos sind. Aber das kann nicht stim-

[6] Hugo von Hofmannsthal: Der Rosenkavalier

men. Zukunft und Vergangenheit sind ebenfalls wirklich. Und Objekte existieren nicht nur in der Gegenwart, sondern auch in der Vergangenheit, so, wie Aristoteles, und in der Zukunft, so, wie ich morgen existieren werde (wenn ich nicht heute Nacht sterbe).

Irgendwie kam unsere Diskussion, die wir am Wochenende bei zwei Flaschen Wein fortsetzten, zu folgendem Punkt: Es gehe in der reinen Erlebnisanalyse darum, allein das Objekt, so, wie es vom Bewusstsein konstituiert wird, zu analysieren, ohne dabei zwischen mentalen Dingen im Bewusstsein und realen Dingen in einer Außenwelt eine Unterscheidung zu treffen, bei der die realen Dinge eventuell mit den mentalen Dingen korrespondierten. Anders ausgedrückt: Das Erleben der Zeit in uns beweise nicht, dass sie außer uns existiere.

Oder wie Sturz es ausdrückte: „Wir müssen zunächst von den Vormeinungen, die wir herkömmlich über Zeit haben, gänzlich absehen und uns von allen Vorurteilen und Theorien freimachen, die unser bisheriges Denken der Zeit bestimmt haben. Diese Befreiung von Vormeinungen über Zeit habe zu bestehen in einem völligen Ausschluss jedweder Annahmen, Festsetzungen, Überzeugungen in Betreff der objektiven Zeit.

Soweit war Husserl auch gekommen. Und so wie er komme ich nicht weiter. Alles, was ich dir sagte, war ein bloßes Gedankenexperiment, eine Denkfigur. Ich wollte nur eben außen und innen vertauschen, Raum und Zeit wie Kulissen verschieben."

Wir haben später nie wieder über die Zeit gesprochen. Diese Gespräche habe ich aber nicht vergessen.

Unlängst las ich in einem Buch von Fernando Pessoa folgendes Zitat: „Vielleicht gelangt die künftige wissenschaftliche Forschung zu der Erkenntnis, dass alle Wirklichkeiten die Dimensionen ein und desselben Raumes sind, der daher weder materiell noch geistig ist. In der einen Dimension leben wir als Körper, in der anderen als Seele."

Darüber hatte ich auch mit Sturz gesprochen, über die Seele.

„Die Seele gibt es nicht", sagte er, „weil es kein Ich gibt. Es gibt nur ständigen Wechsel von Bewusstseinszuständen in Datenströmen."

Ja, es stimmt, gegen Ende seines Lebens wurde Sebastian Sturz immer unverständlicher.

8 Biografie und Philosophie (Maria Schreiber)

War ich wirklich Sturzs Freund?

Entlarvend für jene Zeit ist, dass ich die Frage für mich selbst umformuliere: War Sebastian Sturz wirklich mein Freund?

So funktionieren die Selbsttäuschung und die Irrwege der Selbstfindung, dass man sich selbst erst verlieren muss, bis man sich selber finden kann.

Meine Geschichte handelt von der Freundschaft zweier Männer und vom Verrat des einen, von sexueller Begierde und davon, wie schnell Zufall, Ruhm und Gewalt scheinbar geordnete Leben zerstören können. So schwer es für mich ist, das auszusprechen, ich begreife jetzt, dass ich es war, dem es an Freundschaft fehlte.

Was mich in meinem Philosophiestudium störte: Dass philosophische Werke wie erratische Blöcke gelesen und besprochen wurden, die unabhängig vom Leben und den Lebensgeschichten ihrer Verfasser bestanden. Fakt ist doch, dass eine bestimmte Philosophie untrennbar mit der Biografie ihres Urhebers entsteht, interpretiert werden sollte und dass zahlreiche, oft nicht einfach zu durchschauende Wechselwirkungen und Beeinflussungen zwischen diesen beiden Bereichen bestehen.

Beispiele: Karl Marx war der schmarotzende Freund von Friedrichs Engels, der ihm die Ellbogenfreiheit gewährte und das Privileg, seinen Unterhalt (und den seiner Familie) nicht zu verdienen, sondern jahrelang im British Museum zu studieren und an seiner Ideenwelt des Kapitals zu basteln. Der „Mehrwert" von Karl Marx hieß somit Friedrich Engels, der auch seinen eigenen Profit einfuhr, denn Marx verschaffte dem geistigen Leichtgewicht Engels den Aufstieg in das Pantheon des Kommunismus und der Geisteswelt. Ähnlich kann auch das Verhältnis von Sturz und Günter Gmeiner charakterisiert werden.

Oder: Die pessimistische Philosophie Arthur Schopenhauers ist nur bedingt zu verstehen, wenn man nicht im Gedächtnis behält, dass Schopenhauer derjenige Philosoph war, der mit den Weibern nicht zurechtkam. Hierfür stehen das Verhältnis zu seiner Mutter und die Anekdote mit seiner Haushälterin, die er zuerst im Wutanfall über die Treppe hinunterstößt, um ihr dann lebenslang zähneknirschend eine Rente als Schadenersatz zu bezahlen.

Was ich mit dieser langen Einleitung bezwecke? Den peinlichen Punkt hinauszuzögern, in dem ich das heikle Thema beleuchte, dass das Verhältnis zwischen Sturz, Maria Schreiber und mir betrifft, das sowohl die Philosophie Sturzs wie auch sein Ableben beeinflusste. Wenn ich somit die Grenzen des Privaten und der Diskretion überschreite, so habe ich meine gewichtigen Gründe dafür.

Maria Schreiber haben wir bereits im Bericht von Sturzs über seinen Aufenthalt in der Psychiatrie kennengelernt. Sie war achtzehn Jahre alt, als ich sie kennenlernte, eine mittelgroße junge Frau mit atemberaubender Figur, kurz geschnittenen und unterschiedlich gefärbten Haaren, einem Piercing im linken Nasenflügel und zwei Diamantsteckern in den Lippen. Ihr Auftreten, ihre Stimme und ihre Augen strahlten eine ungeheure Wut und eine noch größere Intensität aus, die mich ungeheuer anzogen. In meinen Gedanken taufte ich sie auf den Vornamen Intensity.

Über ihre Kindheit und früheres Leben weiß ich nur wenig. Sie wuchs im Wechsel bei Pflegeeltern, Verwandten und in Einrichtungen des Amtes für Jugend und Familie auf und wurde rasch auffällig. Alkoholexzesse, Verweigerung des Schulbesuches und kleinere Gewaltdelikte. Vor ihrer Einweisung in die Psychiatrie war sie eine radikale Tierschützerin geworden und hatte zusammen mit Gesinnungsgenossen nachts eine Hühnerfarm heimgesucht und zigtausende Hühner aus verbotener Käfighaltung „befreit", nebst einigen anderen Aktionen. Unmittelbarer Anlass zur Überstellung in die Psychiatrie war ihre polizeiliche Festnahme gewesen, nachdem sie einen Fiaker mit einem Messer verletzt hatte, weil er das Pferd schlug.

Dass die Schreiber drei Monate älter als ich war (ungeachtet der Geburtsjahre), erlaubte mir, sie mit gespielter Ehrerbietung und Ehrfurcht zu behandeln. „Du als die Ältere hast den Durchblick und die Weisheit, du weißt Bescheid", auf diese Weise gelang es mir, sie zum Lachen zu bringen und zugleich ein wenig herunterzuholen, wenn sie wieder einmal zu extrem in ihren Standpunkten wurde.

Maria Schreiber – wie soll ich sie beschreiben? Ihr vorherrschendes Gefühl war Wut, eine schneidende ausgewachsene Wut, die nach allen Richtungen aufschäumte. Wut auf Österreich und seine politischen Heucheleien, Wut auf die Doppelmoral der Spießbürger und ihre sexuelle Verklemmtheit, auf die Katholiken und die Islamtrottel (so nannte sie sie), also auf alle Idioten, die an Gott oder ein Leben nach dem Tod glaubten, Wut auf unseren Umgang mit der Umwelt und den Tieren, Wut auf die Erbärmlichkeit nur einer dem Geld verpflichteten Kultur, Wut als Waffe zur Zerstörung von Selbstgewissheiten.

Wir saßen zusammen im Kaffeehaus, vier Monate nach unserer ersten Begegnung. Sie hatte ihre Kaffeetasse vor sich hingestellt, ihre Zigarette in den Aschenbecher gelegt, griff über den Tisch und nahm meine Hand.

„Du liebst mich, habe ich recht?"

„Natürlich liebe ich dich", sagte ich, überrascht von meinem Mut, es endlich auszusprechen.

„Dann fick mich!" – Mir blieb die Luft weg, aber Maria redete weiter.

„Seit dem ersten Tag, als du mich getroffen hast?"

Ich zog meine Hand zurück und blickte verlegen auf den Tisch.

„Was soll das?", sagte ich. „Sebastian ist mein bester Freund. Willst du mich anmachen? Du bist seine Freundin."

„Die Sache ist ganz klar. Du willst bloß nicht verstehen, was ich dir sage. Wir werden miteinander schlafen. Verrenk dich nicht, du kannst mich haben."

„Herrgott, Maria, du bist mit meinem besten Freund zusammen. Red nicht so, das ist ekelhaft. Das ist nicht recht", widersprach ich noch einmal.

Sie beugte sich über den Tisch und küsste mich auf den Mund.

Danach hatten wir immer wieder Sex. Unsere Liebesspiele vollzogen sich wortlos und intensiv, wie Ohnmachten in den Tiefen der Reglosigkeit. Schreiber besaß die totale Kontrolle über ihre Scheidenmuskulatur, mal war es ein festes, sicheres Zupacken, mal langsam, mit leichtem, unwiderstehlichen Druck, mal in heftigen, rebellischen Kontraktionen. Sie war die siebte Frau, mit der ich geschlafen hatte. Schreibe ich das als Entschuldigung oder Erklärung? Ich weiß es nicht. Kurz: Sie spannte ihre Möse an, ganz wie es ihr gefiel.

Was taten wir noch im Bett, außer miteinander zu vögeln? Wir rauchten und schauten dabei schweigend in die Luft, sprachen über Tierrechte oder wir lasen uns gegenseitig vor. Mit Sturz lasen wir politische und philosophische Bücher, die wir abschnittsweise diskutierten. Wir beide lasen nur Romane. Michel Houellebecq, Haruki Murakami, Ian McEwan und Toni Auster, der unser Lieblingsautor wurde.

Immer wieder ging es um Liebe und auch um Selbstmord. Für mich war das ein sehr abstraktes Thema. In diesem Punkt war ich allen anderen Menschen gleich, denen ihr Tod im Allgemeinen mehr oder weniger gleichgültig ist. Ihre einzige Sorge besteht darin, der körperlichen Qual so weit wie möglich zu entkommen. Die Schreiber war anders, von diesem Thema fasziniert.

„Haben wir genügend Mut zum Selbstmord?“, war die Frage, die sie sich selbst und mir stellte. Und fuhr fort: „Das ist keineswegs sicher.“

Weshalb ich mich daran erinnere? Weil Sturz an einem anderen Zeitpunkt exakt die gleichen Worte benutzte.

9 Eine spezielle Mischung

Salpeter ist der Trivialname von häufig vorkommenden Nitraten in Salzform, in unseren Breiten Kalisalpeter, KNO3.

Holzkohle war die Kohle der armen Leute, die der Köhler im Wald erzeugte, indem er getrocknetes Holz unter Luftabschluss erhitzte, somit Kohlenstoff, der mit dem chemischen Symbol C bezeichnet wird.

Und Schwefel, das chemische Element mit dem Symbol S, ist ein gelber Festsstoff, der seit etwa fünftausend Jahren bekannt ist – schon die alten Griechen räucherten mit Schwefel bei ansteckenden Erkrankungen – und der in Reinform in Lagerstätten vorgefunden wird.

Jede dieser Substanzen für sich kann etwas, aber nicht das, was sich erst bei ihrer Mischung im richtigen Verhältnis entwickelt. 75 Prozent Salpeter, 10 Prozent Kohle und 15 Prozent Schwefel zusammen bilden Schwarzpulver, das in China im elften und in Europa im dreizehnten Jahrhundert erfunden wurde. Es ist eine explosive pyrotechnische Mischung, die unter hoher Rauchentstehung abbrennt, detoniert. Das Schießpulver leitete eine neue Ära der Kriegsführung ein.

Eine ähnlich explosive Mischung entstand, als sich drei Menschen in der Psychiatrie begegneten. Anders gesagt, diese drei zusammen waren „sozialer Sprengstoff", wobei jeder seine eigene Motivation und Fähigkeiten einbrachte und beisteuerte.

Beginnen wir mit Günter Gmeiner.

Der Vater Alexander Gmeiner wurde 1940 in Wien geboren und starb 2022. Er wuchs im elterlichen Betrieb, einem Geschäft für Werkzeuge und Maschinen in der Kaiserstraße

29 in Wien-Mariahilf, auf. Hier erhielt er eine Ausbildung zum Großhandelskaufmann. 1959 übernahm der knapp 20-jährige den Betrieb seines Vaters und konnte dank guter Erfolge das Sortiment um neue Werkzeuge und Maschinen erweitern. 1967 eröffnete er die erste Filiale außerhalb von Wien, der dreiundzwanzig Filialen und zehn Shops folgten. Das war ihm nur möglich, weil er 1958 bei einem Ball in der Hofburg Anita Banz kennenlernte.

Tief verwurzelt in der Moderne, ist es eines der ältesten Möbelunternehmen überhaupt, mit Anfängen im Jahr 1865. Durch den Stammsitz in Herrenberg befand es sich in unmittelbarer Nähe von Stuttgart, einem der wichtigen Zentren der klassischen Moderne in Deutschland. Hier studierten Oskar Schlemmer und Johannes Itten, Künstler also, die später mit dem Bauhaus in Verbindung gebracht wurden.

Familie Banz unterstütze den jungen Alex Gmeiner finanziell, der sich 1963 mit Anita verehelichte, und ihre Designer entwarfen kostengünstige Selbstbaumöbel. Das Gmeiner'sche Geschäftsmodell beruhte auf zwei Säulen: hochqualitative Selbstbaumöbel sowie Handel und Verleih von Werkzeugen.

So wurde das Ehepaar Gmeiner (Banz) zu einem der reichsten Unternehmer in Österreich und sie zu Milliardären. Ihre Tochter Annabelle wurde 1965 geboren; nach jahrzehntelanger Ehe folgte 1990 als Nachzügler der einzige Sohn und Stammhalter Günter. Beide Kinder standen im Schatten ihrer erfolgreichen Eltern, beide scheiterten in der Schule.

Wenn das Anspruchsdenken vor das gemeinsame Ziel tritt, Traditionen innovativ weiterzuentwickeln, ist in Familienunternehmen ohnehin oft schon der Keim zum Niedergang gelegt. Dass die Nachfahren des Textilhauses Palmers offenkundig andere Interessen hatten, als Edelwäsche zu verkaufen, hat die Marke ebenso erschüttert, wie die aktuellen Streitigkeiten der Leder-&-Schuh-Eigentümer (Humanic) das Grazer Traditionsunternehmen in negative Schlagzeilen bringen. Oder die Fotokette Niedermayer, auch sie hatte keinen Fortbestand. Dass nur die Hälfte der Familienunternehmen mit Erfolg von der ersten Generation auf die zweite übertragen werden, von der zweiten auf die dritte gar nur mehr zehn Prozent, wurde in einer Studie süffisant so kommentiert: Der Vater erstellt's, der Sohn erhält's, dem Enkerl zerfällt's und die vierte Generation studiert Kunstgeschichte.

Bis zur vierten Generation kam es bei den Gmeiners gar nicht. Bereits die Tochter Annabelle studierte Kunstgeschichte und gab zu verstehen, mit dem Geschäft nichts zu tun haben zu wollen.

Der Sohn Günter rotierte in verschiedenen Funktionen durch das Unternehmen und eckte überall an. Er begann schließlich ein Studium und einen Nebenjob im Marketing des Gmeinerkonzerns. Erst hier in der Werbung zeigte er sich erfolgreich und kreierte die beiden Österreichweit bekannt gewordenen Werbesprüche: „Der Gmeiner ist meiner!“, „Der Gmeiner ist zu billig, er geht sicher zugrunde! Jammer nicht, kauf!“

Und dann die Sensation: Günter Gmeiner in Untersuchungshaft.

Zusammen mit seinem Freund Raul hatte er den dreiundvierzigjährigen arbeitslosen Ex-Häftling und Ex-Fremdenlegionär Adam M. angeheuert, um seine Eltern zu ermorden und dafür 200.000 Euro angeboten. Das entscheidende zweite Gespräch, in dem letzte Details geklärt werden sollten, fand in einem Kaffeehaus statt. Gmeiner und sein Freund wussten aber nicht, dass Adam M. die Polizei aufgesucht hatte und von ihr verkabelt worden war. Unmittelbar danach wurden die beiden festgenommen.

Der Mord war seit längerem geplant. Gmeiner, in seinem Studium an der Pädagogischen Akademie erfolglos, fühlte sich von seinen Eltern finanziell kurzgehalten und wollte deshalb an die Erbschaft des vermögenden Paares herankommen. Er weihte seine Clique in das Vorhaben ein, ein Killer wurde angeheuert.

Das ist die polizeiliche Version.

Gmeiner hingegen behauptet, er hätte zusammen mit seinem Freund ein Buch darüber schreiben wollen, wie leicht es in Österreich sei, einen Auftragsmord zu tätigen und Personen zu beseitigen. Es habe nie einen Mordplan gegeben.

Die Eltern stellten sich hinter die Version Ihren Sohn. Sie verpflichteten Topanwälte und diese erreichten nach sechswöchiger Untersuchungshaft eine Überstellung in die Psychiatrie zur Begutachtung und schließlich eine Einstellung des Strafverfahrens. Um ihr ungebrochenes Vertrauen in ihren Sohn zu dokumentieren, schenkten sie ihm weiters einen fünfprozentigen Anteil ihrer Firma und fünfzehn Millionen Euro in bar.

Gmeiner zog sich aufgrund des Drängens seiner Eltern aus der Verbindung zu Sturz zurück, nachdem das Projekt bedingungslose Grundsicherung gescheitert war. Sie, Gmeiner-Banz Seniores, hatten ihm mitgeteilt, er müsse sich zwischen ihnen und Sebastian Sturz entscheiden und mit der Enterbung gedroht (die nicht erfolgte, stattdessen die Unternehmensumwandlung in eine Privatstiftung, die Gmeiner letztendlich aus dem Unternehmen ausschaltete).

Allgemein bekannt ist, dass er sich ein Monat vor dem Verschwinden Sturzs erschossen hatte. In einem Nachruf schrieb Alex Gmeiner über seinen Sohn: „Wir schreiben diesen Text aus zwei Gründen: Erstens, das Schreiben ist mehr als nur anstrengend, es nimmt uns mehr mit, als alles andere, aber es wirkt auch heilend. Heilend bei etwas, bei dem es eigentlich keine Heilung gibt. Der zweite Grund ist, unser Sohn litt an Depressionen. Wir sind manchmal wütend auf uns selbst, es zu spät erkannt und reagiert zu haben. Aber das und nichts anderes war der Grund seines Freitodes, alle anderen Gerüchte sind haltlos."

Seitdem gibt es im Internet keinerlei Quellen mehr zu Günter Gmeiner, Suizid, Mordkomplott oder andere Suchbegriffe eingeschlossen. Doch entsprechende Zeitungsnotizen kann man in der Nationalbibliothek noch immer einsehen.

Günter Gmeiner war ungeheuer fett, aufgebläht, aufgeschwemmt, mondgesichtig, kindlich. Er setzte sich auf das Sofa im Kaffeehaus, das er mit seinen etwa 113 Kilo vollkommen ausfüllte. Gern trug er eine graue Marschallsuniform mit gewaltigen Epouletten aus reinem Gold. Eine Witzfigur – und ein Bewunderer Napoleons, der ebenfalls immer unterschiedliche Uniformen getragen hatte.

Mein erster Eindruck war: Der tickt nicht richtig! Gmeiner war fraglos intelligent, eher bauernschlau, und er schien nicht unter dem Einfluss von Drogen zu stehen. Allerdings wurde seine Intelligenz von einer zweifellos pathologischen Eitelkeit überschattet. Er, der sich mit Jasagern umgeben hatte, gab vor, sich der verheerenden Rolle nicht bewusst zu sein, die er durch seine Entscheidungen in dem Familiendrama gespielt hatte.

„Ich wollte ein Buch schreiben, das war allgemein bekannt. Dann hat man mir Schreckliches unterstellt!“, war seine Standardantwort zu dem „angeblichen“ Mordkomplott.

Ich erlebte ihn gewöhnlich guter Dinge, manchmal düster, Kinn in der Hand, wie ein Kind in seinem Verhalten, immer auf Wirkung bedacht. Er konnte ein Lächeln an- und abstellen wie einen Wasserhahn. Bis heute bin ich mir nicht klar, ob er tatsächlich die Beseitigung seiner Eltern plante.

Sturz hielt ihn für ein großes Kind, einen Fantasten, und glaubte ihm aufs Wort. Maria Schreiber hingegen sagte: „Dieser Mann ist eine Schlange. Er gibt nur vor, harmlos zu sein.“

Wer von beiden hatte recht? Ich weiß es nicht.

Fakt ist, dass Gmeiner von Anfang an den Ton angeben wollte. Bei seinen Speichelleckern hatte er damit immer Erfolg, bei Sturz und Schreiber biss er auf Granit.

„Wenn nicht mit dir, dann eben ohne dich“, waren sie sich unisono einig. Günter Gmeiner, dem verwöhnten Milliardärssohn, war das ungewohnt, und es imponierte ihm, dass für die beiden Geld nichts zu bedeuten schien.

Davon abgesehen hielt er Sturz für das zweite Genie auf der Welt, das er anerkannte. Das erste war natürlich er selbst.

„Sebastian ist der geborene Redner, genial. Er ist ein zweiter Hitler!“

„Du bist natürlich sein Hermann Göring“, erwiderte Maria Schreiber.

Er hielt das fälschlicherweise für ein Kompliment.

„Klar, ich bin der Reichsfeldmarschall, der zweite Mann unserer Bewegung. Und außerdem bin ich auch Goebbels. Ich werde Propaganda machen, dass allen die Spucke wegbleibt. Sebastian braucht nur die Reden zu halten, um den Rest kümmere ich mich."

Zurück zu dem historischen Maitag, an dem die Bürgerinitiative Cannabis zwar nicht entstand, aber wirksam wurde. Wir waren zu viert, Sturz, die Schreiber, der getreue Ekkehard und ich. Gmeiner kam mit einem ganzen Tross, theatralisch wie immer. Seinen Chauffeur und ein paar andere schickte er weg, einen Bullen, Arnold, den er als seinen Leibwächter vorstellte – wozu Leibwächter fragte ich mich? –, ließ er drei Tische entfernt Platz nehmen. Zu uns an den Tisch setzten sich nur er, in weißer Fantasieuniform, die entfernt an eine k.u.k. Uniform erinnerte, und zwei weitere Personen, Mag. Tomanu, ein Winkeladvokat, den er als seinen Anwalt vorstellte, und sein Busenfreund und Alter Ego Raul. Ich war Schriftführer, da Ekkehards Klaue unleserlich war. Simultan sprach der Anwalt in ein Tonband. Ziemlich affig, fand ich.

Das Wort führten hauptsächlich Gmeiner, Schreiber und Sturz. Man einigte sich darauf, den Personenschutz Ekkehard und Arnold zuzuteilen, die Werbung und PR-Sachen Gmeiner. Sturz sollte die öffentlichen Reden halten. Außerdem sollten kurze Clips von ihm (Reden) auf YouTube verbreitet werden. Schreiber war sauer, weil man keine spezielle Aufgabe für sie hatte.

„Was wäre mit First Lady?“, fragte der Anwalt.

Ich dachte, Schreiber kratze ihm gleich die Augen aus.

„Wie soll die PR ausschauen?“, fragte ich Gmeiner, nur um abzulenken.

Der hatte das Konzept parat und bereits eine Firma für Film und Requisiten, wie wir zu unserem erstaunen erfuhren. Und ein Budget!

„Eine Million Euro!“

„Kein Scheiß?", sagte ich.

„Kein Scheiß", war die Antwort. Die Firma drehte zwei Einstiegsclips mit Sturz, die jeweils 50.000 € kosten würde und die Botschaft verbreiten sollten. Dann weitere 50.000 € für Leute, die gegen Bezahlung die Botschaft auf Facebook likten und verbreiteten. Schließlich 300.000 für die erste Großveranstaltung, zu denen die Firma dreihundert Komparsen zur Verfügung stellen würde, lauter junge Leute, samt Kostümen.

„Das zeigt, dass wir eine Massenbewegung sind. Alle jung und in der gleichen Uniform, dazu Trommeln und Musik."

„Was für Uniformen?", fragte Schreiber.

Es stellte sich heraus, dass die Firma dreihundert Uniformen, schwarze Hosen, Hemden, Krawatten etc. besaß, weil sie zuvor in Italien einen Film über Mussolini gedreht hatte.

„Die Leute werden uns für Faschisten halten", warf der treue Ekkehard ein.

„Nie im Leben", sagte Raul. „Wir haben eine Choreografie entworfen, die uns eindeutig von den italienischen Faschisten unterscheidet." Er und Gmeiner hatten an alles gedacht. Nur an eines nicht.

„Was sind unsere Botschaften?", fragte Sturz.

Ja, was?

In der nächsten Stunde stellten wir ein Vierpunkteprogramm zusammen.

1) Freigabe von Cannabis
2) Bedingungsloses Grundeinkommen für alle österreichischen Staatsbürger
3) Gründung einer Partei und sofort fünf Mandate im Parlament (damit Initiativanträge gestellt werden konnten)
4) Ein neues, umfassendes Tierschutzgesetz

Bei Punkt 1 waren sich alle einig; über Punkt 2 wurde diskutiert, bis er endlich beschlossen wurde; Punkt 3 wurde von Gmeiner eingebracht und Punkt 4 von Maria Schreiber.

Das war es.

„Und wie sollen wir gleich bei der Parteigründung zu fünf Nationalräten kommen?“, fragte ich. Ich hielt das für unmöglich.

„Wir kaufen sie. Es gibt 183 Nationalräte im Parlament. Tomanu, erkläre es ihnen.“

Mag. Tomanu erklärte: „Ein Nationalrat verdient 8.887 Euro monatlich. Vierzehn Gehälter gerechnet und vier Jahre bedeuten 497.672 Euro, das mal fünf, somit etwa 2,5 Millionen Euro. Wenn wir ihnen das bezahlen und ausmachen, dass jeder Abgeordnete, der unserer Partei beitritt, ein Viertel seines Einkommens behalten darf, als Nebeneinkommen versteht sich, zusätzlich mit einer vertraglich zugesicherten Option zur Wiederwahl, wenn wir bei der nächsten Wahl genügend Sitze haben, werden sie uns die Türe einrennen. Wir können uns die fünf Besten aussuchen.“

„Das kann doch unmöglich legal sein“, sagte ich. „Das klingt so ahnlich: Wie viel kostet eine Republik?“

„Warum nicht?“, erwiderte Tomanu. „Frank Stronach hat uns schon einmal vorexerziert, wie man sich in ein Parlament einkauft.“

Ja, an diesem Tag verlor ich einige Illusionen über unsere Demokratie.

Die Großkundgebung am Heldenplatz drei Monate später wurde ein Riesenerfolg, viertausend Besucher und alle Fernsehstationen berichteten. Es wirkte tatsächlich so, als hätten wir eine Phalanx von dreihundert jungen Aktivisten, alle in schwarzer Kleidung. Dazu eine zündende Rede

Sturzs, Musik aus Lautsprechern und anschließend Tausende Litern Freibier.

Natürlich kamen wir alle danach in den Ruf, Neofaschisten zu sein, denn Gmeiners Choreografie hatte sich an Hitler'schen Massenkundgebungen orientiert und wir alle, insbesondere Sturz und Gmeiner, wurden mit Heilrufen und mit hochgerissenen rechten Armen empfangen.

„Was habt ihr euch nur gedacht? Hitlergrüße?", fragte Ekkehard.

„Wieso Hitlergrüße? Habt ihr nicht auf die Handhaltung geachtet? Das war der Gruß aus dem Film Die Tribute von Panem. Das solltet ihr doch bemerkt haben", schimpfte Raul.

Das ist also die Charakteristik Günter Gmeiners. Auch dessen, was er suchte: Macht. Er war machtgeil, aber realistisch genug, um zu erkennen, dass er die Menschen nicht begeistern konnte. Dafür brauchte er Sebastian Sturz. Und kindisch genug, um den Gruß der Spottdrossel aus den Tributen von Panem als unser Erkennungszeichen einzuführen.

Maria Schreiber? Ich habe sie bereits beschrieben, ihren Sex-Appeal, ihre Wut, ihre Intensität und Aggressivität.

Dass ich mich in sie verliebte.

Ihre Motivation war, ein radikales Tierschutzgesetz und Umweltschutz politisch durchzudrücken. Rechtliche Bedenken waren untergeordnet, Gewalt erschien ihr immer als möglicher Weg. Alles, was an dieser Bewegung radikal oder gewaltsam war, stammte auch von ihr. Sie hoffte auf Sturz als Zugpferd dieser Bewegung, auf den Mann Sebastian, mit dem sie eine Intimgemeinschaft eingegangen war.

Ihre Allianz mit Gmeiner betrachtete sie als Zweckbündnis, weil er das Geld hatte. So, wie Gmeiner sie als notwendiges Übel betrachtete und in Kauf nahm, weil er wusste, dass ohne sie Sturz nicht mitspielen würde.

Jeder für sich war … nun naja. Aber zu dritt waren sie Sprengstoff.

10 Und Sturz?

Wie aber passte Sturz in dieses spezielle Triumvirat? Ich kann das ziemlich genau rekonstruieren, denn ich fand im Nachlass genaue autobiografische Aufzeichnungen.

Zuerst aber zu einem lächerlichen Gerücht: Sturz war weder Faschist, noch Antisemit. Sein Freund, der getreue Ekkehard, beweist das.

Ekkehard war Mittelgewichtsmeister im Boxen gewesen. Er machte sich aus Boxen nichts, aber er hatte es mit viel Mühe und Ausdauer erlernt, um ein Gegengewicht gegen seine Schüchternheit und seine Minderwertigkeitskomplexe zu erreichen. Diese waren entstanden, weil er in seiner Schulzeit als Jude fortlaufend gehänselt und gemobbt wurde. Das Wissen, dass er jeden, der ihm frech kam, niederschlagen konnte, gab ihm eine innere Beruhigung. Aber er boxte nur im Ring und ging Auseinandersetzungen aus dem Weg. Niemals hätte er sich mit Sturz eingelassen, wäre dieser ein Nazi oder Antisemit gewesen. Außerdem wissen wir aus dem Sturz-Manuskript, dass er auch jüdisches Blut in den Adern hatte.

Mit zwanzig zog sich Sturz zurück, beeinflusst durch seinen ersten Aufenthalt in der Psychiatrie und seinem Scheitern in der Schule. Er wollte niemandem mehr dienen als sich selbst. Er machte sich komplett frei von den Vorstellungen, Wünschen und Erwartungen, die von Mutter, Vater,

Cousins, Schulkollegen und Lehrern an ihn herangetragen wurden. Er hat keinen Gebieter mehr, keinen Gegenredner als sich selbst. Hier wurde Sturz zu Sebastian Jakob Sturz.

Er hatte genug. Wo er helfen wollte – bei seinem Cousin – , da konnte er nicht; wo er aufstreben wollte, versperrte man ihm den Weg. Dabei hatte sein Kampf um die Wahrung der inneren Freiheit, der vielleicht bewusstest und zäheste, den je ein geistiger Mensch geführt hat, nicht das geringste Pathetische oder Heroische an sich. Selbst die Freunde ahnten nicht, mit welcher Zähigkeit, Klugheit, Ausdauer, Geschmeidigkeit er im Schatten der Öffentlichkeit an der einen Aufgabe arbeitete, die er sich gestellt hatte: Statt eines bloßen Lebens sein eigenes Leben zu leben.

Dazu benötigte er zweierlei. Zuerst finanzielle Unabhängigkeit, die er durch seine vorgebliche geistige Zerrüttung und Erwerbsunfähigkeit erreichte, die ihm ein Auskommen sicherte. Ein geringes, bescheidenes Auskommen reichte, denn Besitz sah er als Danaergeschenk, das täglich und stündlich verteidigt werden wollte.

Das zweite, was er noch vor seiner Besachwaltung einfädelte, war ein sicherer Ort, seine Burg oder Zitadelle, wenn man so will. Er fand die Vierzimmeraltbauwohnung, die bei minimaler Miete ihm alles bot, was er brauchte. Dort fand er Ruhe vor der Familie und Geborgenheit. Er konnte denken, lesen, genießen, meditieren. Sich nicht beschäftigen lassen, sondern sich selbst beschäftigen. Was Sturz suchte, war sein inneres Ich, das nicht der Familie, dem Staat, der Zeit, den Umständen oder dem Geld gehörte.

Ein Zimmer war sein Wohnschlafraum, das andere die Bibliothek mit Bücherregalen bis zur Decke, Computer und Schreibtisch; Küche, Schlafzimmer und Dusche/WC komplettierten. Das Internet öffnete ihm die Gegenwart und die

Bücher erschlossen ihm die Vergangenheit und ihre Schätze.

Hier verbrachte er den größten Teil der nächsten Jahre seines Lebens. Er las völlig unsystematisch, wild durcheinander. Er verabscheute alles Systematische, alles, was ihm fremde Meinungen und fremdes Wissen aufzwingen wollte. Jedes Lehrbuch war ihm zuwider. Das war zu sehr wie Schule.

Aber mehr und mehr begann die Einsamkeit seines Zimmers auf ihn zu wirken. Die vielen stummen Bücher forderten immer mehr Antworten. Seine Lektüre wurde zielbestimmter, Kristallisationspunkte bildeten sich. Was ist Freiheit? Wozu gibt es Arbeit? Wem dient sie? Er verfolgte diese Spuren mehr und mehr und sagte sich: Meine Aufgabe ist es, meinem Leben Gestalt zu geben. Das ist mein einziger Beruf, meine einzige Sendung. Er begann, sich zu suchen und mehr und mehr zu schreiben. Notizen, Zettelchen mit Einfällen, Erinnerungszeichen, Randbemerkungen in den Texten, ein „Mosaik ohne Bindungen", wie er es selbst nannte. Aber immer – noch – war er überzeugt, dass das nicht das Eigentliche war. Schreiben war ein Niederschlag, ein Nebenprodukt. Ich denke über das Leben nach, das Leben in allen seinen Formen, sagte er sich, über das, was richtig und das, was falsch ist. Richtig nur für mich selbst. Wie ich leben soll.

Doch langsam verband sich alles wie von selbst zu einem Ganzen, zu etwas Geschlossenem, ohne dass er es beabsichtigt hätte.

Zuerst hatte er sich gesagt: Kümmere dich nicht um die Welt. Du kannst sie nicht ändern. Es wird schlimmer und der Wahnsinn geht weiter. Versuch, vernünftig zu sein, innerhalb des Wahnsinns. Die anderen halten dich für einen

Wahnsinnigen, sie aber sind es, während du deine eigene Welt baust.

Nach Jahren aber erkannte er seinen Irrtum, zu glauben, er sei alt und müsse sich bereits jetzt auf den Tod vorbereiten, in selbst gewählter Einsamkeit wie in einem Sarg leben. Und der allgemeine Wahnsinn? „Wir mögen bedauern, nicht in anderen Zeiten zu leben. Aber wir können der Gegenwart nicht entfliehen", schrieb er. Etwas Sonderbares ereignete sich: Gerade jetzt, da er sich erfolgreich von der Welt ab und einzig sich selbst zugewandt hatte, suchte ihn die Welt. Man fragte nach seiner Meinung und sie schien – ihm neu – Gewicht zu haben. Er fand eine Freundin, Betty, seine erste Intimgemeinschaft, und die Beziehung hielt ein Jahr. Die Erbschaft der Tante wurde ihm zugedacht und er dachte nicht daran, sich von seinem Sachwalter von ihrem Genuss ausschließen zu lassen. Es war Zeit, in die Welt zurückzukehren und sich als geschäftsfähig zu erweisen.

Dann die große Überraschung, als Sturz seine Reden schwang, um Maria Schreiber zu imponieren. Zum ersten Mal erlebte er den Rausch der Rhetorik, erfuhr, dass seine Redegabe ihm Macht über andere Menschen verlieh. Er begriff, dass Beifall ihn zu einem anderen, zu einem erfolgreicheren Menschen machte.

Der Anlass war trivial. Der für die Abteilung zuständige Professor für Psychiatrie „hatte eine Meinung vertreten", so Sturz. „Da konnte ich denn nicht anders, als mich zum Wort zu melden und dem ‚gelahrten' Herrn meine Meinung über diesen Punkt zu sagen."

Als er nach seinem Diskussionsbeitrag, der die meisten Teilnehmer verstummen und den Professor bestürzt flüchten ließ, aufblickte, sah er die völlige Zustimmung seiner

Mitpatienten und die bewundernden Blicke von Maria Schreiber.

Einige Mitpatienten, darunter Günter Gmeiner, forderten ihn auf, über Sinn und Unsinn der Arbeit zu sprechen.

„Ich sprach dreißig Minuten, und was ich früher, ohne es irgendwie zu wissen, einfach innerlich gefühlt hatte, wurde nun durch die Wirklichkeit bewiesen: ich konnte reden!“, notierte Sturz in seinem damaligen Tagebuch.

Immer mehr Patienten, aber auch Ärzte und Pflegepersonal, lockte es, den auf seiner Station bereits bekannten Redner Sturz kennenzulernen. Sein demagogisches Naturtalent gab ihm ein Gewicht, das er gern und häufig in die Waagschale warf.

„Wien und diese Jahre in meiner Bibliothek waren und blieben für mich die Schule meines Lebens“, schrieb er später, „ich erhielt in ihr die Grundlagen für eine Weltanschauung im Großen und eine politische Betrachtungsweise im Kleinen, die ich später nur noch im einzelnen zu ergänzen brauchte, die mich aber nie mehr verließ.“

Seine Gegner sahen das anders. Tatsächlich war Sebastian Sturz der Mann, der es meisterhaft verstand, die Aggressionen und Ängste der österreichischen Gesellschaft auszubeuten und die Wunschbilder eines geistig-seelisch desorientierten Mittelstandes zu politisieren, ohne über ein konkretes Programm zu verfügen. Was er Weltanschauung nannte, war nur ein Schwamm, der alles aufsog, was seine jeweilige Umwelt dachte und fühlte, um es für seine Ziele auszubeuten.

Sturz sah das (natürlich) anders und notierte in seinem Tagebuch: „Alle wirklich großen, historischen Umwälzungen sind nicht durch das geschriebene Wort herbeigeführt, sondern höchstens von ihm begleitet worden. Man kann aber getrost noch weitergehen und sagen: Alle großen historischen Umwälzungen auf dieser Welt – politische und religiöse – sind eingeleitet worden durch die Macht des gesprochenen Wortes, durch die Gewalt der Rede."

Uns gegenüber war er immer bescheiden.

Wer war nun der echte, der wirkliche Sebastian Sturz?

11 Diese Erklärungen

Diese Zusammenhänge sind mir natürlich erst nach und nach, ex post, aufgegangen. Genauso, wie sich erst mit der Zeit für mich herauskristallisierte, diese Dokumentation nicht für meine Diplomarbeit verwenden zu können. Nicht, weil es zu unwissenschaftlich wäre, das teilt sie mit anderen Arbeiten, sondern weil es Gewissenhaftigkeit und Integrität des Forschers gebieten, vor der Tür des Schlafzimmers haltzumachen. Man mag mich prüde nennen, aber zu diesem Standpunkt stehe ich, dort endet Wissenschaft. Gleichzeitig jedoch wäre die ganze Geschichte unverständlich. Also muss ich alle Karten auf den Tisch legen.

Ein Buch ist ein geheimnisvoller Gegenstand, und wenn es sich einmal auf den Weg in die Welt gemacht hat, kann alles Mögliche passieren. Es gibt keine Kontrolle mehr. Sei es drum. Ich gebe dieses Buch nicht für etwas aus, das es nicht ist. Ich sage nur, es soll wahrhaftig sein.

Ich habe Maria Schreiber und ihre Wut bereits beschrieben. Sie hatte aber auch eine intensive sexuelle Ausstrahlung, aufreizend, Sinnlichkeit pur. Sie verfügte kaum über formale Bildung, hatte aber gelesen und drückte sich, gemäß ihrer Lektüre aus dem vorigen Jahrhundert, teilweise seltsam oder geschwollen aus. „In mir keimt das Verlangen nach einer Zigarette auf", sagte sie beispielsweise. Oder gebrauchte Worte, die aus dem Sprachgebrauch der jungen Menschen heute verschwunden sind, wie „famos", „fabelhaft", „kolossal", „prachtvoll". Wenn es ihr schlecht ging, sagte sie: „Ich fühle mich maßlos!" Kurz, sie war seltsam und – für mich – ungeheuer anziehend. Aber meistens war ihr Ton grob und voller ordinärer Schimpfworte – aus diesem Grund achtete Sebastian darauf, dass sie nicht interviewt wurde.

Sturz erzählte mir einmal von ihrem ersten Gespräch in der Psychiatrie. Sie war auf ihn zugekommen und sagte: „Wie heißt du?"

„Sebastian. Und du?"

„Maria. Sebastian, ist das ein flämischer Name?"

„Nein, ich bin Österreicher."

„Um so besser. Sebastian der Flame und Exfreund war ein riesiges Arschloch. Es macht mich verrückt, dass ich hier in der Psychiatrie bin, während das Leben vorbeirast und ich eigentlich gar nicht richtig lebe."

„Mir geht es genauso", antwortete Sturz.

„Hast du auch dieses Gefühl, dass dein ganzes Leben so vorübergeht und du nicht genug davon hast?"

„Ich könnte es nicht besser ausdrücken."

„Ich denke, wir passen zusammen. Willst du mich ficken?"

Als er mir das leise im Kaffeehaus erzählte, die Schreiber am Nebentisch, sie unterhielt sich, hob ihr Glas und lachte.

Sie sah verdammt gut aus. Ich beobachtete, wie Sturz sie ansah. So musste ein Kreuzritter ausgesehen haben, als er das Heilige Land erblickte. Mein Gott, dachte ich, den hat es aber erwischt.

Maria Schreiber und Günter Gmeiner waren beste Feinde.

Er sagte zu ihr: „Kennst du die vier Wunder einer Frau? Feucht werden ohne zu baden, bluten ohne sich zu schneiden, Milch geben ohne Gras fressen und Scheiße reden ohne gefragt zu werden!“

„Dein Hirn ist voller Hühnerscheiße und jede, die mit dir fickt, geht nachher kotzen“, antwortete ihm Maria, „Außerdem: Wenn deine Mutter sich auf die Waage stellt, kommt meine Telefonnummer heraus. Leihst du mir deinen Vater aus? Ich will im Fasching beim Ball mit ihm als Hurenkind gehen.“

Manchmal mussten wir beinahe dazwischen gehen, damit beide nicht tätlich wurden. Aber ich glaube, irgendwie hatten sie auch Spaß an ihren Rededuellen und es war alles nicht immer so ernst zu nehmen. Zeitweise war es sogar lustig.

„Du bist so hässlich!“, sagte Günter, „Jeder hat das Recht hässlich zu sein. Aber Maria, du übertreibst wirklich! Tu was fürs Vaterland, wandere aus!“

„Weißt du, wie du gezeugt wurdest?“, gab ihm Maria zurück, „Dein Vater hat sich auf den Schuh gewichst und deiner Mutter in den Arsch getreten! Du bist doch zu blöd, um eine leere Schublade aufzuräumen!“

Schlagfertig war sie, Maria Schreiber. Sebastian verdrehte bei diesen Gesprächen nur die Augen, das waren nicht seine Umgangsformen und Dialoge.

Zwei Wochen später erwischte es mich bei Maria so wie zuvor Sebastian, das waren Monate bevor wir etwas miteinander hatten. Sie sagte irgendetwas, lehnte sich an mich und ich spürte ihre Brüste. Dann sah sie mir tief in die Augen, sodass ich alles andere um mich herum vergaß. An diesem Abend lag ich im Bett und konnte nicht schlafen. Meine Gedanken kreisten nur um sie. Plötzlich fing ich an zu weinen. Dann wurde es besser, ich lauschte auf die gedämpften Geräusche der Straße und dachte, mich hat es auch erwischt. Es ist furchtbar leicht, am Tag über alles erhaben zu sein, aber nachts, mein Gott, dann ist es anders. Dann schlief ich ein.

Ich will mich nicht besser machen, als ich bin. Ich begehrte die Schreiber, aber zugleich war Sturz mein Freund. Also tat ich nichts und hätte auch nichts getan, wenn sie nicht die Initiative ergriffen hätte.

Nachdem wir das erste Mal miteinander geschlafen hatten, packte mich das schlechte Gewissen.

„Herrgott, Maria, du bist mit meinem besten Freund zusammen."

„Sebastian hat damit nichts zu tun. Das geht nur uns beide an."

„Von wegen. Warum seid ihr dann zusammen?"

„Wir lieben uns."

„Scheint mir nicht so."

„Das ist Freiheit. Sie ist mein Recht und ich nutze sie."

„Wie jetzt zum Beispiel."

„Du hast es erfasst", sagte sie.

Ganz so war es offenbar nicht. Denn Bedingung war, kein Wort zu den anderen. Ich erklärte mich einverstanden, unser Verhältnis wie ein Geheimnis zu behandeln. Diese Einschränkung war mir ganz und gar nicht unangenehm.

In den folgenden Wochen gingen wir wiederholt miteinander ins Bett. Unsere Liebesspiele vollzogen sich wortlos und intensiv, wie Ohnmachten in den Tiefen der Reglosigkeit. Erst als sich zeigte, dass niemand Verdacht schöpfte, blieben wir länger aus, redeten, lasen, rauchten, gemeinsam im Bett.

Die Reue plagte mich, aber ich fand einen Kniff zur Selbstbeschwichtigung. Sturz war nicht der Richtige für Schreiber, ich passte besser zu ihr. Davon abgesehen schien bei ihnen auch sexuell nicht viel los zu sein. Schreiber hielt sich zwar in diesem Punkt bedeckt, aber gelegentlichen Bemerkungen entnahm ich, dass Sturz es nur einmal, höchstens zweimal pro Woche brachte und eher ein lausiger Liebhaber war. Was sprach dagegen, dass er sie freigab und ich mit ihr zusammen war? Wir waren schließlich zivilisierte Menschen.

Doch das zeigt nur, dass ich keine Ahnung hatte. Mir war gar nicht der Gedanke gekommen, dass Maria Schreiber da nicht mitmachen würde. Sie wollte Sturz nicht verlassen. So sehr sie mich auch liebte, dazu war sie nicht bereit.

Wir flehten einander an, vergossen Tränen, versuchten, den anderen von unserem Standpunkt zu überzeugen. Aussichtslos, es war eine der schlimmsten Diskussionen meines Lebens. Ich fühlte mich wie zerstört.

Ich begann, Sturz aus dem Weg zu gehen. Bis uns Ekkehard sah, als Schreiber und ich Hand in Hand ein Hotel verließen. Daraufhin zitierte mich Sturz in ein Kaffeehaus, er wollte mit mir sprechen.

Als ich eintraf, las er die Zeitung und sah ruhig aus. Als er mich sah, lächelte er, als sei ich zufällig gekommen.

„Was zählt, ist unsere Sache, unsere Botschaft, unsere Arbeit", sagte er. „Ich will nur, dass du dass weißt."

„Ich glaube, ich kann dir nicht folgen"

„Das heißt, mach dir keine Sorgen."

„Sorgen? Warum soll ich mir Sorgen machen?"

„Das sollst du auch nicht. Verstehst du nicht? Ich erzähl dir einen Witz. Cohn trifft Blau und sagt, seine junge Frau sähe aber hübsch aus. Man erzähle, sie habe einen Freund. Blau antwortet: Du weißt doch, es ist besser, an einem guten Geschäft zu fünfzig, als an einem schlechten Geschäft zu hundert Prozent beteiligt zu sein."

„Das kann doch nicht dein Ernst sein", sagte ich.

In diesem Moment verachtete ich ihn, so verblüffte und schockierte mich seine Gelassenheit.

Kurz wechselte seine Miene, sah plötzlich alt aus und als ob er Magenschmerzen hätte.

„Es ist nicht leicht, ich weiß das. Hör zu, Toni, Maria hat mir alles erzählt und du brauchst nicht mit einem schlechten Gewissen herumzulaufen. Es ist alles in Ordnung."

„Was ist in Ordnung?"

Da ich mich dumm stellte, wurde er sehr deutlich.

„Die ganze Fickerei. Der ganze verdammte Scheiß."

„Du akzeptierst das?"

„Was haben wir für eine andere Wahl? Sollen wir uns auf der Donauinsel duellieren? Oder hier im Kaffeehaus ein Boxmatch liefern? Oder glaube ich, dass ihr jetzt aufhört? Da wäre ich doch dumm oder naiv oder beides. Du kannst es sicher nicht lassen. Dir ist doch ins Gesicht geschrieben, was du für Maria empfindest."

„Es gibt noch eine Möglichkeit", sagte ich. „Ihr trennt euch und Maria und ich sind zusammen."

„Funktioniert nicht. Du willst das, aber Maria und ich wollen es nicht. Du bist überstimmt."

„Dadurch wird es auch nicht richtig."

„Es geht nicht um richtig oder falsch. So geht es nun einmal zu in der Welt." Langsam redete er sich in Rage. „Hör endlich auf, immer nur an dich zu denken. Denk an Maria!

Sie ist nicht so tough, wie sie immer aggressiv tut, sondern voller Ängste und Unsicherheit. Sie ist nur begrenzt belastbar. Wenn du oder sagen wir lieber wir ihr zu viel zumuten, läuft sie davon. Wir verlieren sie beide."

„Das ist doch …", ich suchte das passende Wort, „lauter Bullshit. Maria ist der stärkste Mensch, den ich kenne. Ich könnte platzen!"

„Du hast ihr geholfen, Toni. Du hast ihr mehr geholfen, als sonst jemand."

„Willst du mir danken, dass ich mit ihr ins Bett gegangen bin?"

„Warum nicht? Ich nehme dir deine Verärgerung nicht übel. Maria hält dich für großartig und sie liebt dich."

„Was nichts daran ändert, dass ihr weiter zusammenbleibt."

„Wir sind schon länger zusammen. Wir haben viel gemeinsam durchgemacht. Es klingt verrückt, aber wir sind füreinander geschaffen."

„Also geht alles so weiter wie bisher."

„Du bleibst mein Freund. Und ja, so lange du es ertragen kannst, geht es weiter, als ob sich nichts geändert hätte."

Hätte ich nur auf ihn gehört. Hätte ich nur verstanden, dass er ein wahrer Freund war – mir und Maria Schreiber.

Aber ich hatte einen Nebelvorhang zwischen meinem Herzen, meinem Kopf und meinem Unterleib. In Wahrheit hatte ich keine Ahnung, was ich tat. Ich war durch das Ficken außer Kontrolle geraten. Immer wieder setzte ich Schreiber unter Druck. „Er oder ich – entscheide dich."

Nach unserem Triumph mit den Wahlen und mehreren Ministerposten und dem ersten Erfolg mit der bedingungslosen Grundsicherung, der ersten halben Million Unterschriften, brach alles zusammen. Maria Schreiber entschied sich.

Sie verließ uns beide und ging nach Deutschland zu ihren extremistischen Tierfreunden.

Auch Günter Gmeiner kündigte die Zusammenarbeit auf und brachte sich um.

12 Fleisch essen verboten? – ein neues Grundgesetz als Österreichische Bundesverfassung

Das folgende Interview wurde in der Zeitschrift DER FALTER abgedruckt. Es ist das letzte publizierte Interview mit Sebastian Sturz vor seinem Ableben.

FALTER: Herr Sturz, nach dem Scheitern Ihres Volksbegehrens zur Grundsicherung ist es ruhig um Sie geworden. Jetzt haben Sie diesen Entwurf eines neuen Grundgesetzes zur Österreichischen Bundesverfassung ins Internet gestellt. Warum?

STURZ: Weil es hoch an der Zeit ist, ein Verfassungsmodell auf der Grundlage von Vernunft und Ethik vorzustellen. Die Parteien unseres Landes sind dazu nicht in der Lage.

FALTER: Warum?

STURZ: Weil sich die grün-ökologische Bewegung gespalten hat und in Grabenkämpfen verliert – wir haben jetzt zwei Parteien, die Grünen und die anderen, die sich irgendwie neu – VORWÄRTS oder JETZT? – getauft haben. Im Grunde sind sie gleich, wie alle Politiker unseres Landes, eine Ansammlung von Funktionären, die ihr Mäntelchen nach dem Wind hängen. Nur dass ihr Mäntelchen eine grüne Farbe hat. Den anderen Parteien fehlt jegliches Interesse, sie sind wirtschaftshörig.

FALTER: Herr Sturz, dürfen wir Ihren Entwurf zur Verfassung abdrucken.

STURZ: Ich bestehe darauf. Nur ein Wort noch zu den Grünen. Ursprünglich haben sie viel erreicht, Hainburg meine ich, oder dass Österreich gar nicht in die Atomenergie eingestiegen ist. Aber das war im vorigen Jahrhundert. Jetzt stagnieren sie oder streiten sich darüber, ob man die Radwege in Wien grün oder rosa anmalen soll. Oder hetzen für den Krieg in der Ukraine, eine Schande. Das sind dieselben Leute, die vormals und gegen die USA demonstrierten, für Pazifismus und Abschaffung des Bundesheeres eintraten. Jetzt wollen sie in die NATO!

Bitte, hier ist der Entwurf in 12 Paragrafen.

Entwurf eines Grundgesetzes in der Österreichischen Bundesverfassung

§ 1:

Die Würde der Tiere ist unantastbar.

§ 2:

Der Paragraf 1 gilt gleichermaßen für alle nichtmenschlichen und menschlichen Tiere.

§ 2a:

Das menschliche Tier darf in Folge auch in seiner Kurzform als Mensch bezeichnet werden.

§ 3:

Ein Tier im Sinne der Österreichischen Bundesverfassung ist ein mehrzelliger Organismus, der aufgrund seiner anatomischen Bauweise (dem Vorliegen eines Nervensystems) leidensfähig ist oder von dem vernünftigerweise anzunehmen wäre, dass er leidensfähig sei.

§ 3a:
Leidensfähigkeit beinhaltet die Empfindung von Schmerz oder von Unlust.
§ 4:
Abgesehen von diesen Grundsätzen betrachtet sich der österreichische Staat als Demokratie und als Erbe der Aufklärung. Demgemäß orientiert er sich an Vernunft, dem Prinzip der Rechtsstaatlichkeit und der Gewaltenteilung sowie dem säkularen Prinzip (Trennung von Staat und Religion), gegenseitigem Respekt und Toleranz. Er verpflichtet sich auch zu den Grundwerten Gleichheit, Freiheit und Brüderlichkeit (Solidarität).
§ 5:
Die Gleichheit aller Tiere (oder auch der Geschlechter oder der Rassen) ist kein faktisches Prinzip (Tatsache), sondern ein ethisch-rechtliches Prinzip. Sie beinhaltet nicht die falsche Annahme, dass menschliche und nichtmenschliche Tiere oder alle Menschen, Rassen oder Frauen und Männer etc. gleich sind, zumal dies den Tatsachen widerspricht. Sie statuiert stattdessen, dass alle genannten das gleiche Recht auf die Vertretung ihrer grundlegenden Interessen haben.
§ 6:
Diese grundlegenden Interessen sind die Selbsterhaltung (Leben), die Vermeidung bzw. Minimierung von Leiden bzw. Schmerzen und die Entfaltung ihrer Persönlichkeit.
§ 7:
Die Gleichheit ist grundlegendes Recht aller Tiere und somit Bestandteil der Allgemeinen Menschenrechte. Die Brüderlichkeit (Solidarität) hingegen ist kein Menschenrecht, sondern Menschenpflicht.
§ 7a:

Menschenpflichten betreffen nur menschliche Tiere, denn nur diese verfügen über die Freiheit des Willens und somit der Wahl und kulturelle Prägung (Zivilisation), im Gegensatz zu den nichtmenschlichen Tieren, die durch ihre „Natur“ geprägt und determiniert sind.

§ 7b:

Die Allgemeinen Menschenpflichten sind im Gegensatz zu den Allgemeinen Menschenrechten, die der Staat Österreich anerkennt, erst noch zu definieren.

§ 8:

Gemäß § 6 ist die vorsätzliche Tötung von Tieren zum menschlichen oder tierischen Verzehr (Schlachtung) verboten, da sie das Recht auf Selbsterhaltung verletzt. Weiters sind Massentierhaltung und Tierversuche jeglicher Art verboten, da sie gegen das Grundgebot der Minimierung von Schmerzen bzw. Leiden verstoßen.

§ 9:

Der Österreichische Staat verpflichtet sich, die Umwelt im Geiste der Nachhaltigkeit und im Interesse künftiger Generationen zu fördern und zu beschützen und sieht diese Aufgabe als eine Garantenstellung im Sinne eines sorgfältigen Sachwalters an.

§ 10:

Die Aufgaben des § 9 umfassen im Sinne einer nicht erschöpfenden Aufzählung

1. die Erhaltung der Ökosphäre, der ökologischen Gleichgewichte und der Natur
2. den Schutz gefährdeter Arten (Tiere und Pflanzen)
3. den Schutz der Landschaft, also von Gewässern, Bergen und Wäldern etc.
4. die Vermehrung des Baumbestandes

5. die Wasserhygiene und die Minimierung von Schadstoffen in der Luft
6. die Reduktion des Verkehrsaufkommens durch Förderung öffentlicher Verkehrsmittel (evtl. Freifahrten)
7. die Beschränkung der Urbanisierung und der akustischer Belästigung und „Lichtverschmutzung“
8. die Beschränkung von landwirtschaftlichen Monokulturen
9. den sparsamen Gebrauch von Ressourcen und Bodenschätzen („nicht erneuerbarer Energien“)
10. die Entsorgung von Müll und die Minimierung von Kunststoffen, insbesondere Plastik
11. den Verzicht auf Atomenergie
12. den Klimaschutz (Verhinderung des Klimawandels), falls tragfähige und unzweifelhafte Beweise einen tatsächlichen Klimawandel belegen sollten, der durch menschliche Maßnahmen modifiziert werden kann
13. die Erhaltung des Friedens

§ 11:

Brüderlichkeit (Solidarität) umfasst die Hilfspflicht gegenüber Menschen, die ihre Interessen nicht zureichend wahrnehmen können, wie beispielsweise Kinder und sehr Alte, physisch Gebrechliche, geistig Kranke, Behinderte oder österreichische Minoritäten.

§ 11a:

Auf jeden Fall sind die öffentliche Sicherheit, Infrastruktur, Bildung, medizinische Versorgung, Grundsicherung und Pensionen durch den Staat im Sinne einer Ausfallshaftung (wenn kommunale oder individuelle Mittel nicht zureichen) zu garantieren.

§ 12:

Der Mensch ist nicht für den Staat da, sondern der Staat hat den Menschen zu dienen.

§ 12a:

Vorrangiges staatliches Ziel hat somit die Verwirklichung und Durchsetzung dieses Grundgesetzes zu sein, um den Staatsbürgern die Grundlagen für Lebensqualität und dem Streben nach Glück (pursuit of happiness) zu verbürgen bei gleichzeitiger Garantie der Grund- und Freiheitsrechte. Andere Ziele, beispielsweise eine Erhöhung des Bruttosozialprodukts (Wirtschaftswachstum), technologischer Fortschritt oder Erwägungen des staatlichen Prestiges etc. sind zweitrangig, dem Hauptziel unterzuordnen und, wenn erforderlich, aufzugeben.

FALTER: Man behauptet, dass dieser Entwurf die Handschrift von Frau Schreiber trägt. Ist das richtig?

STURZ: Das ist korrekt. Wir haben dieses Konzept im E-Mailverkehr gemeinsam entwickelt, es ist sozusagen unser kleinster gemeinsamer Nenner. Frau Schreibers Entwurf war weit radikaler, so umfasste er beispielsweise ein Züchtungsverbot für Haus- und Nutztiere, das Verbot von Zirkussen, zwangsweisen Veganismus und eine Auflösung aller zoologischen Tierparks.

FALTER: Das halten Sie nicht für sinnvoll?

STURZ: Veganismus halte ich uneingeschränkt für sinnvoll – als freie Entscheidung! Ich halte auch ein Züchtungsverbot für Haus- und Nutztiere sogar für sehr sinnvoll. Haustiere sind nicht unser Spielzeug. Zurzeit sind, wenn man die Gewichte aller Großtiere auf unserem Planeten zusammenzählt, vierzig Prozent dieser Gesamtmasse von den Menschen und fünfzig Prozent, somit die Hälfte, von den Haus- und Nutztieren erstellt. Nur noch zehn Prozent entfallen auf Wildtiere.[7]

FALTER: Warum haben Sie dann diese Forderungen nicht in den Entwurf aufgenommen?

STURZ: Weil sie einerseits sehr detailliert sind, andererseits, weil der Entwurf auch politisch umsetzbar sein soll.

FALTER: Sie glauben, es ist politisch zu durchzusetzen, den Bürgern das Fleischessen zu verbieten?

STURZ: Sie haben da offenbar etwas missverstanden. Nirgends im Entwurf ist der Verzehr von Fleisch verboten.

FALTER: Wie soll man denn zu seinem Schnitzel oder Burger kommen, wenn man keine Schweine oder Rinder mehr schlachtet?

STURZ: Wie bisher. Durch den Import von mit Antibiotika belasteten und durch Bakterien verseuchten billigen Gammelfleisch aus dem Osten. Ein Verbot des Schnitzels wäre politischer Selbstmord, denn dafür würde der Österreicher auf die Straße gehen, das ließe er sich nicht gefallen. Davon abgesehen, dass wir auch ein Recht auf Freiheit statuieren.

FALTER: Wie ist das zu verstehen?

STURZ: Freiheit beinhaltet das Recht, sich selbst zu schaden. Wie sinnvoll wäre es, Zigaretten, Cannabis und Alkohol zu erlauben, aber Fleisch – das nachweislich Krebs verursacht – zu verbieten? Das wäre ein Widerspruch.

FALTER: Was stört Sie am Wirtschaftswachstum und der Erhöhung des Bruttosozialproduktes? Wären Sie gegebenenfalls bereit, ein Nullwachstum zu tolerieren?

STURZ: Warum nicht? Schrankenloses, ungehemmtes Wachstum in einem tierischen Organismus ist Krebs. Ähn-

[7] Zitat nach Yuval Harari: Eine kurze Geschichte der Menschheit

lich im Staatsorganismus. Außerdem ist der Fetisch der Wirtschaftswissenschafter, das Bruttosozialprodukt, ein riesiger Schwindel, der den Interessen der Wirtschaft und des Kapitals dient.

FALTER: Das müssen Sie uns näher erklären.

STURZ: Gerne. Bruttosozialprodukt ist eine Gesamtgröße, die man durch die Addition der Konsumausgaben, der privaten Investitionen und der Staatsausgaben erhält. Die Wirtschaft, die Unternehmen, schaffen versteckte und verschleierte Kosten, indem sie die Umwelt verschmutzen und zerstören, Plastik, nur als Beispiel, während sie die Gewinne kassieren und diese Probleme samt Kosten den Gemeinden und den Bürgern aufhalsen. Und was passiert dabei? Wir erhöhen das Bruttosozialprodukt durch Autounfälle, indem wir für die Versorgung der Opfer und für neue Autos Geld ausgeben, für die Krebskranken durch Umweltverschmutzung erkrankt Spitäler bauen und Ärzte bezahlen. Das alles kostet Geld und erhöht das Bruttosozialprodukt.

Das Bruttosozialprodukt ist ein einziger Rechentrick, ich könnte es im Handumdrehen – auf dem Papier – verdoppeln.

FALTER: Wie das?

STURZ: Stellen Sie sich vor, dass sich jede Hausfrau mit ihrer Nachbarin, die ebenfalls Hausfrau ist, abspricht. Sie bezahlt der anderen fünfhundert Euro dafür, dass sie ihren Haushalt besorgt. Diese tut dafür im Gegenzug und gegen Entgelt das gleiche wie die andere bei ihr, ein Nullsummenspiel. Keine der beiden Familien hat unter dem Strich einen Cent mehr im Geldbörserl, aber wir haben das Bruttosozialprodukt um tausend Euro erhöht.

Noch besser ist mein nächster Vorschlag. Stellen Sie sich vor, jede ehrbare Ehefrau in unserem Land geht auf den

Strich. Auch so erhöht sich jedenfalls das Bruttosozialprodukt.

Jetzt noch ein Spezialfall, nur für die Moral: Diese Ehefrauen treiben es nicht mit Fremden, sondern nur mit dem eigenen Ehemann. Jedes Mal, wenn er sie begatten will, muss er vorher hundert Euro auf das Nachtkästchen legen. Auf einmal haben wir das Bruttosozialprodukt erhöht, ohne das Gesamtfamilieneinkommen zu steigern. Das Familieneinkommen bleibt gleich, nur hat es die Ehefrau statt dem arbeitenden Gatten in ihrem Geldbörserl.

FALTER: Das ist absurd.

STURZ: Zweifellos, das finde ich auch. Es ist absurd, aus einem derartig windigen Parameter das Wohlergehen eines Landes abzuleiten.

FALTER: Eine letzte Frage. Was haben Sie gegen Plastik?

STURZ: Statt einer Antwort eine kurze Notiz aus der gestrigen Zeitung: „Toter Wal hatte sechs Kilo Plastik im Bauch. Das Tier wurde an der Küste Indonesiens angespült. Im Magen waren: 115 Plastikbecher, 25 Plastiksackerln und 1.000 weitere Plastikteile." Beantwortet das Ihre Frage?

So wie ich und viele andere das sehen, ist es jetzt nicht mehr fünf, sondern zwei vor zwölf das Plastik betreffend. Oder vielleicht schon zwei nach zwölf? Dann wäre dieser Entwurf immer noch sinnvoll. Es wäre ein Versuch zur Schadensbegrenzung und das unvermeidbare Ende ein wenig hinauszuzögern. Wir sind als Menschen und Menschheit verpflichtet, das Richtige zu tun. Nehmen Sie die Klimakleber, die ihre Handflächen auf die Fahrbahn kleben. Das sind keine Terroristen, wie es die ungeduldigen Autofahrer sagen, sondern Menschen, die das Richtige tun wollen. Nur leider sind es Idioten und diese Maßnahme ist ungeeignet, Zustimmung oder Unterstützung in der österreichschen Gesellschaft zu finden.

FALTER: Herr Sturz, wir danken für das Gespräch.

13 Sebastian Sturz – Gespräch mit Dario Drabadori

Noch deutlicher wird die Gedankenwelt Sturzs in seinem letzten Interview, das allerdings niemals veröffentlicht wurde.[8]

DARIO DRABADORI: Das enorme Interesse, das Ihr Projekt eines bedingungslosen Grundeinkommens für alle gefunden hat, entspricht dem Wunsch nach risikofreier Selbstverwirklichung. Hieran orientieren sich auch meine Fragen. Sie zielen darauf ab, den Weg zu verstehen, den Sie bei Ihren Erwägungen durchlaufen haben, und die Kontinuitäten Ihres Denkens philosophisch an den Wurzeln zu erfassen.

SEBASTIAN STURZ: Eingangs, ich betrachte mich nicht als Philosophen, möchte andere weder von der Philosophie abhalten, noch dazu ermutigen. Die Philosophie derzeit, so wie ich Sie verstehe, ist ein akademisches Fach, das primär geschichtlich orientiert ist, an Philosophien der Vergangenheit, weiters essentiell an Erkenntnis interessiert ist.

Mein Ausgangspunkt war nicht die Erkenntnis, sondern die Erfahrung, eigentlich zwei Erfahrungen. Die erste, als psychisch Kranker unnütz und Außenseiter dieser Gesellschaft zu sein, ein Nutzloser, wenn man so will, einer, den man nicht ernst nehmen muss. Die zweite, der ständige Kampf, nicht arbeiten zu müssen, also gegen meinen Wil-

[8] Ich danke dem Journalisten Dario Drabadori für die Textüberlassung.

len zur Arbeit gezwungen zu werden, durch die Machtmechanismen des Arbeitsmarktservices und anderer Manipulationen, gegen die ich mich selbst letztlich nur durch die Flucht in die psychische Erkrankung schützen konnte, was wiederum eine andere Rechtlosigkeit – Besachwaltung – nach sich zog. In diesem Spannungsfeld habe ich mich jahrelang mit dem Thema Wert und Sinnhaftigkeit der Arbeit beschäftigt und meine Lösung entwickelt.

DARIO DRABADORI: Was ist schlecht an der Arbeit?

SEBASTIAN STURZ: Gar nichts. Arbeit ist sinnvoll, schafft Werte, Waren und Produkte, kann Dienst am Menschen oder für die Natur sein. Ich bin nicht gegen die Arbeit an sich, aber sie soll freie Wahl und Ausfluss menschlicher Freiheit sein. Derzeit ist sie das nicht. Die alte Maxime „Wer nicht arbeitet, soll auch nicht essen" gilt noch immer. Jemand, der die Arbeit verweigert, wird schief angesehen und in unterschiedlicher Form gequält, abgesehen davon, dass ihm ein Leben unter dem Existenzminimum in Armut zugemutet wird. Das will ich ändern.

DARIO DRABADORI: Das ist Ihre Botschaft. Und die weltanschaulichen Hintergründe?

SEBASTIAN STURZ: Instinktiv sagte ich mir, ich ziehe das durch. Arbeit ist Sklaverei und lieber stehend sterben, als kniend leben. Und siehe da, plötzlich fand ich, dass Hegel das Gleiche sagte.

DARIO DRABADORI: Sie spielen auf das Gleichnis von Herrschaft und Knechtschaft an?

SEBASTIAN STURZ: Korrekt. Hegel beschreibt diesen Kampf zweier Geistwesen. Der eine, der Herr, zieht die Freiheit dem Leben vor und gewinnt so. Der Knecht oder Sklave hingegen, der das Leben der Freiheit vorzieht, muss für ihn schuften, arbeiten, und gibt ihm, dem Herrn, auf diese Weise die Bestätigung seiner Macht.

DARIO DRABADORI: Den zweiten dialektischen Schritt Hegels haben Sie aber nicht nachvollzogen, nämlich dass der Knecht durch die tätige Arbeit zur Realisierung seines Selbst kommt und durch seine Nützlichkeit dem Herrn überlegen wird.

SEBASTIAN STURZ: Doch, aber das ist der Idealzustand der freien und frei gewählten, erfüllenden Arbeit. Das gibt es bei einer Minderheit. An diesem Punkt hatte ich Hegel mit Karl Marx verknüpft. Dieser Schritt der Selbstrealisierung kann oder konnte nicht vollzogen werden, weil die Arbeit entfremdet ist und Mechanismus der Ausbeutung. Kurzformel: Entfremdung ist gleich die Arbeit als ein Muss.

DARIO DRABADORI: Verstehen Sie sich als Neomarxist?

SEBASTIAN STURZ: Durchaus nicht. Zunächst einmal bezweifle ich den Marxschen Klassenbegriff. Ist der heutige Arbeiter dem von Marx beschriebenen Proletariat gleichzusetzen? Oder ist er ein Privilegierter und die Trennungslinie läuft nicht zwischen Arm und Reich, sondern zwischen Erster Welt im Überfluss und der Dritten Welt in Armut? Noch wesentlicher aber für mich ist, dass ich nicht das Privateigentum für die Wurzel des Übels der Entfremdung halte, sondern den Zwangscharakter der Arbeit. Da kommt bei mir wieder die Lebenserfahrung ins Spiel. Die Notwendigkeit, mit wenig auszukommen, brachte mich dazu, den Konsumterror zu durchschauen und als wahre innere Triebfeder des Zwangs zur Arbeit zu identifizieren. Zeitgleich stieß ich auf Henri David Thoreau. Walden oder Leben in den Wäldern, dieses Buch wies den Ausweg aus der Konsumgesellschaft in ein einfaches, sinnvolles, bedürfnisarmes Leben. Nennen Sie es Autarkie, Selbstversorgung, Minimalismus, Simplify Your Life oder wie immer Sie wollen. Auf die Begriffe kommt es nicht an! Das Ziel: Ein alternatives Leben jenseits von Konsumzwang oder Konsumterror. Dafür darf ich eintreten, habe sogar die Pflicht dazu: Über die Pflicht zum Ungehorsam gegen den Staat, lesen Sie es nach.

DARIO DRABADORI: Thoreau starb 1862. Sind seine Denkansätze nicht veraltet?

SEBASTIAN STURZ: Ganz und gar nicht. Sie sind hoch aktuell. Ich zitiere die Sätze, die mich dazu brachten, dies alles zu meinem öffentlichen Anliegen zu machen: „Gib deine Stimme ab - nicht bloß ein Stück Papier – und mache deinen ganzen Einfluss geltend.“ Genau das geschieht in unserer Kampagne, die erst möglich wurde, weil ich zwei wunderbare Menschen und Unterstützer gefunden habe. Ich spreche von Maria Schreiber und Günter Gmeiner.

DARIO DRABADORI: Nun, Günter Gmeiner ist kein unbeschriebenes Blatt, mehr möchte ich dazu nicht anmerken. Immerhin hat er Sie in den Verdacht gebracht, ein Neofaschist zu sein.

SEBASTIAN STURZ: Was ich nicht bin. Das waren Inszenierungen, die uns Aufmerksamkeit sicherten. Und natürlich die angedachten flankierenden Maßnahmen zum bedingungslosen Grundeinkommen, diente als Argument, uns als Nazis zu diffamieren. Dass ein Aufnahmestopp für Asylanten und Einwanderer notwendig ist, begründete den Verdacht, dass wir rechts stehen.

DARIO DRABADORI: Warum die Grenzen dichtmachen?

SEBASTIAN STURZ: Was glauben Sie, was passiert, wenn wir jedem Ausländer ab morgen monatlich tausend Euro oder mehr für nichts in die Hand drücken? Sie würden uns überrennen, binnen eines Jahres hätten wir die Einwohnerzahl Österreichs verdoppelt.

DARIO DRABADORI: Also Gleichheit für alle, aber nur für Österreicher, die wählen dürfen?

SEBASTIAN STURZ: So ist es. Den Vorwurf des Antisemitismus weise ich striktes zurück – studieren Sie meine Familiengeschichte und die Abstammung meiner Großmutter Emma.

DARIO DRABADORI: Sie wissen, dass viele sagen, Ihr Projekt sei unmöglich. Es gibt Berechnungen, dass es nicht finanziert werden kann.

SEBASTIAN STURZ: Die alten Einwände. Wir haben auch Prognoserechnungen vorgelegt, nach unseren Kalkulationen ist es möglich.

Fakt ist doch, dass keiner weiß, ob es funktioniert, weil es noch niemals versucht wurde. Wir werden es erst wissen, wenn es eine Legislaturperiode lang ausprobiert wurde. Dann ist auch der richtige Zeitpunkt, Bilanz zu ziehen. Die Bevölkerung zu fragen, wollt ihr weitermachen, Modifikationen vorzunehmen, et cetera. Wir brauchen direkte Demokratie und Volksabstimmungen, nicht heimliche Absprachen der Politikercliquen im stillen Kämmerlein.

DARIO DRABADORI: Diese heimliche Absprachen und Cliquenbildung wirft man aber gerade Ihnen vor. Das ergibt sich aus den Textnachrichten und Aussagen von Toni Schmidl.

SEBASTIAN STURZ: Jeder hat das Recht seine Aussage zu tätigen, aber es sollte schon hinterfragt werden, welche Glaubwürdigkeit Aussagen haben, die in Wahrheit kein echtes Schuldeingeständnis sind, sondern das Ziel haben, für das eigene Fehlverhalten nicht bestraft zu werden, indem man andere beschuldigt.

DARIO DRABADORI: Eine letzte Frage. Welche Anstöße gingen von Ihrer Mitstreiterin Maria Schreiber aus?

SEBASTIAN STURZ: Die Erde gehört den Menschen nicht. Sie gehört den Tieren und der Natur. Maria Schreiber hat mich dazu gebracht, mich mit den Gedanken von Arne Næss und von Theodore Roszak zu beschäftigen. Wir brauchen ein neues Tierschutzgesetz, Förderung der veganen Lebensweise und Bekämpfung des Klimawandels.

Kürzer formuliert: Maria Schreiber hat mir die Augen für unsere wirkliche Aufgabe geöffnet. Wir müssen den Planeten retten.

Für das bedingungslose Grundeinkommen und für die Rettung des Planeten – dafür stehe ich mit meinem Namen, Sebastian Sturz.

14 Das letzte Kapitel

Das letzte Kapitel einer Biografie umfasst in aller Regel das Ableben der geschilderten Person. Bei Sebastian Sturz liegt der Fall jedoch komplizierter.

Knapp bevor ich die Nachricht vom Selbstmord meines Freundes erhielt, hatte ich ihn das letzte Mal aufgesucht. Auf seinen Wunsch, füge ich hinzu. Er hatte drei oder vier Mal auf meine Mailbox gesprochen und dringlich gebeten, ihn zu besuchen. Einen Grund nannte er nicht. Ich stieg die Treppe zu seiner kleinen Wohnung hinauf, Lift gab es in dem alten Haus nicht, und erlebte die erste Überraschung, als ich die Wohnungstür öffnen wollte. Es war abgesperrt. Sonst hatte Sturz nie seine Tür versperrt.

„Bei mir gibt es nichts zum Stehlen, ich besitze nichts von Wert“, waren seine Worte.

Ich klopfte, niemand rührte sich. Ich klopfte wieder, keine Antwort. Ist ihm etwas passiert, sonst ließ er doch immer die Wohnungstüre unversperrt? Auf mein nochmaliges Klopfen hin öffnete er. In seinem Wohnzimmer war der Tisch wie immer mit zahlreichen Blättern bedeckt, der Computer war eingeschaltet, er schrieb. Dazwischen lag aufgeschlagen Walden von Henry Thoreau, das Buch, das er gelesen hatte, als ich ihn zum ersten Mal traf.

„Schreibst du darüber?“, fragte ich.

Er antwortete mit der Gegenfrage, was ich von dem Buch halte.

Ich hielt nichts davon. Warum sollte jemand fortgehen und allein in den Wäldern leben? Oder kein Fleisch essen, keinen Kaffee trinken und seine eigene Nahrung anbauen? Das Ganze wäre keine Geschichte, kein Roman oder Erzählung, nur Geschwätz.

„Wenn du die Geduld aufbrächtest“, antwortete er, „das Buch in dem Geiste zu lesen, in dem es gelesen werden soll, würde sich dein ganzes Leben ändern.“

Er begann, das Buch zu erklären. Ob es nicht reizvoll wäre, alles hinter sich zu lassen, sein Leben komplett zu ändern und an einen Ort zu ziehen, wo man ganz allein wäre? Oder eine andere Identität? Einfach neu anfangen.

Unmittelbar darauf erwähnte er, vom Verfassungsschutz überwacht zu werden, denn ein Volksbegehren zur Einführung eines bedingungslosen Grundeinkommens würde die politische Landschaft verändern. „Nachhaltig und grundlegend“, wiederholte er mehrfach. Das nächste Volksbegehren, das er plane, zur Freigabe der Euthanasie, zur assistierten Selbsttötung als Recht eines jeden Staatsbürgers, enthalte noch mehr sozialen Sprengstoff. Aber wenn er überwacht würde, wäre er nie frei.

„Früher bin ich nur ein einfacher Verrückter gewesen, ein Trottel oder Schizo eben, aus der Sicht der anderen, oder ein weiser Narr, ein Heiliger, der am Rande der Armut und Gesellschaft lebte. Man kann mich aber wieder entmündigen, politisch ausschalten, und die Überwachung ist nur die Vorstufe dazu. Dann wäre ich wieder dazu verdammt, untätig zu sein, dazu verurteilt, für den Rest seines Lebens in einem Zimmer zu sitzen und Bücher zu lesen. Also nur halb lebendig zu sein, die Welt nur durch Worte zu sehen und nur durch das Leben anderer. Oder sie werfen mich ins Gefängnis!“

Das alles klang ziemlich paranoid und ich sagte es ihm auch. Hatte er Wahnvorstellungen?

„Warum hast du deine Tür versperrt?“, fragte ich.

„Deshalb“, antwortete er und schob einen Packen Papierblätter auf dem Tisch zur Seite, darunter lagen haufenweise Bündel von Hunderteuroscheinen, die von Gummiringen zusammengehalten wurden. Im nächsten Augenblick deckte er das Geld wieder zu.

Er erzählte mir, auf Thoreaus Spuren die letzten Wochen immer wieder querfeldein in der Umgebung Wiens herumgelaufen zu sein. Dabei wäre er im Wald auf eine Leiche gestoßen, schon im Stadium fortschreitender Verwesung, daneben eine Reisetasche, mehrere leere Medikamentenschachteln und eine halbleere Whiskyflasche.

„Die Reisetasche enthielt das Geld, einen Brief des Verstorbenen und seinen Reisepass. Die Geschichte dahinter ist einfach, traurig zugleich, alles dem Abschiedsbrief zu entnehmen: Ein junger Mann aus Deutschland, gesicherte Existenz, keine Familie, außer Mutter und Schwester. Dann sei binnen eines Jahres die Mutter an Krebs und die Schwester bei einem Verkehrsunfall gestorben. Seine Verlobte habe ihn wegen eines anderen Mannes verlassen, weil er, der Verstorbene, zu viel gearbeitet hätte, nie ausreichend Zeit für sie erübrigte. Wahrscheinlich wollte sie mit dieser Ausrede ihr schlechtes Gewissen beruhigen, weil sie ihm in dieser kritischen Zeit den Laufpass gab. Wie auch immer, traurig.

Der Tote wünschte nicht allzu viel, er wollte ein normaler Bürger in einer normalen deutschen Stadt sein, das Mädchen von nebenan heiraten, durch eigene Arbeit ein Leben in Wohlstand genießen und ein ruhiges Dasein fristen. Als dieser Traum platzte, hatte er nur noch den Wunsch zu verschwinden. Er machte seine Firma zu Geld und fuhr nach Rom, Paris und schließlich nach Wien, wo er hier im Wienerwald sein Leben beendete. Selbstmord ist eine Lösung, das ist schon in Ordnung."

Daraufhin entwickelte Sturz seine Vorstellungen über das Recht auf Suizid und dessen Sinnhaftigkeit.

„Ja, Selbstmord ist eine Lösung", sagte er, „dass hat schon das kleine Arschloch gesagt."

„Wer ist das kleine Arschloch?", fragte ich zurück.

„Ein Comic, aber das ist nicht wichtig. Es gilt die Regel, verlasse das Fest, wenn es dir am Besten gefällt."

„Wenn die Zukunft etwas Besseres bringt?", fragte ich.

„Die Zukunft ist auch nicht mehr das, was sie einmal war", wandte er ein, „aber ich gestehe dir zu, dass ein voreiliger Suizid ein Fehler wäre. Jeder kennt diese Gedanken: Ich bin auf mich allein gestellt, es gibt niemanden mehr, an den ich mich wenden kann. Mehrere Stunden lang verfällt man in Mutlosigkeit und Selbstmitleid und denkt, es wäre besser, tot zu sein. Das reicht nicht aus. Ich würde daher vor der endgültigen Lösung vier Maßnahmen vorschlagen: wechsle das Land, den Beruf, den Lebenspartner. Und nimm drei Monate Antidepressiva. Wenn das alles nichts hilft, dann ist klar, was angesagt ist. Abgesehen davon, wer sind wir, daran Anstoß zu nehmen, was ein Mensch mit seinem Leben anfängt?“

Damit brachte er das Gespräch wieder auf den Toten im Wald zurück.

„Ich stehe vor einem Dilemma. Eigentlich sollte ich den Todesfall polizeilich melden. Der Mann hatte keine Angehörigen, das heißt, sein Geld fällt dem Staat zu. Vielleicht aber wäre ich ihm als Erbe lieber?“

„Es ist eine Masse Geld, ein fünfstelliger Betrag“, sagte ich aufs Geratewohl.

Sturz schüttelte den Kopf. „Sechsstellig“, sagte er, „und dann gibt es noch den Reisepass. Darum habe ich der Behörde nichts gemeldet.“

„Was ist mit dem Reisepass?“

Er zog ihn unter dem Papierstoß hervor und zeigte mir das Foto.

Ich traute meinen Augen nicht, dachte, Sturz vor mir zu sehen. Die Ähnlichkeit war bemerkenswert.

Sturz zuckte mit den Achseln und teilte mir sinngemäß mit, ich wisse ja, wie man so sagt: Jeder Mensch habe irgendwo seinen Doppelgänger. Er sehe nicht ein, warum seiner nicht ein Toter sein könne.

Bis heute kann ich mich des Eindrucks nicht erwehren, dass Sebastian Sturz auf etwas anspielte, als versuche er, mir etwas zu sagen, was er nicht laut auszusprechen wagte.

Ich sprach ihn bereits damals darauf an, worauf alles noch verwirrender wurde.

„Stell dich nicht dumm“, sagte er. „Es muss ein Versteckspiel bleiben, bis zum Ende. Ich weiß, dass du mit meiner Freundin geschlafen hast. Aber wir können das hinter uns lassen. Was, wenn wir einfach aufgäben? Wenn du jetzt aufstehst, durch diese Tür hinausgehst und alles hinter dir lässt? Ist das nicht eine Vision der Freiheit?“

Ich verstand kein Wort. Machte er mir einen Vorwurf oder verzieh er mir die Sache mit Maria Schreiber? Oder verzieh er mir die Sache mit den Textnachrichten? Keine Ahnung. Ich sagte mir, dass er verwirrt erschien und unter der fixen Idee litt, überwacht zu werden.

Aber dass ich meinen Freund hintergangen und mit seiner Freundin geschlafen hatte, führte dazu, dass ich ihm in der folgenden Woche aus dem Weg ging. Dann erfuhr ich, dass Sebastian Sturz einen Abschiedsbrief hinterlassen hatte. Er würde im Wald, wo ihn keiner finden könne, mit Tabletten seinem Leben ein Ende setzen. Niemand hat das bisher bezweifelt. Er hatte seinen Abschiedsbrief geschrieben und das war das Ende.

Aber war es so?

Ich denke an seine letzten letzten Worte und an mich gerichtet: „Es muss ein Versteckspiel bleiben, bis zum Ende.“ Was meinte er damit?

Er hatte diesen Reisepass mit der Fotografie eines Toten, der wie er ausschaute. Damit könnte er irgendwo in Deutschland bei einem Amt vorgeben, alle Papiere außer diesem Pass verloren zu haben. Man würde ihm problemlos neue Dokumente ausstellen, was ihm ein neues, anderes, zweites Leben garantierte.

Ich ziehe es vor zu glauben, dass er weit fort ging, einen Zug nahm und nach Norden fuhr, um ein neues Leben zu beginnen. Er schrieb seinen Brief, nahm seine Reisetasche, ging durch seine Wohnungstür …

Und von diesem Augenblick an wissen wir nichts mehr von ihm.

NACHWORT VON JOHANN MISSLIWETZ

Die Aufzeichnungen von Toni Schmidl sind nicht nur ein Zeitdokument, sie sprechen für sich – aber zeigen sie uns die Wahrheit?

Ich, Dr. Missliwetz, als Herausgeber und Autor der Biografie habe meine begründeten Zweifel. Toni Schmidl behauptet, dass er erst den Kontakt zu Sturz herstellte, als dieser mit der Cannabiskampagne begonnen hatte. Das ist unwahr, denn die Mutter von Sebastian Sturz und auch andere Personen bestätigten mir, dass sich die beiden seit ihrer Mittelschulzeit kannten, befreundet waren und regelmäßig trafen. In wie vielen Punkten weichen Schmidls Aufzeichnungen sonst noch von Tatsachen ab?

Außerdem: Toni Schmidl fehlte ein akademischer Grad. Also beschloss er, diesen leicht und auf die Schnelle an der bekannten Fernuniversität in Bratislava zu erwerben. Dort hatte vormals eine frühere Ministerin „promoviert", die dann wegen Plagiatsvorwürfen zurücktrat. Schmidls Diplomarbeit scheint keine Quellen zu plagiieren, aber für die Verleihung eines Master-Grades in Philosophie ist die Suppe zweifellos zu dünn. Die philosophischen Gespräche zwischen Schmidl und Sturz bleiben bestenfalls auf WIKIPEDIA-Niveau. Zur Verdeutlichung, wie schlampig Schmidl vorgeht: In Kapitel 5 der Diplomarbeit verspricht er, vier Illusionen der Philosophie darzustellen. Es werden aber nur drei explizit genannt. Welche ist die fehlende? Vermute, er bezog sich auf die „Ausweitungen der Kampfzone", die Dr. Freudenberg in seiner E-Mail erwähnte. Im Kapitel 11 hatte Toni Schmidl erkennbar aufgegeben, einen Text für eine universitäre Diplomarbeit zu entwerfen. Denn jetzt schreibt er über seine sexuelle Beziehung zu Maria Schreiber und die Ménage-à-trois, somit die Dreiecksbeziehung die bestanden haben soll. Wer mit wem Sex hat, ist aber kein Inhalt einer universitären Diplomarbeit. Auf die Glaubwürdigkeit oder den Mangel an Glaubwürdigkeit dieser Dreieckskonstellation werde ich am Schluss meines Nachwortes eingehen.

Fakt ist, dass Schmidl behauptete, dass ihm Sturz den späteren Führungsposten in der Glücksspielindustrie beinahe aufgedrängt hätte – siehe das aus der Erinnerung aufgezeichnete Gespräch in der Wohnung (Der Pakt und die Familie) des dritten Teiles, in dem beschlossen wurde, zukünftig eine politische Rolle in Österreich zu spielen. Das war die CEO-Bestellung Schmidls betreffend eine Verharmlosung.

Denn Schmidl hatte nachweislich an Sturz getextet:

„Danke, danke!!!!!! Ich liebe meinen Außenminister, der bald Bundeskanzler sein wird!“

Die belastende SMS, mit der Sturz antwortete, lautete:

„Klar doch. Kriegst eh alles, was du willst. Du bist Familie!“

Gernot Blume, der auch am Postenschacher beteiligt war, hatte Toni Schmidl gleich im Anschluss getextet:

„Schmidl AG fertig“

Woraufhin Schmidl antwortete:

Habe noch keinen Aufsichtsrat. Wegen der Frauenquote. Mir gehen die Weiber so am Nerv. Scheiß Quote!“

Antwort von Blume:

„Nimm doch Sonja Karmin – die ist uns wegen vieler Scheinrechnungen verpflichtet, die wir anstandslos bezahlten“

Die Antwort von Toni Schmidl lautete:

„Vergiss es. Die dumme Pute kostet Nerven und ist bereits im Gerede, gibt Gerüchte über sie. Zeit zur Trennung?"

Es soll auch belastende E-Mails in den Computern gegeben haben. Aber weder der Computer von Gernot Blume noch von Toni Schmidl wurde polizeilich sicher gestellt. Bei der Hausdurchsuchung in Gernot Blumes Wohnung, der damals noch Finanzminister war, wurde kein Computer aufgefunden. Blume erklärte dreist, dass er keinen Computer besitze. Als ihm die Polizei nachweisen konnte, dass ihm als Minister ein Dienstlaptop übergeben worden war, korrigierte er seine Stellungnahme. Seine Ehefrau wäre zum Zeitpunkt der Hausdurchsuchung spazieren gegangen und hatte zufälligerweise diesen Laptop mitgenommen.

Der SPÖ-Fraktionsführer forderte den sofortigen Rücktritt von Sturz, Blume und Schmidl. „Diese Personen waren von Anfang an die treibende Kraft im ständigen Postenschacher der Patrioten-Partei."

Die veröffentlichten SMS fügten der Sturz-Clique schweren Schaden zu.

Die Verdachtslage: Zwischen 2021 und 2023 wurden Gelder des Finanzministeriums dafür aufgewendet, rein parteipolitisch motivierte, immer manipulierte Umfragen eines Meinungsforschungs-Instituts im Interesse der PATRIOTEN, konkret im Interesse von Sebastian Sturz und seinen „Jüngern", erstellen zu lassen und sich Gefälligkeits-Berichte in zwei Gratiszeitungen über Inserate des Finanzministeriums zu kaufen.

Eine von Sonja Karmin bestellte Meinungsforscherin Sabine C. hat für die damalige Familienministerin und Miteigentümerin des Meinungsforschungsinstituts Karmin Motivforschung GmbH, Sonja Karmin gearbeitet und die Umfragen gemacht. C. soll – so der Vorwurf der Staatsanwaltschaft – ihre Honorare für die politisch motivierten Umfragen mittels falscher Rechnungen als PR-Arbeit getarnt an das Finanzministerium adressiert haben. Die Sturz-Clique sprach stolz vom „C.-Österreich-Tool; wer A sagt, muss nach B auch C sagen und uns wählen“.

Nicht strafbar war vielleicht der Inhalt einiger SMS, so wie in vielen Textnachrichten gesprochen wurde, wohl aber für die Wähler abstoßend im Ton.

Sturz: „Du musst mit Karmin reden, sie beruhigen. Sie ist über den Kanzler angefressen. Sag ihr, die Welt geht deshalb nicht unter“

Schmidl: „Klar! Bundeskanzler N ist das Letzte und ein Riesenarsch! Sag ihr's das wird sie beruhigen. Seine Tage sind gezählt! Apropos: Habe dein Budget um fünfunddreißig Prozent erhöht“

Sturz: „Scheisse mich jetzt an“

Schmidl: „Der Kanzler, dieser Warmduscher und Vollkoffer wird ausflippen. Ich, Sturz, kann jetzt Geld scheissen kannst du dem blöden Oarsch ausrichten“

Bezüglich der günstigen Zeitungsberichte flog auch einiges auf:

Schmidl: „F macht morgen in den Gratiszeitungen eine Doppelseite über die Umfragen und wie hoch wir in der Gunst der Wähler stehen. Er ist eben ein Kapitalist!“

Sturz: „Genau! Wer zahlt schafft an“

Schmidl: „So weit wie wir bin ich echt noch nie gegangen. Wir sind eben die Oberhuren der Reichen!“

Der Lack war ab, das Saubermannimage nicht mehr aufrecht zu erhalten. Ein Politiker sollte über Professionalität, Charisma und Glaubwürdigkeit verfügen, Vorbild sein. Charisma ist ein „Gottesgeschenk“, so meinte man im alten Griechenland. Hatte Sturz Charisma? Ich denke nicht. Professionalität war nie die Stärke von Sturz, denn von Wirtschaft und Finanzen hatte er keinen Tau. Das war Gernot Blumes Feld gewesen. Die fachliche Kompetenz wird außerdem überschätzt. So wird man als Lehrer oder Bankkaufmann in Österreich Gesundheitsminister oder wird Verteidigungsministerin ohne einen Präsenzdienst, die auch nicht weiß, wo bei einem Sturmgewehr vorne oder hinten ist. Sebastians Stärke war seine Begeisterung und Authentizität gewesen, mit der er zufrieden und glaubwürdig die Rolle des bedingungslosen Grundeinkommensempfängers verkörpert hatte. Er hatte als Minister keine Dienstwohnung beansprucht, keinen Dienstwagen gebraucht, sondern war mit der Straßenbahn ins Ministerium gefahren (was ein Albtraum seiner Personenschützer war). Es gab kein Spesenkonto, keine Bewirtungen ausländischer Politiker und keinerlei Luxus. Jeden Euro seines Ministergehaltes, der die projektierten 1.200 Euro überstieg, hatte Sturz nachweislich an Bedürftige gespendet.

Die geleakten Chats zerstörten dieses Image der Bescheidenheit von Sturz, den augenscheinlich hatte als Ausgleich sein Freundeskreis die Republik als Supermarkt zu eigenen Zwecken instrumentalisiert und geschröpft. Man dachte in der Partei DIE PATRIOTEN zwar daran, weiter zu machen so wie es die ÖVP nach Sebastian Kurz tat. Nämlich so wie Kurz seine Intimfreunde Alexander Schallenberg und dann Karl Nehammer nachfolgten, wurde geplant, dass nach Sebastian Sturz nächster neuer Parteichef der PATRIOTEN Gernot Blume werde oder alternativ Hardy Kovacs ihm nachfolgen könnte. Die Wähler machten dem aber einen dicken Strich durch die Rechnung. So sind die österreichischen Wähler, einmal lassen sie sich ganz leicht herein legen, aber beim zweiten Mal braucht man bereits einen neuen Schmäh oder Trick.

Als bisher einzige Person wurde die ehemalige Familienministerin Karmin diese Woche vor Gericht gestellt. Die WKStA wirft ihr schweren Betrug und Wettbewerbsabsprachen vor. Karmin drohten bis zu drei Jahre Haft. Zum Prozessauftakt betonte sie, den Schaden wieder gutgemacht zu haben und plädierte auf Freispruch. Sie hätte Rechnungen falsch datiert, „sei aber keine Buchhalterin“. Die WKStA war sich in ihrer Anklage hingegen sehr sicher: Die Suppe sei so dick, "wenn man den Löffel auslässt, bleibt er aufrecht stehen", sagte WKStA-Oberstaatsanwalt Georg Anderle. Karmin habe "jede sich bietende Gelegenheit zur eigenen Geldmaximierung ausgenutzt. All ihre Taten gingen auf Kosten der Allgemeinheit". "Aufgrund der Traumata, die ich und meine Familie bei der Verhaftung erhalten haben, möchte ich keine Fragen beantworten", sagte Karmin als die Staatsanwälte begannen, sie zu vor Gericht befragen.

Gegen Gernot Blume wurde das Verfahren eingestellt, aber zahlreiche anderen „der Familie“ droht weiterhin das Damoklesschwert der Justiz. Natürlich schieben jetzt alle die Schuld auf die Verstorbenen, die nicht mehr dementieren können, also auf Günter Gmeiner und Sebastian Sturz. Kovacs, der offenbar nicht oder weniger in kriminelle Machenschaften verwickelt war, entwickelte eine neuer Theorie über Sebastian Sturz, die ich eigenmächtig „Jesus unter den Räubern“ nenne. Kovacs glaubt, dass Kurz vom Sumpf der Korruption und des Postenschachers in seiner Umgebung und Partei gar nichts gewusst hätte. In seiner Naivität hätte er immer nur das Beste von seinem Umfeld angenommen und Idealismus erwartet. Das erscheint mir sehr weit hergeholt, das ist „echt naiv“. Meine Interpretation hierzu: Sturz war tatsächlich durch Vermögensvorteile nicht motiviert, ihm ging es vielmehr um die reine Macht und Status. Billigend nahm er in Kauf, dass seine Mitstreiter anders gepolt waren und so verschaffte er ihnen als Anreiz das, was sie jeweils begehrten oder wünschten. Bei Schmidl war dies eine leitende Funktion in einem Großunternehmen, bei Karmin Geld und so weiter. Suum cuique!

„Das vorläufige Ende eines Wunderknaben“ war eine der Schlagzeilen kurz nach dem Sturz-Rücktritt. Das sorgte kurzfristig für Schlagzeilen. „Basta Basti!“ schrieb die WELT und in BILD war zu lesen: „Aus einer Lichtgestalt wurde eine Schattenfigur. Nun ist die geschichtsträchtige Nation Österreich um eine Operette reicher!“

Was die Aufzeichnungen Schmidls betrifft, so vermute ich in den letzten Teilen der Diplomarbeit zahlreiche Erfindungen und Geschichten, die zur Entlastung von Toni Schmidl führen sollten. Tatsache ist unter anderem, dass auf Schmidls Mobiltelefon etwa achthundert Bilder von „Schwänzen“ – ich sollte stattdessen besser das Wort „Penisse“ verwenden – aufgefunden wurden. Diese „Schwanzgalerie“ lässt mich vermuten, dass sein Interesse nicht primär Frauen betraf oder betrifft. Deshalb nehme ich ihm die wilde Sexaffäre mit Maria Schreiber auch nicht ab, die dazu geführt hätte, dass Maria Schreiber letztendlich von der Bildfläche verschwand. Folgerichtiger erscheinen mir zwei andere Motive der Sturzgefährtin: a) Maria Schreiber war enttäuscht und frustriert, weil Sebastian Sturz ihr immer wieder versprochen hatte, ihre Veganismus- und Tierschutzagenda zu unterstützen. DIE PATRIOTEN ließen aber niemals konkrete Erklärungen oder Schritte folgen, es ging immer nur um das bedingungslose Grundeinkommen. In diesem Sinne interpretiere ich den Entwurf eines Grundgesetzes in der Österreichischen Bundesverfassung wie er im FALTER-Interview veröffentlicht wurde, als einen Versuch Sebastians, seine Freundin zu versöhnen und als Angebot sie zurückzugewinnen, indem er sich endlich der Sache der Tiere und der Umwelt annahm. Und b) Maria Schreiber störten die ständige Verfolgung und Aufmerksamkeit der Journalisten, nachdem die skandalösen SMS-Chats veröffentlicht wurden. Sie wollte ihre Ruhe haben und verschwand aus der Öffentlichkeit nach Deutschland.

Wie interpretiere ich das Schlusskapitel? Schmidl schrieb:

Er hatte diesen Reisepass mit der Fotografie eines Toten, der wie er ausschaute. Damit könnte er irgendwo in Deutschland bei einem Amt vorgeben, alle Papiere außer diesem Pass verloren zu haben. Man würde ihm problemlos neue Dokumente ausstellen, was ihm ein neues, anderes, zweites Leben garantierte.

Ich ziehe es vor zu glauben, dass er weit fortging, einen Zug nahm und nach Norden fuhr, um ein neues Leben zu beginnen. Er schrieb seinen Brief, nahm seine Reisetasche, ging durch seine Wohnungstür …

Und von diesem Augenblick an wissen wir nichts mehr von ihm.

Meine Ansicht ist, auch hier wurde etwas erfunden und eine „Geschichte“ konstruiert. Nur ist mir nicht klar, wer hier wen hinters Licht führen wollte.

Denkvariante Eins: Toni Schmidl hat sich alles nur ausgedacht. Der Besuch und Vorfall hat nie stattgefunden. Aber damit schürte Toni Schmidl den Verdacht, dass Sebastian

Sturz irgendwo im Ausland unter fremdem Namen noch lebt. Es wäre daher die Aufgabe der Justiz, Sebastian Sturz zu suchen und zu finden, anstatt ihn, Toni Schmidl, zu verfolgen.

Alternativhypothese: Aber auch diese Variante erscheint mir möglich … Sebastian Sturz war gerade dabei, seine Flucht und das Untertauchen vorzubereiten. In diesem ungünstigsten aller Momente erschien Toni Schmidl auf der Bildfläche, während im Wohnzimmer von Sebastian der gefälschte Pass und die Fluchtkasse, also haufenweise Bargeld, herumlagen. Das penetrante Klopfen führte dazu, dass Sebastian doch die versperrte Wohnungstür öffnete. Sebastian Sturz war niemals und nirgendwo, um eine spontane Ausrede oder erfundene Geschichte verlegen. Immer konnte er „G'schichtln drucken", wie die Wiener Redensart lautet, etwas Passendes erfinden. So wie seine Ausführungen über seine Familie und die literarischen Märchen zeigten. Ad hoc erfand er dies Story, dass er beides – Reisepass und Geld – im Wald beim Spazierengehen gefunden hätte. Nicht nur haufenweise Bargeld, sondern auch dazu Ausweis mit Foto, das seiner Physiognomie wie ein Ei dem anderen glich. Was für ein „glücklicher Zufall"!

Da passt so vieles nicht zusammen – irgendjemand soll also für dumm verkauft werden!

Die Erforschung der „materiellen Wahrheit" – das ist der juristisch-kriminologische Fachbegriff – ist aber die Pflicht der Justiz und nicht meine. Wir werden sehen, wie die noch folgenden Strafprozesse ausgehen und die politisch motivierte Rekonstruktion (Endversion) lautet.

Mich als Autor interessiert hauptsächlich die „psychologische Wahrheit" hinter alledem.

Die Geschichte von Sebastian Sturz ist eine Geschichte über Österreich und die Österreicher. Über die Schafherde des Wahlvolkes, die sich von den Politikerschäferhunden blindlings in jede Richtung treiben lassen. Das ist nicht nur eine Charakteristik der schweigenden Mehrheit, die vor fünfundachtzig Jahren auf der Ringstraße Adolf Hitler zujubelte, die gestern einem Sebastian Sturz zuklatschten und priesen. Es ist auch die Geschichte (m)einer Minderheit in Coronazeiten, die der Ungeimpften, so wie ich, die durch „Normalbürger“ angefeindet und diskriminiert wurden, weil ihnen das eine Bundesregierung nahelegte, sei es aus Unwissenheit, Ignoranz, Menschenverachtung oder um den Verkauf von gefährlichen Impfungen zu forcieren. Wissen wir denn, wer geschmiert wurde, sodass sie einen Haftungsausschluss für den Spritzendreck garantierten und Millionen Impfdosen aufkauften? Verzeihen Sie mir, ich habe mich durch persönliche Frustrationen und Enttäuschungen zu diesen Äußerungen hinreißen lassen.

Aber, was wird morgen sein? Wie geht es politisch in unserer Heimat weiter?

Als ein früherer Vizekanzler besoffen im Ibiza-Landhaus aus der Schule über Österreichs Politik plauderte und abstürzte, sagte der Herr Bundespräsident noch:

So sind wir nicht.

Ich fürchte:

So sind wir schon!

Wir Österreicher sehen uns selbst gerne als gastfreundlich charmant gemütlich traditionell und naturverbunden sowie musikalisch. Als einzige negative Eigenschaft erkennen wir das „Jammern“ an. Wo bleiben unsere Bestechlichkeit, Gesinnungslosigkeit, Hang zu Lügen und Korruption, Scheinheiligkeit? Laut einer Umfrage landete Österreich auf dem zweiten Platz der unfreundlichsten Länder weltweit direkt hinter Kuwait. Selbst- und Fremdbild klaffen meilenweit auseinander. Österreich ist für viele Ausländer einerseits ein grünes, bergiges Urlaubsidyll à la Sound of Music, Heimat von Kunst, Kultur und Schnitzel, das gerne gegessen wird. Andererseits sind sich etliche sehr wohl der dunklen Vergangenheit Österreichs bewusst. Das Land das Hitler zujubelte und später den SA-Mann Waldheim zum Bundespräsidenten wählte, das sind wir auch. „Der Österreicher macht aus jedem ‚entweder-oder' ein ‚sowohl-als auch' und feiert dabei Kompromisse als Erfolge" hat Erwin Ringel geschrieben, was nur eine Beschönigung darstellt. Thomas Bernhard hat die österreichische Wirklichkeit besser erkannt: „Was die Schriftsteller schreiben ist nichts gegen die Wirklichkeit die Wirklichkeit ist so schlimm dass sie nicht beschrieben werden kann noch kein Schriftsteller hat die Wirklichkeit so beschrieben wie sie wirklich ist das ist das Fürchterliche"[9] und über österreichische Mitmenschen schrieb er: „Immer wieder haben wir die Vorstellung, wir sitzen mit jenen zusammen zu denen wir uns lebenslänglich hingezogen fühlen, eben zu diesen so genannten einfachen Leuten, die wir uns naturgemäß ganz anders vorstellen, als sie in Wahrheit sind, denn setzen wir uns tatsächlich mit ihnen zusammen, sehen wir, dass sie nicht so sind, wie wir gedacht haben und dass wir absolut nicht zu ihnen gehören, wie wir uns eingeredet haben und wir holen uns an ihrem Tisch und in ihrer Mitte immer nur das gefürchtete Vordenkopfstoßen, das wir folgerichtig empfinden, wenn wir uns an ihrem Tisch gesetzt haben und geglaubt haben, wir

---

[9] Thomas Bernhard: Wirklichkeit - https://beruhmte-zitate.de/autoren/thomas-bernhard/

gehörten zu ihnen oder wir könnten uns auch nur die kürzeste Zeit zu ihnen setzen ungestraft, was der größte Irrtum ist, dachte ich. Lebenslänglich haben wir Sehnsucht nach diesen Leute und wollen zu ihnen und werden, wenn wir wahr machen, was wir ihnen gegenüber empfinden, von ihnen zurückgewiesen und zwar auf die rücksichtsloseste Weise.“[10]

Man bringe jetzt den Spritzwein, denn bald ist mein Buch fertig … endlich

Es wird a Wein sein, und mir wer'n nimmer sein[11]

Wie korrupt ist Österreich?

Korruption ist bei uns normal – Schmiergeld beim Bau des Allgemeinen Krankenhauses in Wien - der AKH-Skandal -, die Lucona-Affäre, Lobbying für Eurofighter, Privatisierung der BUWOG und Strafverfahren gegen einen Minister, ein früherer anderer Minister, der als Europa-Abgeordneter Gesetze verkaufen will – unser Tanz heißt Tango Korrupti[12] …

Der Herr Bundespräsident spricht jetzt nicht mehr über Tagesgeschehen, weder über den Herrn Sebastian Kurz, noch über den Herrn Sebastian Sturz. Keine Themen mehr! Ich vermute, er ist auf einem Auge blind. Ob es das linke oder das rechte ist, sollten sie als Leser entscheiden. Er mutiert zum Schweigepräsidenten.

---

[10] Thomas Bernhard: The Loser - https://beruhmte-zitate.de/autoren/thomas-bernhard/

[11] Songtext s’ wird schöne Maderln geben – Marschlied Josef Hornig, Ludwig Gruber; „Man bringe den Spritzwein“: nur Wiener wissen, von wem dieses Zitat stammt

[12] Titel eines Songs von Reinhard Fendrich

Jetzt stellt sich mir doch die Problemfrage: Wie verteidige ich mich, wenn mich Herr Sebastian Sturz oder die Exministerin Sonja Karmin verklagen? Oder unser lieber Herr Bundespräsident mich vor irgendein Gericht zerrt?

Nach einer schlaflosen Nacht kam mir die Erleuchtung: Ich verteidige mich so wie der ORF. Nur zur Erinnerung: Zuerst die bildgewaltige Dokumentation, dass der Neusiedlersee ausgetrocknet sei. Dann der Shitsturm wegen der Stornowelle prospektiver Urlaubsgäste. Schließlich die erhellende Antwort: Es war (nur) eine Satire!

Die Szenen in meinem Buch sind für Durchschnittleser "ohne jeden Zweifel als Satire erkennbar". Der Verlag und ich als Autor haben von Vornherein unmissverständlich klargemacht, dass es sich bei diesem Roman um eine satirische Betrachtung eines ernsten Problems handele. Schlussendlich beweisen dies auch etliche bizarre Szenen im Buch wie die pikanten Sexszenen oder die Vorkommnisse in der Psychiatrie. Ich glaube nicht, dass Verwechslungsgefahr mit der Realität besteht. Solch „groteske Szenen" sind eindeutig als Satire erkennbar und jenseits jeder realistischen Vorstellungskraft. Österreichische Politiker haben bekanntlich weder Sex, noch könnten sie jemals Insassen von Heilanstalten für Geisteskranke werden – das steht fest!

Also sind auch meine zwei letzten Schlussfolgerungen nur satirisch zu verstehen …

Das, was ich beschrieb, war leider das Land Österreich.

Das sind Österreichs Politiker und auch die Mehrzahl seiner Wähler.

Das sind wir – sind wir das wirklich?

Ja, so sind wir …

Dr. Johann Missliwetz, a.o. Univ.Prof. i.R., Österreicher, in Wien im Juni 2023